오정화 회계학

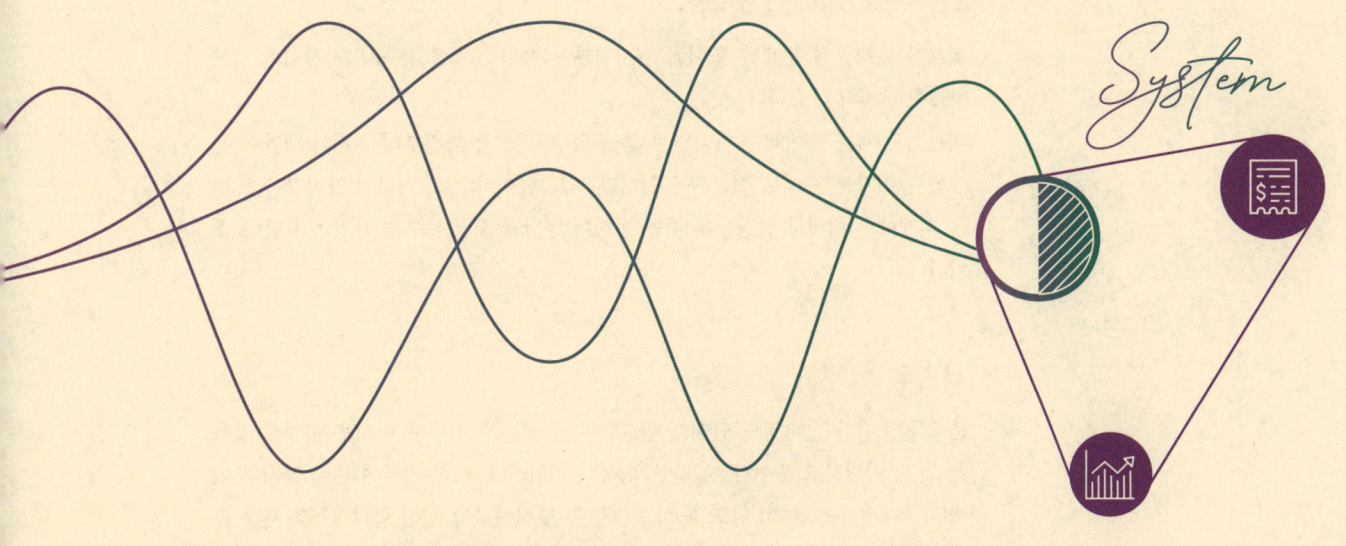

원가관리회계

저자의 글 | Preface

> 감히 말할 수 있습니다.
> 세상에서 가장 쉽게
> 회계학을 설명하겠습니다!

회계는 어렵다.

회계학을 처음 학습하시는 분들은 회계가 어렵다고들 합니다. '시간 안에 다 풀 수 없어서 점수가 잘 나오지 않는다'라고 합니다. '풀어도 답을 찾을 수 없어 답답하다'라고도 합니다.

그러나 저와 함께 한 수많은 합격생은 회계가 '효자 과목'이라고 합니다. 심지어는 그 어렵다는 회계가 재미있다고도 합니다. 공부가 안될 때마다 회계학 책을 펴들고 자신감을 얻어간다고도 합니다.

이런 반전을 만들기 위해 밤잠을 설치며 고민하고 노력한 결과물이 바로 이 교재입니다. 한때는 여러분과 같은 수험생으로, 그리고 실무를 통해 회계의 정수를 맛보았던 회계사로, 국가직 시험의 출제위원으로, 그리고 여러분과 수년간을 울고 웃으며 오직 '합격시키고 싶다!'라는 열망으로 안간힘을 써왔던 강사로서 세상에서 가장 쉬운 회계를 제시합니다.

객관식 회계학의 정수

회계학은 객관식 문제를 풀어내는 시험과 서술형 시험을 풀어내는 시험의 접근 방식이 완전히 다릅니다.

객관식 문제를 풀어내야 한다면 이론을 학습하는 첫 과정부터 철저히 객관식 문제를 풀어가는 형태로 접근해야 합니다. '익숙함'이야말로, 시간의 압박감을 느끼는 회계학 시험에서 안정감을 주는 동시에 정답률을 높여주는 가장 중요한 요소입니다.

시스템 회계학

문제를 풀어가는 과정도 단계가 필요합니다. 처음부터 너무 어려운 문제를 접하게 되면, 이해하고 풀어가보겠다는 의욕이 꺾입니다. 또한 기본 이론이 완전히 이해된 상태에서는 좀 더 난도 높은 문제들을 도전해보고 싶어 합니다. 즉, 해당 교재는 이론을 이해하도록 도와주는 예제와 이해한 이론을 다시 한번 확인하는 확인문제, 그리고 이론을 이해한 후 도전해보는 실전훈련문제로 문제풀이 단계가 나누어져 있으므로 학습자의 심리를 반영하여 끌고 가는 형식으로 구성되어 있습니다. 학습자의 편에서 자연스럽게 이끌어가는 시스템을 반영한 회계학을 만들어내고 싶었습니다. 시스템을 따라만 가면 자연스럽게 회계가 정복되는 '시스템 회계학'입니다.

"우리가 지나는 저 터널 끝은 바로 합격입니다"

> 단계별 학습법을 구축하여 따라만 가면 완벽해지는 시스템 회계학입니다.

도움이 되고 싶다

저를 희망이라고 의지하는 수험생들 앞에서, 저는 직업 이상의 소명 의식을 갖게 되었습니다. 합격해야 하는 이유는 각기 다른 수만 가지의 사연들이 있겠지만, 방법은 오직 하나입니다. 다시는 돌아보기 싫을 만큼 모진 고생 밭을 온전히 디뎌 밟고 나와야 한다는 것입니다. 몸과 마음이 얼마나 고된지, 단기합격한 분들일수록 모두가 진저리치며 고개를 끄덕입니다.

그러나 또 한편, '나는 꿈을 가지고 있었고, 고된 시간이었지만, 결국은 이룰 수 있는 사람이었다'를 자신에게 증명하는 순간이기도 합니다. 지금의 이 경험이 사는 내내 큰 힘이 되어 줄 것입니다.

모두가 간절히 원하는 그것이 쉬울 리가 없습니다. 무엇보다도 남과 달라야 하므로 나는 더 단단해지고, 더 꾸준하고, 더 지혜로워야 합니다.

불확실하고 고단한 이 여정을 저 또한 20대에 가장 초라하고 외롭게 치러냈으므로, 여러분의 여정에 조금이라도 힘이 되는 동반자가 될 것을 다짐하고, 또 다짐해 봅니다. 입버릇처럼 여러분께 주문해왔습니다. '조금만 더 고생하십시오, 저도 최선을 다 하겠습니다!'

저의 10시간의 노력이 여러분의 10분의 학습 시간을 줄여줄 수 있다면 저는 기꺼이 쏟아붓겠습니다.

최선을 다한 끝은 반드시 보상을 받습니다!

모든 인간은 시험 앞에서는 다 똑같은 약자입니다.
두렵지 않은 시험이 있을까요?
그러나 최선을 다하는 과정은 두려움을 이겨낼 수 있습니다.
다만, 그 최선은 자신에게 부끄러움이 없는 최선이어야 합니다.
두려울수록 더욱 간절히 매달리십시오.
최선을 다한 끝은 반드시 보상을 받습니다.
꿈을 이루는 마지막 그 순간까지, 함께하겠습니다!

2025년 7월
오 정 화

출제 경향과 대책 | How to Study

공무원시험 회계학은 과도기입니다.

10여년간 시험의 제도가 선택과목 체제였다가 전공 필수과목으로 도입한지 불과 4년차에 지나지 않았습니다. 3개년간 공무원 회계학 시험은 다음과 같은 변화가 있었습니다.

국가직 9급 시험보다 지방직 9급 시험의 난이도가 더 높고, 범위도 넓어졌습니다.

선택과목 시절에는 지방직 9급이 국가직 9급 시험보다 훨씬 쉬웠습니다. 범위도 기출위주의 범위에서 크게 벗어나지 않았습니다. 그런데 전공 필수과목체제로 개편된 이후 지방직 시험은 계산형 문제의 출제 범위가 빈출이 아닌 주제들이 다수 출제되고, 서술형문제도 훨씬 난이도가 높게 출제되고 있습니다.

서술형 문제의 비중이 높아졌습니다.

과거에는 서술형 문제가 전체 20문항 중 국가직 9급의 경우 5~6문항, 지방직 9급의 경우 6~8문항 정도 출제가 되었습니다. 그런데 국가직 9급 시험의 경우 서술형 문제가 24년에는 12문항, 25년에는 11문항이 출제되어 전체 문제의 60% 정도의 비중을 차지하게 되었습니다. 국가직 7급 시험의 경우도 서술형 문제가 23년에는 10문항, 24년에는 9문항이 출제되어 전체 문제의 40% 정도의 비중을 차지합니다.

회계학 시험인데 계산기를 사용할 수 없고, 1분에 한 문항씩 풀어내야 하는 시험이라면 서술형 문제의 비중이 높은 것이 합리적일 수 있습니다. 그러나 한번의 급격한 출제방식의 변화가 앞으로도 이어질 패턴이므로 서술형 문제 대비에만 중점을 두겠다는 발상은 위험합니다. 공식적으로 발표된 출제 방식은 아니므로, 수험생들 입장에서는 예년보다 서술형 문제를 위해 더 많은 노력을 기울여야 하는 것은 맞지만, 계산형 문제 또한 소원할 수는 없습니다.

국가직 7급 시험은 국가직 9급 시험과 확연히 다릅니다.

과거에는 국가직 9급과 7급의 범위나 난이도에서 큰 차이가 없었습니다. 그러나 25문항으로 출제 문항수가 늘어난 21년 시험을 기점으로 국가직 7급 시험은 확실히 난이도가 어려워지고 범위가 넓어졌습니다. 이제 7급 시험은 국가직 9급 시험 대비용으로 진행되는 범위와 난이도를 소화하고도 추가로 7급만의 특수주제와 응용문제 유형을 학습해서야 합니다.

그러므로 국가직 7급을 준비하시는 수험생들은 기출중심의 공무원 회계학에서 확장하여 좀더 다양한 응용문제를 대비하셔야 합니다. 또한 서술형 문장도 기준서의 지엽적인 문장까지 다루어야 하는 상황입니다.

그러므로 국가직 7급 수험생들을 위해서는 해당 기본서 외 7급 파이널 완성 교재가 따로 준비되어 있으니, 9급 범위의 회계학을 마스터하고 확장판으로 7급 파이널 완성 교재로 범위를 넓혀 가시기 바랍니다.

"합격을 찾아가는 길을 즐겨라"

> 수년간 회계학을 선택한 합격생들의 대부분을 배출해온 오정화 회계학은 다음과 같은 전략을 제시합니다.

회계학 과목을 학습할 때 실패하는 원인은 과목의 특성을 정확히 이해하지 못하고 있기 때문입니다. 공무원시험 목적상 회계학 과목은 고득점뿐만 아니라 시간을 줄이는 것이 관건인 과목이므로 무엇보다도 전략적인 접근이 중요합니다.

회계학을 접근하는 데 있어 꼭 강조 드리고 싶은 전략은 다음과 같습니다.

첫째, 회계학은 다 맞는 과목이 아닙니다. 제한된 시간에 문제를 모두 풀어낼 수가 없습니다. 다른 전공과목에 비해 회계학이 들어간 직렬의 합격 커트라인이 낮은 이유가 바로 이 때문입니다.

그러므로 풀 수 있는 문제를 확실히 골라 정확히 푸는 연습이 필요합니다. 오정화 회계학 실전동형 모의고사를 통해 충분한 연습과정을 경험하시면 실전에서 시간 안배의 기술을 충분히 습득하실 수 있습니다.

둘째, 서술형 문제를 먼저 풀어냅니다. 회계학의 객관식 서술형 문제는 정답보다는 오답을 고르는 문제가 주로 출제됩니다. 오답을 파는 유형이 정해져 있으므로 기준서 문장을 중심으로 오답유형을 익히면서 대비를 하셔야 합니다. 그러기 위해서 기본서를 배우는 중에 서술형 대비를 위해 만들어진 '썰전(썰문제전과)'을 연결해서 풀면 서술형 문제는 완벽대비가 됩니다. 서술형 문제를 먼저 자신감 있게 풀어내고 나면 계산형 문제를 접근할 때 좀 더 여유가 생기기 때문에 정신적인 평정심을 유지할 수 있습니다. 실전에서는 이 부분이 가장 중요합니다.

셋째, 응용문제를 위한 대비가 합격을 결정합니다. 기출은 기본이고, 응용력을 통해 합격의 당락이 좌우됩니다. 객관식으로 출제될 수 있는 회계학의 핵심문제들을 모두 집대성한 결과물이 회계천제입니다. 응용력 제로 상태의 수험생을 100점으로 이끌어준 교재이기도 합니다. 합격한 수많은 수험생들이 회계천제 한 권이면 충분했다는 평을 주셨습니다.

> 회계학, 분명히 극복 가능합니다.

단 한 순간도 쉬지 않고 달려온 10년의 경험으로 무엇을 어렵게 느끼는지를 정확히 짚어드리기 때문에 시간의 누수가 없습니다.

'노력한 만큼 나온다!'는 확실한 보장, 제가 해드리겠습니다!

매년 '함께 최선을 다 하겠습니다'의 무게를 어깨에 지고, 저에게 희망을 걸고 함께 엎드려 공부하는 이들과 1년을 보냅니다. 밤잠을 설치며 고민하고 노력하겠습니다. '최선'이라는 말이 부끄럽지 않도록 저 역시 노력하겠습니다.

여러분들이 꿈꾸고 이루어가는 아름다운 여정에 도움이 되기를 간절히 소망합니다.

정규 커리큘럼 가이드 | Curriculum Guide

입문 + 기본 ▶ **심화이론** ▶ **기출풀이**

강의

- 오정화 재무회계
- 오정화 원가관리회계
- 오정화 정부회계

교재

📖 오정화 회계학 재무회계
📖 오정화 회계학 원가관리회계
📖 오정화 회계학 정부회계

회계학을 처음 배우는 초심자 또는 재무회계, 원가관리회계, 정부회계에 관한 기본 이론이 정립되지 않아서 점수가 쉽게 오르지 않는 수험생을 위한 과정입니다. 재무회계, 원가관리회계, 정부회계에 관하여 꼭 알아야 할 기본원리를 가장 쉽고 정확하게 배울 수 있습니다.

- 오정화 회계학 심화이론 (재무회계)

📖 오정화 회계학 재무회계

재무회계의 기본이론 과정에서 학습한 내용을 압축적으로 정리하고, 관련 문제들을 풀어가는 과정입니다. 이론과 문제풀이를 연결하는 브릿지 과정이라고 보시면 됩니다. 심화과정을 통해 앞서 배운 전반적인 내용들이 유기적으로 연결되고, 실전훈련문제에 제시된 다양한 문제들을 경험하고 나면 기출문제풀이 단계가 훨씬 수월하게 적응될 수 있습니다.

- 오정화 회계학 기출 완성

📖 오정화 회계학 기출플러스

공무원시험에서 기출된 모든 문제를 단원별 · 주제별로 나누어 문제 유형을 익히고 적응할 수 있도록 구성되어 있습니다. 50% 이상이 기출 중심으로 출제되는 공무원시험의 특성과 시간의 압박감을 느끼며 풀어야 하는 특성을 반영하여 문제의 유형을 완벽히 구분하여 학습되어 있어야만 반응 속도가 빨라질 수 있으므로 이를 반영하여 구성된 것입니다. 각 문제별 난이도와 출제 가능지수가 수록되어 있으므로 회독수를 늘리는 과정에서 참고할 수 있는 지표가 됩니다. 또한 강의와 거의 유사한 형태의 '친절한 설명'이 해설에 '오쌤 tip'의 형식으로 들어가 있어서, 학습효과를 배가시켰습니다.

압축 요약
오정화 회계학 [포켓 압축 특강: 오진다]

📖 오정화 회계학 오진다

| 응용 문제풀이 | → | 파이널 | → | 지방직 / 서울시 대비 | → | 7급 대비 |

재시생
· 오정화 회계학 단원별 응용문제 풀이

📖 오정화 회계학 회계 1000제

객관식 회계학 시험에 출제될 수 있는 모든 유형이 제시되어 있습니다. 유형별로 기본서와 기출이 연결되어 있으므로 학습하는 과정에서 부족하다고 판단되는 부분을 기본서와 기출문제를 통해 보완할 수 있도록 구성되어 있습니다. 응용력이 절대적으로 요구되는 회계학 시험에서 가장 필수적인 학습 단계입니다.

초시생
· 오정화 회계학 썰문제 완전정복, 응용플러스

📖 오정화 회계학 썰전(썰문제 전과)
📖 오정화 회계학 응용플러스

객관식 서술형 문제의 출제 원리를 빠르고 정확하게 파악하여 집중적으로 보완할 수 있는 과정입니다. 다양한 예시와 노하우가 담긴 직관적인 설명을 통하여 객관식 서술형문제(썰문제)를 쉽게 이해하고, 더 나아가 빠르게 풀어낼 수 있는 스킬을 배우는 강의입니다.

재시생
· 오정화 회계학 베스트 모의고사

📖 오정화 회계학 베스트 모의고사

20문항을 시간 안에 풀어내야 하는 공무원시험의 특성상 단원별이 아닌 전체 주제를 묶어 시험의 형식으로 최대한 빨리 적응해보는 연습이 필요합니다. 총 12회의 구성 안에서 4회는 기출만으로, 4회는 기출+응용으로 그리고 나머지 4회는 응용문제만으로 구성된 모의고사입니다.

초시생
· 오정화 회계학 실전동형모의고사

📖 오정화 회계학 실전동형모의고사

최신 출제경향이 반영되고 출제 가능성이 높은 문제들로 구성된 모의고사를 풀면서 실전감각을 기를 수 있는 과정입니다. 이 과정을 통해 취약점을 보완, 문제풀이 시간 단축, 문제풀이 노하우 습득 등 문제해결능력 향상을 극대화하여 회계학 과목에서 고득점을 얻을 수 있습니다.

· 오정화 회계학 지방직/서울시 대비 파이널 과정

📖 오정화 회계학 봉투모의고사

지방직과 서울시 시험을 대비하기 위해 8회분의 모의고사 과정을 진행합니다. 해당 모의고사의 난이도는 베스트 모의고사 → 실전동형모의고사에 이어 9급 시험용으로는 가장 난이도 높은 모의고사입니다. 단계별 모의고사 과정을 통해 본인의 실력을 단계별로 끌어올릴 수 있도록 최적의 훈련과정의 마지막 단계라고 할 수 있습니다.

· 오정화 회계학 7급 시험 대비 파이널

📖 오정화 회계학 7급 파이널 완성

25문항으로 바뀐 7급 시험의 유형에 맞는 모의고사가 8회분으로 구성되어 있습니다. 기본 이론 교재에서 다루지 않았으나 문항수가 늘어나고 난이도가 올라갈 경우 출제될 수 있는 범위들을 추가로 특수이론으로 정리하여 강의가 진행됩니다. 또한 7급만의 4개년 기출도 함께 제공되므로, 7급 시험만의 특성을 분석하여 전체 문제를 정리해보는 과정을 경험합니다. 또한 25문항으로 구성된 실전모의고사를 통해 실전을 대비하여 충분히 훈련할 수 있습니다.

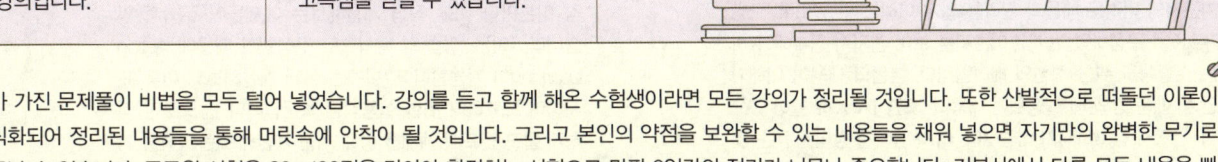

제가 가진 문제풀이 비법을 모두 털어 넣었습니다. 강의를 듣고 함께 해온 수험생이라면 모든 강의가 정리될 것입니다. 또한 산발적으로 떠돌던 이론이 도식화되어 정리된 내용들을 통해 머릿속에 안착이 될 것입니다. 그리고 본인의 약점을 보완할 수 있는 내용들을 채워 넣으면 자기만의 완벽한 무기로 거듭날 수 있습니다. 공무원 시험은 80~100점을 맞아야 합격하는 시험으로 막판 3일간의 정리가 너무나 중요합니다. 기본서에서 다룬 모든 내용을 빠짐없이 다루고 있고 시험장에 들어가기 직전까지 손에 쥐고 의지하며 학습해 왔던 모든 것을 담을 수 있게 만든 압축서입니다.

구성과 특징 I How to Use

Teacher's Map
전체적인 목적지를 정확히 파악하고 운행해야 가장 효율적으로 목적지에 이를 수 있습니다. 각 단원의 내용을 학습하기 전, 그리고 학습한 후 전체적인 개괄 내용을 한 번에 정리하고 그 내용 안에 각각의 기준서 내용들을 채워가야 어려운 회계학을 빨리 정복할 수 있습니다. 회계학이 어려운 것은 각각의 개념이 낯설기 때문입니다. Teacher's Map에 정리된 내용을 반복적으로 숙지하여 각 개념들이 암기된다면 쉽게 회계학을 정복하실 수 있을 겁니다.

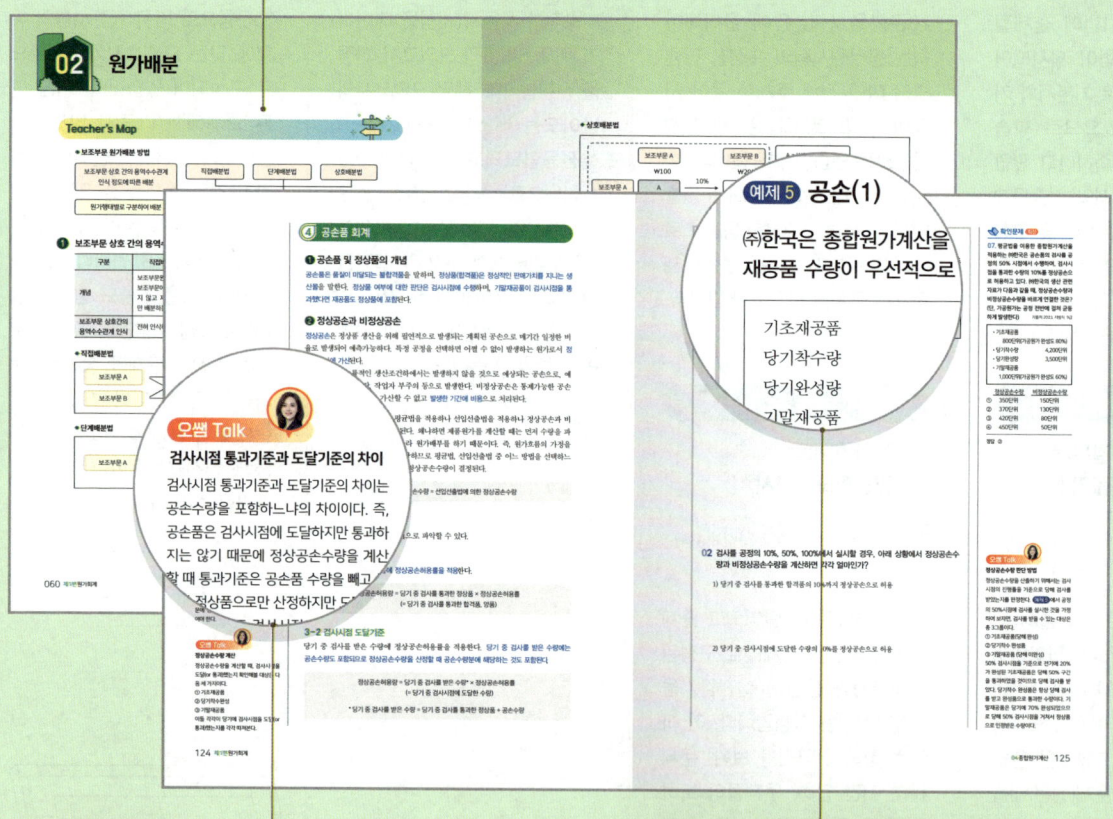

오쌤 TALK
기준서의 어려운 내용과 원리를 쉽게 이해할 수 있도록 '오쌤 TALK'을 구성하였습니다. 이론서를 보며 혼자서 공부해야 하는 수험생을 위한 최선의 배려입니다. 본문의 내용이 이해가 안 될 때는 강의 때 설명했던 내용이 '오쌤 TALK'에 들어 있으니, 반드시 참고하시기 바랍니다. 마치 옆에서 강의를 듣는 것과 같은 효과가 있을 겁니다. '오쌤 TALK'에 대해 합격생들은 입을 모아 '음성지원이 된다'라고도 합니다.

예제를 통해 이론 익혀가기
각 이론마다 이를 직접 계산해보는 예제들이 주어져 있습니다. '이론+실습'의 형식으로 구성했기 때문에 Action Learning이 가능합니다. 회계는 실제 계산해보고 이를 표시하여 보고하기 위한 실용적인 학문입니다. 눈으로만 익히지 말고 반드시 예제를 통해 직접 계산해보는 과정을 거쳐야만 회계이론들을 체득할 수 있습니다.

확인문제

기출문제와 응용문제 등 다양한 문제를 이론과 바로 연결시킬 수 있도록 확인문제를 구성하였습니다. 객관식 문제만 다루는 공무원 회계학은 철저히 문제풀이 위주로 접근해야 하는데, 이론을 익히는 중에도 관련 문제들을 연결함으로써 학습효과를 높일 수 있습니다. 문제를 풀면서 자신이 이해하고 있는지 여부를 가장 극명하게 점검해볼 수 있습니다.

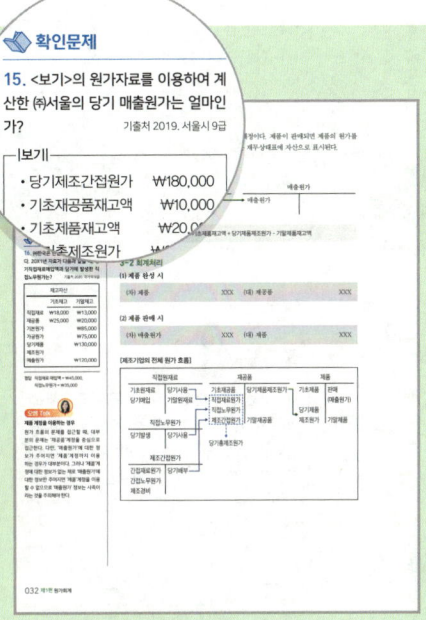

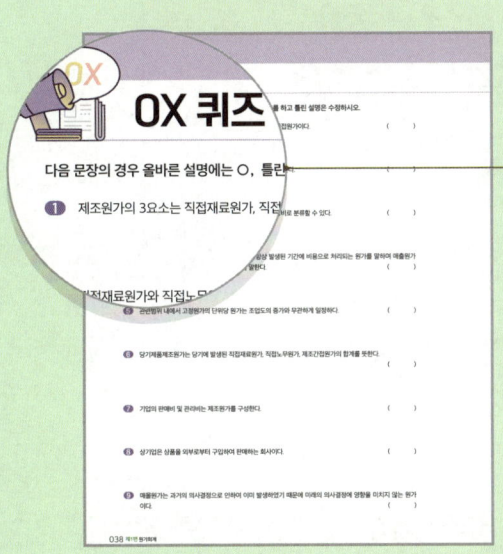

OX퀴즈

공무원시험에서 객관식 서술형 문제가 보통 40% 정도 출제됩니다. 서술형 문제는 대부분 틀린 것을 고르라는 문제가 출제됩니다. 그러므로 OX 퀴즈를 통해 중요한 이론들을 문장으로 정리할 수 있다면 자연스럽게 객관식 서술형 문제를 대비할 수 있습니다. 과거 공무원시험에서 기출된 지문들과 타 시험에서 자주 출제되는 지문들을 OX 퀴즈에 실어 놓았습니다. 그러므로 틀린 문장은 정확히 어떤 부분이 틀렸는지 확인하고 정리할 필요가 있습니다.

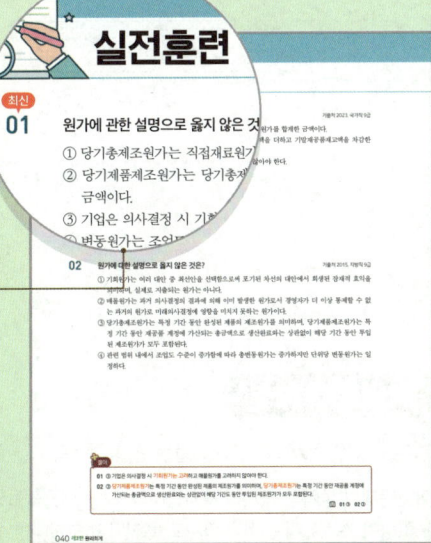

실전훈련문제

객관식 20문항(국가직 7급은 25문항)이 주어지는 공무원시험의 특징은 분개를 기록하면서 풀어낼 시간이 부족하다는 것입니다. 그러므로 이론을 습득한 후에는 철저하게 객관식 문제풀이를 훈련하는 과정이 필요합니다. 과거 기출문제들을 모두 변형하여 실전훈련문제를 구성하였습니다. 회계학에서 주로 출제되는 문제와 유형은 한정되어 있습니다. 실전훈련문제를 직접 풀어봄으로써 시험의 패턴을 익히고 이론들 중에서 중요도와 빈출 내용을 체감할 수 있는 필수과정입니다.

구성과 특징 | How to Use

부록

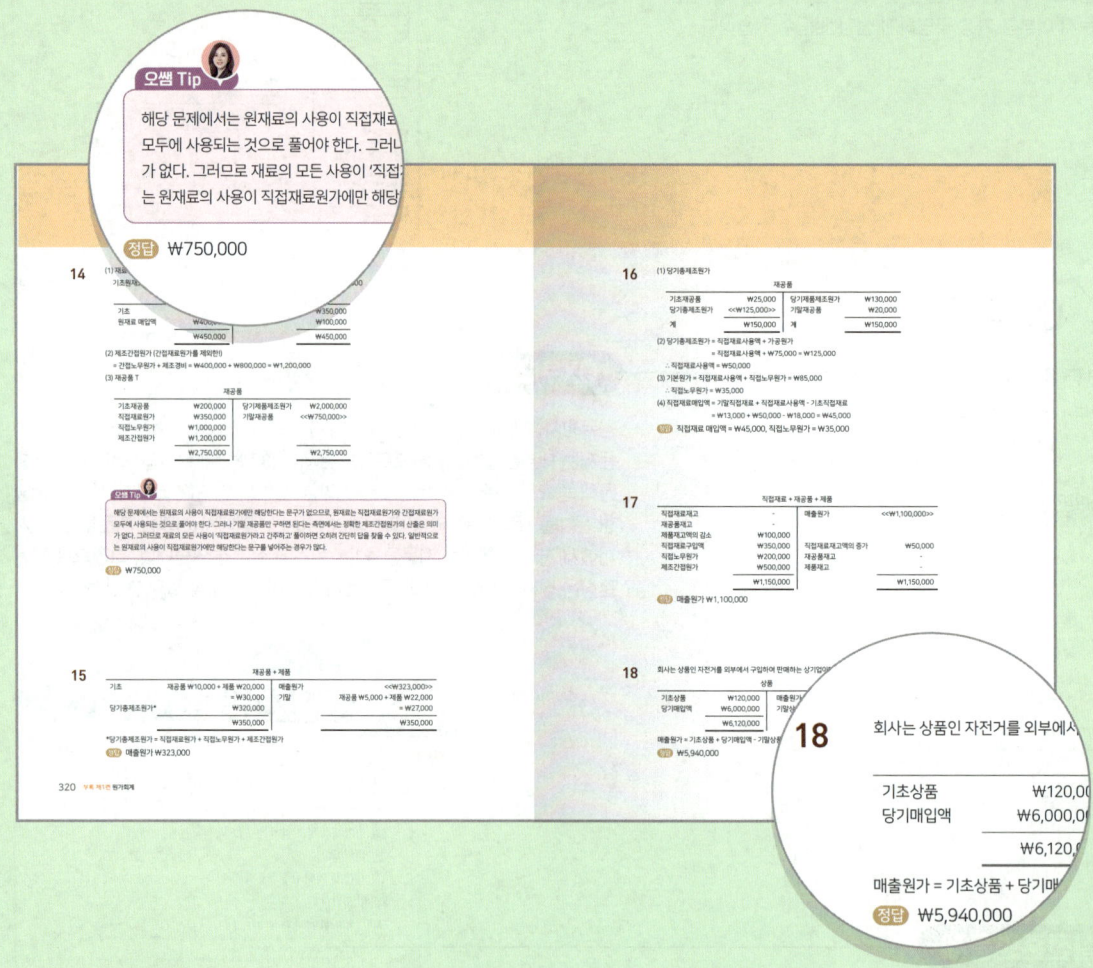

확인문제 해설

기본서 확인문제의 이해를 돕는 꼼꼼한 해설

확인문제의 풀이를 자세히 제시합니다. 해당 내용들을 바로 참고하지 마시고, 기본서 내용을 충분히 익힌 후 스스로 풀어보기 위해 노력하여 스스로의 논리를 가지고 풀이와 비교한다면 실력향상에 도움이 될 것입니다.

차례 | Contents

이 책의 다음 순서로 공부하고, 회독 횟수 및 취약 여부를 스스로 체크해 보세요. ☑☐☐

제1편 원가회계

01 원가관리회계의 기초 ☐☐☐
1. 원가회계의 개념 — 17
2. 원가의 개념과 분류 — 19
3. 제조기업 원가의 흐름 — 28

02 원가배분 ☐☐☐
1. 원가배부의 기본개념 — 62
2. 보조부문의 제조간접원가 배부 — 63

03 개별원가 ☐☐☐
1. 원가 집계방법에 따른 원가계산방법 분류 — 89
2. 개별원가계산의 의의 — 89
3. 개별원가계산의 분류 — 91

04 종합원가계산 ☐☐☐
1. 종합원가계산의 의의 — 112
2. 완성품환산량의 개념 — 113
3. 종합원가계산의 분류 — 115
4. 공손품 회계 — 124

05 활동기준원가계산 ☐☐☐
1. 활동기준원가계산의 의의 — 145
2. 활동기준원가계산 방법 — 147

06 결합원가의 배분 ☐☐☐
1. 결합원가의 의의 — 157
2. 결합원가의 배분 — 158

07 변동원가계산 ☐☐☐
1. 제품원가와 기간원가 — 177
2. 변동원가계산과 전부원가계산 — 178

차례 | Contents

이 책의 다음 순서로 공부하고, 회독 횟수 및 취약 여부를 스스로 체크해 보세요.

제2편 관리회계

01 원가추정
1. 원가추정의 의의 및 원가함수   201
2. 원가함수의 추정   202
3. 학습곡선   206

02 CVP 분석
1. CVP 분석(원가 - 조업도 - 이익분석)의 의의 및 기본가정   215
2. CVP 분석의 기본 개념   216
3. CVP 분석   220

03 표준원가
1. 표준원가의 개요   244
2. 표준원가의 설정   244
3. 예산   247
4. 차이분석   248

04 관련원가와 의사결정
1. 의사결정의 의의 및 유형   271
2. 의사결정과 관련된 기본개념   272
3. 단기적 특수의사결정의 유형   275

05 자본예산
1. 자본예산의 의의 및 목표   287
2. 현금흐름의 추정   288
3. 시점별 현금흐름의 추정   289
4. 투자안의 평가   291

06 성과평가
1. 성과평가   303
2. 투자중심점 성과평가   303
3. 균형성과표   309

부록 — 머리에 쏙 들어오는 확인문제 해설

🔍 제1편 원가회계

01 원가관리회계의 기초 · · · · · 318

02 원가배분 · · · · · 322

03 개별원가 · · · · · 323

04 종합원가계산 · · · · · 324

05 활동기준원가계산 · · · · · 327

06 결합원가의 배분 · · · · · 328

07 변동원가계산 · · · · · 329

🔍 제2편 관리회계

01 원가추정 · · · · · 330

02 CVP 분석 · · · · · 331

03 표준원가 · · · · · 333

04 관련원가와 의사결정 · · · · · 334

PART 1

원가회계

01 원가관리회계의 기초
02 원가배분
03 개별원가
04 종합원가계산
05 활동기준원가계산
06 결합원가의 배분
07 변동원가계산

01 원가관리회계의 기초

Teacher's Map

❶ 원가회계의 목적

외부보고 목적	재무제표 작성(재고자산 평가 및 매출원가 산출)에 필요한 원가정보 제공
내부보고 목적	기업 내부의 계획(의사결정) 및 통제(성과평가)를 하는 데 필요한 정보를 제공

❷ 원가의 분류

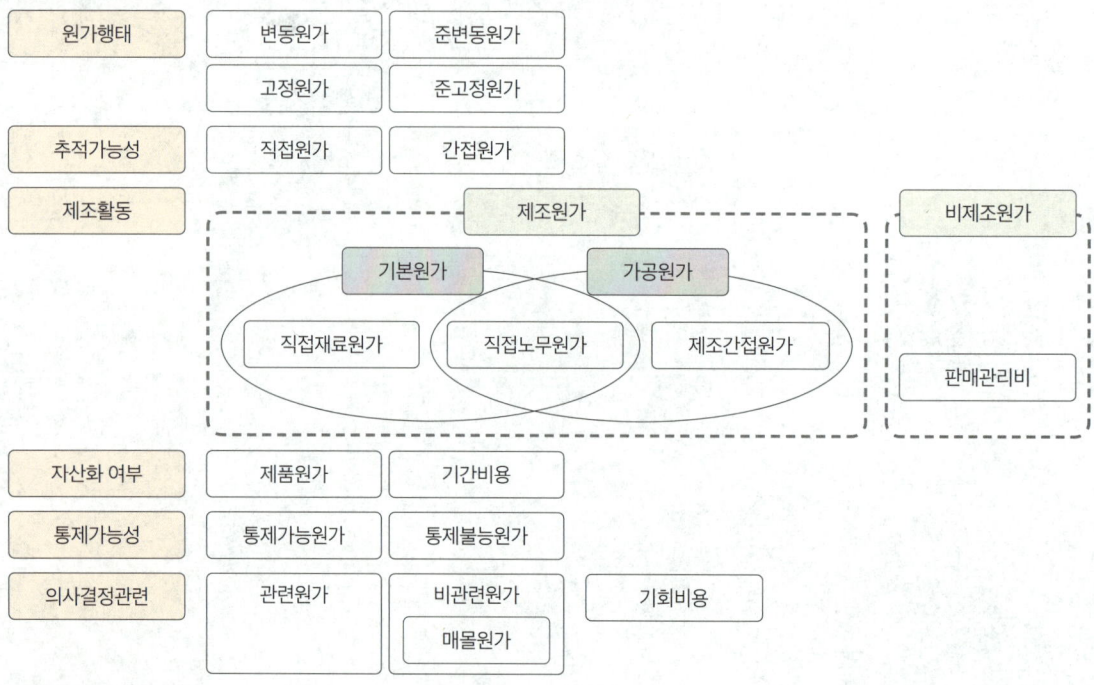

❸ 제조원가의 흐름

❹ 상기업과 제조기업

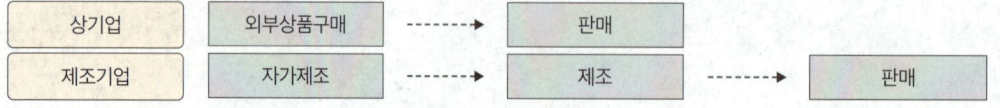

1 원가회계의 개념

❶ 회계의 분류

회계는 정보이용자가 합리적 의사 결정을 할 수 있도록 기업의 경제 정보를 화폐단위로 측정·기록, 분류하여 정보 이용자에게 전달하는 과정이다. 정보이용자는 주주, 채권자, 정부 등 기업 외부의 정보이용자와 경영자, 중간관리자 등 기업 내부의 정보 이용자로 구분된다. 회계는 정보이용자에 따라 **재무회계**와 **관리회계**로 구분된다.

1-1 재무회계
재무회계는 주주, 채권자, 정부 등 기업의 외부정보이용자에게 합리적 의사결정을 하도록 재무정보를 제공하는 것을 목적으로 한다. 재무회계는 일반적으로 인정된 회계원칙에 따라 기업의 재무상태, 경영성과, 현금흐름 및 자본변동에 관한 정보를 작성하고 외부이용자가 이를 이용할 수 있도록 제공한다.

1-2 관리회계
관리회계는 경영진 등 기업의 내부정보이용자에게 기업의 전략적 의사결정, 특수한 단기 의사결정, 계획과 통제 및 성과평가에 유용한 정보를 제공하는 것을 목적으로 한다. 관리회계가 제공하는 정보는 내부정보이용자만 만족하면 되므로, **일반적으로 인정된 회계원칙의 영향을 받지 않으며, 제공되는 형태와 내용 등의 제약이 없다.**

[재무회계와 관리회계의 비교]

구분	재무회계	관리회계
목적	외부보고	내부보고
정보이용자	외부정보이용자	내부정보이용자
보고 형태	재무제표	형식에 제약이 없음
준거기준	일반적으로 인정된 회계원칙	일정한 기준이 없음
정보의 내용 및 속성	화폐적 정보, 과거지향적	화폐적·비화폐적 정보, 미래지향적
보고 주기	정기적(연차, 반기, 분기)	필요시마다 작성

❷ 원가회계의 의의

2-1 원가회계
원가회계는 재무회계와 관리회계에서 필요한 원가정보를 제공하기 위해 역사적 원가자료를 집계·측정·배분하여 제품원가를 계산하는 회계분야이다.

2-2 원가회계와 관리회계, 재무회계와의 관계
관리회계가 수행하는 의사결정, 계획과 통제 및 성과평가를 위해서는 원가회계가 제공하는 제품원가 계산정보가 필요하다. 또한, 재무회계의 매출원가와 같은 재무제표 작성을 위해서도 제품원가 계산정보는 필요하다. 좁은 의미에서 원가회계는 단순한 제품원가계산을 의미하나, 넓은 의미에서 원가회계는 재무회계와 관리회계의 영역을 분명히 구분하는 것이 아닌 서로 정보를 교환하는 것이라고 볼 수 있다.

❸ 원가회계의 목적

3-1 외부보고 목적
원가회계는 외부정보이용자가 이용하는 재무제표를 작성하는 데 필요한 원가정보를 제공한다. 이는 재무상태표의 재고자산을 적절하게 평가하고 손익계산서의 매출원가를 산출하는 데 필요한 기초 자료를 제공하는 것을 의미한다.

3-2 내부보고 목적
원가회계는 또한 내부정보이용자가 계획 및 통제를 수행하는 데 있어 필요한 원가 정보를 제공한다. 이는 경영자 및 중간관리자가 제품의 판매가격 결정, 제품별 이익 분석 등을 수행하여 경영의사결정을 내리는 데 필요한 정보를 제공한다.

[원가회계의 목적]

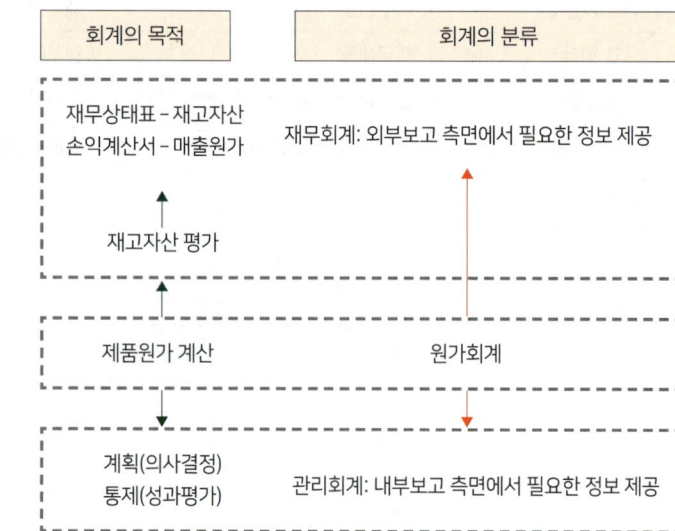

📘 **확인문제**

01. 원가회계는 재무회계와 관리회계에서 필요로 하는 원가정보를 제공한다. 다음 중 원가회계가 제공하는 정보와 거리가 가장 먼 것은?
① 제조와 영업활동 등에 대한 원가정보를 제공하여 합리적인 의사결정을 위한 기초 자료를 제공한다.
② 회사의 모든 자산과 부채, 자본에 대한 평가 자료를 제공한다.
③ 외부공표용 재무제표에 계상될 매출원가와 기말재고자산평가의 근거자료가 된다.
④ 경영자와 종업원의 활동의 성과를 평가하기 위한 기본적인 정보를 제공한다.

정답 ②

② 원가의 개념과 분류

❶ 원가의 의의

원가는 특정 목적을 달성하기 위하여 정상적인 상태에서 소비된 재화나 용역과 같은 경제적 자원을 화폐단위로 측정한 것을 말한다. 원가 중 기업의 수익획득에 아직 사용되지 않은 부분은 자산으로, 사용된 부분은 비용으로 재무제표에 계상되며, 수익획득에 기여하지 못하고 소멸된 부분은 손실로 계상된다.

❷ 원가의 분류

경영자는 특정 경영의사결정과 관련된 원가가 무엇인지를 파악하고, 이에 적합한 원가정보를 수집하여야 한다. 이를 위해서 원가는 다양한 기준으로 분류될 수 있다.

2-1 원가행태에 따른 분류

일정기간 관련범위 내에서 조업도의 변동에 따라 총원가가 일정한 모습으로 변동할 때 그 모습을 원가행태라고 하며, 원가행태에 따라 원가를 변동원가, 고정원가, 준변동원가, 준고정원가로 구분할 수 있다. 조업도는 생산능력의 이용정도 또는 기업이 보유한 자원의 활용정도를 말하며, 생산량, 판매량, 직접노동시간, 기계가동시간, 재료소비량 등으로 측정한다. 관련범위는 조업도와 원가 간에 일정한 관계가 유지되는 구간을 말하며, 해당 구간 내에서 변동원가와 고정원가의 구분이 의미가 있다.

(1) 변동원가

변동원가는 관련범위 내에서 조업도의 변동에 직접적으로 비례하여 변동하는 원가를 말한다. 예를 들어, 빵 한 개당 투입되는 밀가루의 양이 일정하다면 빵의 생산량이 늘어날수록 밀가루 투입량도 증가한다. 변동원가를 그래프로 나타내면 아래와 같으며, 조업도의 증가에 따라 총변동원가는 증가하며, 단위당 변동원가(ex. 빵당 밀가루 양)는 조업도의 변동에 관계없이 일정하다.

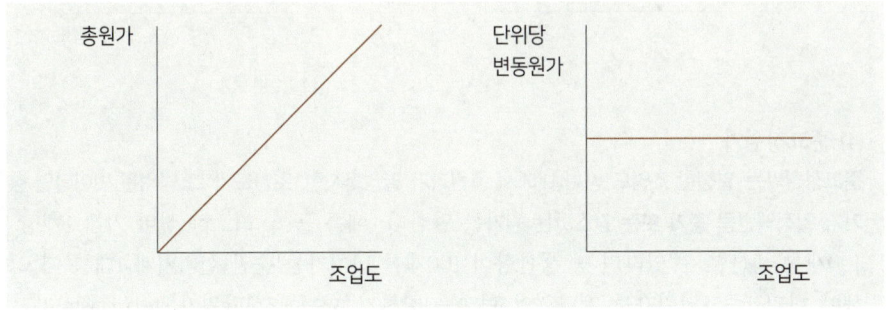

> **오쌤 Talk**
>
> **원가의 행태**
>
> 사전적인 의미로 '행태(行態)'란 행동하는 양상을 의미한다. 즉, 조업도가 증가하거나 감소할 때 원가가 변화하는 모습을 원가의 행태라고 한다. 조업도의 증가에 따른 변동원가와 고정원가를 비교하면 다음과 같다.
>
> | 구분 | 변동원가 | 고정원가 |
> |---|---|---|
> | 단위당 변동원가 | 일정 | 감소 |
> | 총원가 | 증가 | 일정 |

 **확인문제**

02. 조업도가 변화할 때 원가가 어떻게 달라지는가에 따라 변동원가, 고정원가, 준변동원가, 준고정원가로 분류할 수 있다. 고정원가에 대한 설명으로 가장 적당한 것은?

① 조업도의 증감에 따라 비례적으로 증가 또는 감소하는 성격의 원가이다.
② 조업도가 증감하더라도 관련 범위 내에서는 고정적이기 때문에, 다른 조건이 동일한 경우 제품의 단위당 원가는 조업도의 증가에 따라 감소한다.
③ 조업도가 0(영)인 경우에도 일정액이 발생하고, 그 이후로부터 조업도에 따라 비례적으로 증가하는 원가를 말한다.
④ 조업도와 관계없이 제품의 단위당 원가는 항상 일정하다.

정답 ②

 **확인문제**

03. 원가형태에 대한 설명으로 옳지 않은 것은? 기출처 2014. 국가직 9급

① 고정원가는 조업도가 증감하더라도 전체 범위에서는 고정적이기 때문에, 다른 조건이 동일하다면 제품 단위당 고정원가는 조업도의 증가에 따라 감소한다.
② 관련범위 내에서 조업도 수준과 관계없이 고정원가 발생총액은 일정하다.
③ 관련범위 내에서 조업도가 증가하면 변동원가 발생총액은 비례적으로 증가한다.
④ 변동원가는 조업도의 증감에 따라 관련범위 내에서 일정하게 변동하기 때문에, 다른 조건이 동일하다면 제품 단위당 변동원가는 조업도의 증감에 관계없이 일정하다.

정답 ①

관련범위

주의할 점은 고정원가가 '관련범위' 내에서만 일정하다는 것이다. 만약 120만원에 리스한 빵을 만드는 설비 기계로부터 빵 100개를 생산할 수 있다면, 관련범위는 빵 0개 ~ 100개이다. 만약 빵 101개를 생산하고자 한다면 빵을 만드는 설비 기계를 한 대 더 리스해야 한다. 즉, 관련 범위를 벗어나면 준고정원가처럼 총원가가 증가하게 된다.

(2) 고정원가

고정원가란 관련범위 내에서 조업도의 변동에 관계없이 총원가가 일정한 원가를 말한다. 예를 들어, 빵 생산을 위한 기계 설비를 1년간 120만원에 리스하기로 결정하였다면, 월별 고정원가는 조업도와 관계없이 10만원이 발생하게 된다. 이 경우 총원가는 조업도 변동에 영향을 받지 않고 일정하다. 반면 단위당 고정원가는 조업도가 증가하면 감소하게 되고, 조업도가 감소하면 증가하게 된다.

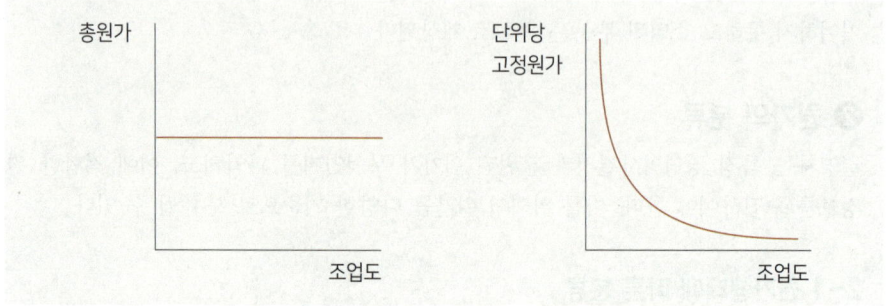

(3) 준변동원가

준변동원가는 조업도와 관계없이 발생하는 고정원가와 조업도의 변동에 비례하여 발생하는 변동원가의 두 부분으로 구성된 원가를 말한다. 예를 들어, 전화요금은 전화를 사용하지 않아도 발생하는 기본요금과 전화사용량에 비례하는 요금으로 구성되어 있다. 기본요금이 고정원가이고, 전화사용량에 비례하는 요금이 조업도 변동에 비례하여 발생하는 변동원가이다.

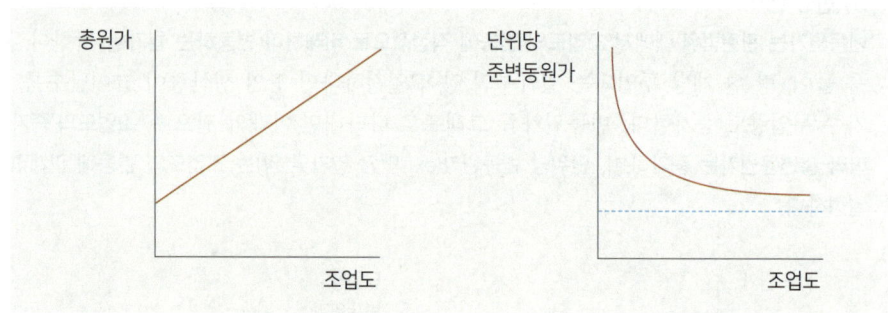

(4) 준고정원가

준고정원가는 일정한 조업도 범위 내에서 총원가가 일정하지만, 조업도가 그 범위를 벗어나면 총원가가 일정액만큼 증가 또는 감소하는 원가를 말한다. 예를 들어, 리스한 설비 기계 1개당 빵 100개를 생산할 수 있다면 빵 생산량이 100개를 넘어가는 순간 설비기계 1대를 더 리스해야 한다. 준고정원가는 계단형의 형태를 취하기 때문에 계단원가(step costs)라고도 한다.

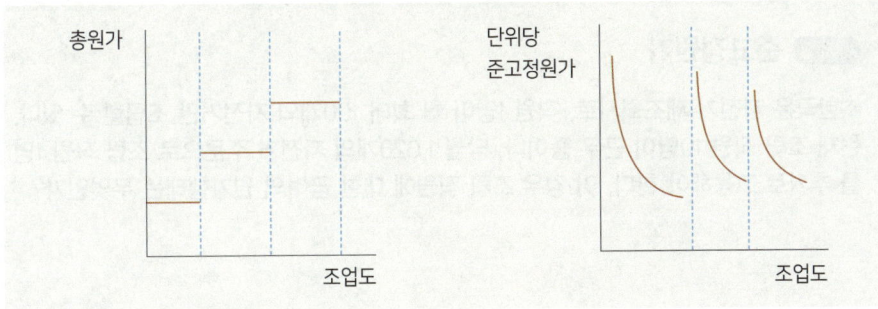

확인문제

04. 준고정(계단)원가에 대한 설명으로 옳은 것은? (단, 조업도 이외의 다른 조건은 일정하다고 가정한다)

기출처 2016. 지방직 9급

① 조업도와 관계없이 단위당 원가는 항상 일정하다.
② 일정 조업도 범위 내에서는 조업도의 변동에 정비례하여 총원가가 변동한다.
③ 일정 조업도 범위 내에서는 총원가가 일정하지만, 일정 조업도 범위를 초과하면 총원가가 일정액만큼 증가한다.
④ 일정 조업도 범위 내에서는 조업도의 변동에 관계없이 총원가가 일정하므로, 단위당 원가는 조업도의 증가에 따라 증가한다.

정답 ③

예제 1 변동원가와 고정원가

㈜한국의 관련범위는 200kg에서 1,000kg이다. 20X1년 동안 400kg을 생산하였을 때 발생한 변동원가와 고정원가는 다음과 같다. 이를 이용하여 1,000kg을 생산할 경우 총원가(변동원가 + 고정원가)와 단위당 원가는?

구분	400kg 생산
변동원가	₩1,000
고정원가	₩1,500
총원가	₩2,500

[풀이]
단위당 변동원가: ₩1,000 ÷ 400kg = ₩2.5/kg
1,000kg 생산할 경우 변동원가: ₩2.5/kg × 1,000kg = ₩2,500
1,000kg 생산할 경우 총원가(변동원가 + 고정원가): ₩2,500 + ₩1,500 = ₩4,000
1,000kg 생산할 경우 단위당 원가: ₩4,000 ÷ 1,000kg = ₩4/kg
그러므로 1,000kg 생산할 경우 총원가는 ₩4,000이고, 단위당 원가는 ₩4가 된다.

정답 총원가 ₩4,000
단위당 원가 ₩4

예제 2 준변동원가

㈜한국의 생산직 근로자 급여는 기본급 ₩1,600,000이 지급되는데, 월 160시간을 초과하여 근무하면 추가적으로 시간당 ₩10,000이 지급된다. 이 경우 생산직 근로자 급여의 원가행태는 무엇인가?

[풀이]
근무시간(조업도)과 관계없이 발생하는 고정원가 ₩1,600,000과 근무시간(조업도)의 변동에 비례하여 발생하는 변동원가의 두 부분으로 구성되므로, 준변동원가이다.

> **예제 3** **준고정원가**
>
> ㈜한국은 자전거 제조회사로, 직원 1명이 월 최대 100개의 자전거만 조립할 수 있다. 현재 조립 직원 10명이 근무 중이나, 당월 1,020개의 자전거 주문으로 조립 직원 1명을 추가로 고용해야 한다. 이 경우 조립 직원에 대한 급여의 원가행태는 무엇인가?
>
> **풀이**
> 직원 10명으로는 최대 1,000개의 자전거 조립이 가능하며, 추가로 20개의 조립만 필요하지만 100개를 조립할 수 있는 직원 1명의 급여를 모두 부담하므로, 준고정원가이다.

2-2 추적가능성에 따른 분류

(1) 직접원가
직접원가는 특정 원가대상에 직접 추적할 수 있는 원가를 말한다. 원가대상은 제품, 서비스, 부문, 제조공정 등과 같이 원가를 집계하는 대상을 의미한다.

(2) 간접원가
간접원가는 여러 원가대상에서 함께 소비한 원가로서 특정 원가대상에 추적할 수 없는 원가를 말한다.

2-3 제조활동에 따른 분류

(1) 제조원가
제조기업은 노동자의 노동력과 제조시설을 이용하여 생산과정에 투입된 원재료를 제품으로 전환하는 활동을 통해 제품을 생산한다. 이 제조활동에서 발생하는 원가를 제조원가라고 부른다. 제조원가는 직접재료원가, 직접노무원가, 제조간접원가로 구성된다.

① 직접재료원가
제품을 생산하기 위해 투입된 원재료의 원가 중 특정 제품에 직접 추적할 수 있는 원가를 직접재료원가라고 한다.

② 직접노무원가
제품을 생산하는 과정에서 투입되는 노동력에 대한 대가가 노무원가이다. 이 중에서 특정 제품에 직접 추적할 수 있는 노무원가를 직접노무원가라고 한다.

③ 제조간접원가
제품의 생산에 투입되는 원가 중 직접재료원가, 직접노무원가 이외의 모든 제조원가를 제조간접원가라고 한다.

확인문제

05. 직접원가 및 간접원가에 관한 다음 설명 중 적절하지 않은 것은?

기출처 2007. 국가직 9급

① 발생한 원가를 원가대상별로 추적할 수 있는가에 따라서 직접원가와 간접원가로 분류된다.
② 제품원가 계산 시 간접원가는 인과관계 등 합리적인 기준에 따라 제품에 배부된다.
③ 실질적으로 또는 경제적으로 특정 제품 등에 직접 관련시킬 수 있는 원가를 직접원가라고 한다.
④ 조업도의 변동에 따른 원가행태에 근거하여 직접원가와 간접원가로 분류된다.

정답 ④

⊙ 간접재료원가: 제조과정에 투입된 원재료 중 제품 생산에 필요하긴 하나, 특정 제품에 추적이 불가능한 원재료의 원가를 간접재료원가라고 한다.
⊙ 간접노무원가: 공장 운영을 위해 필요하나, 어떤 제품을 생산하는 데 투입되었는지 추적이 불가능한 노무비를 간접노무원가라고 한다.
⊙ 제조경비: 공장 토지 및 건물의 제세공과금, 생산시설의 보험료, 수선유지비, 수도광열비, 감가상각비 등 제조활동에 소요되는 간접재료원가, 간접노무원가 외의 모든 원가를 말한다.

제조원가 중 **직접재료원가와 직접노무원가를 기본원가 또는 기초원가**라고 하며, 원재료를 가공하여 제품으로 전환하는 과정에서 직접노무원가와 제조간접원가가 발생하므로 **직접노무원가와 제조간접원가를 가공원가 또는 전환원가**라고 한다.

[기본원가와 가공원가]

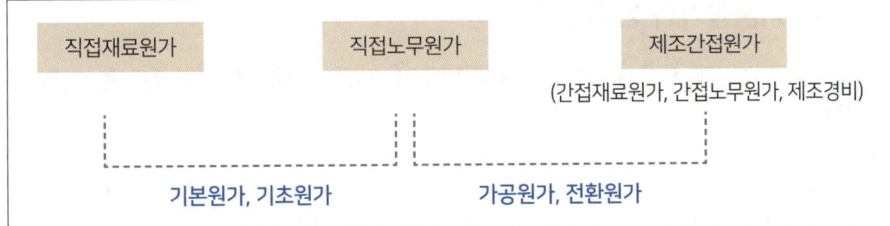

(2) 비제조원가
비제조원가는 기업의 제조활동과 관계없이 발생되는 원가를 말하며, 광고비, 판매수수료, 판매직원 급여 등의 판매비와 사무용 시설의 보험료, 감가상각비, 사무용 소모품비 등의 관리비로 구성된다.

[제조원가와 비제조원가의 예시]

대구분	소구분	예시
제조원가	직접재료원가	가구 제조에 사용되는 목재, 가죽 등의 재료원가
	직접노무원가	가구 목재 절단, 조립 등 가구 제조에 직접 관여하는 자의 급여
	제조간접원가-간접재료원가	가구 제조 시 필요한 접착제, 니스 등 사용량 추적이 불가능한 재료원가
	제조간접원가-간접노무원가	가구 생산감독자, 공장건물관리인 등의 급여
	제조간접원가-제조경비	가구 공장의 제세공과금, 생산시설의 보험료, 수선유지비, 수도광열비, 감가상각비, 수선비, 소모품비 등
비제조원가	판매관리비	가구 판매사원의 급여, 광고선전비, 본사 사무실 보험료, 감가상각비 등

 확인문제

06. 전자제품을 제조하는 제조업의 경우 다음 중 제조간접원가에 포함되어야 하는 것은?
① 마케팅부서 직원 인건비
② 공장설비의 수선유지비
③ 특정 제품 주재료의 매입운반비와 매입수수료
④ 대리점 판매사원의 급여

정답 ②

 확인문제

07. 기본원가와 가공원가에 공통적으로 해당하는 항목은?
① 제품제조원가 ② 제조간접원가
③ 직접재료원가 ④ 직접노무원가

정답 ④

 확인문제

08. 다음 중 가구 제조업체의 제조간접원가에 포함되는 항목은?
① 목재를 조립하는 직원의 급여
② 영업부(판매부서) 임원의 급여
③ 가구 제조를 위해 구입한 목재 매입금액
④ 원재료인 목재를 구매하는 구매부서 직원의 급여

정답 ④

 확인문제

09. 다음 중 제조원가가 아닌 항목은?
① 원재료 매입 시 발생한 항공료
② 공장 건물의 감가상각비
③ 광고회사에 지급한 광고비
④ 공장 직원의 성과급

정답 ③

제조간접원가와 판매비와관리비 구분

구분	제조원가	판매비와관리비
keyword	생산	판매, 영업용
	공장	본사
	감가상각비(공장)	감가상각비(본사, 영업용)

[제조원가와 비제조원가의 분류]

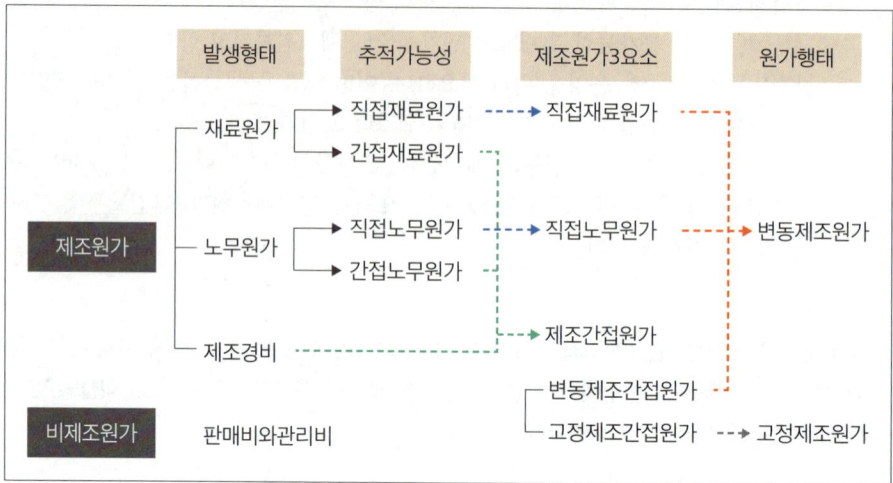

예제 4 기본원가와 가공원가

㈜한국 20X1년에 제품 100개를 생산하였으며, 제품 생산에 발생한 원가는 아래와 같다.

- 재료원가   ₩2,000 (직접재료원가 60%, 간접재료원가 40%)
- 노무원가   ₩1,200 (직접노무원가 50%, 간접노무원가 50%)
- 공장감가상각비   ₩400
- 공장 생산설비 보험료 ₩100
- 판매사원 급여   ₩500

다음을 각각 구하시오.

01 기본원가

02 가공원가

03 단위당 제품원가

풀이

01 기본원가: 직접재료원가 + 직접노무원가 = ₩1,200 + ₩600 = ₩1,800
    직접재료원가 ₩2,000 × 60% = ₩1,200   직접노무원가 ₩1,200 × 50% = ₩600

02 가공원가: 직접노무원가 + 제조간접원가 = ₩600 + ₩800 + ₩600 + ₩500 = ₩2,500
    직접노무원가 ₩1,200 × 50% = ₩600   간접재료원가 ₩2,000 × 40% = ₩800
    간접노무원가 ₩1,200 × 50% = ₩600
    제조경비 ₩400 + ₩100 = ₩500(공장감가상각비 + 생산설비 보험료)

03 단위당 제품원가: (직접재료원가 + 직접노무원가 + 제조간접원가) ÷ 100개 = (₩1,200 + ₩600 + ₩1,900) ÷ 100개 = ₩37/개
    직접재료원가 ₩2,000 × 60% = ₩1,200   직접노무원가 ₩1,200 × 50% = ₩600
    제조간접원가 ₩800 + ₩600 + ₩500 = ₩1,900

정답 01 기본원가 ₩1,800 **02** 가공원가 ₩2,500 **03** 단위당 제품원가 ₩37/개

예제 5 가공원가

20X1년 7월 제품생산과 관련하여 발생한 ㈜한국의 직접노무원가는 가공원가의 40%이다. 직접재료원가가 ₩24,000이고 제조간접원가가 ₩42,000이라면, 직접노무원가는 얼마인가?

풀이

가공원가 = 직접노무원가 + 제조간접원가
직접노무원가가 가공원가의 40%이므로, 제조간접원가는 가공원가의 60%이다.
가공원가 × 60% = ₩42,000 ∴ 가공원가 = ₩70,000
∴ 직접노무원가 = ₩70,000 × 40% = ₩28,000

정답 직접노무원가 ₩28,000

예제 6 제조원가

다음 자료를 이용하여 직접노무원가를 계산하면 얼마인가? (제조간접원가는 직접재료원가의 250% 발생한다.)

• 직접재료원가	₩2,000
• 제조원가	₩16,000

풀이

제조원가 = 직접재료원가 + 직접노무원가 + 제조간접원가
₩16,000 = ₩2,000 + 직접노무원가 + ₩2,000 × 250%
∴ 직접노무원가 = ₩9,000

정답 직접노무원가 ₩9,000

> **확인문제**
>
> 10. ㈜한국의 20X1년 발생된 원가가 다음과 같을 때 제품원가와 기간원가는 각각 얼마인가?
>
> | | |
> |---|---|
> | • 직접재료원가 | ₩100,000 |
> | • 간접재료원가 | ₩400,000 |
> | • 공장 근무자 급여 | ₩200,000 |
> | • 광고선전비 | ₩250,000 |
> | • 공장감가상각비 | ₩300,000 |
> | • 본사 사무실 전력비 | ₩200,000 |
> | • 공장 건물 보험료 | ₩100,000 |
>
> 정답 제품원가 ₩1,100,000
> 　　 기간원가 ₩450,000

2-4 자산화 여부에 따른 분류

(1) 제품원가

제품원가는 제품원가계산과정에서 재고자산에 할당되는 원가로서, 재무제표에 재고자산으로 계상되었다가 제품이 판매될 때 매출원가라는 비용계정으로 대체된다. 재고가능원가라고도 한다.

(2) 기간원가

기간원가는 제품생산과 관계없이 발생되기 때문에 발생된 기간에 비용으로 처리되는 원가를 말한다. 재고불능원가라고도 한다.

전부원가, 변동원가, 초변동원가 계산 중 어느 방법을 적용하느냐에 따라서 제품원가와 기간원가의 범위가 달라진다. 즉, 동일한 원가라도 원가계산 방법에 따라서 비용으로 인식되는 시기가 달라지게 된다.

[제품원가와 기간원가 비교]

	재고자산의 원가구성여부	비용처리시기	비용 처리되는 금액
제품원가	제품원가 구성 O	원칙: 제품판매 시	원칙: 매출원가에 포함
기간원가	제품원가 구성 X	발생 시	발생액

[제품원가와 기간원가의 재무상태표와 손익계산서 상의 표시]

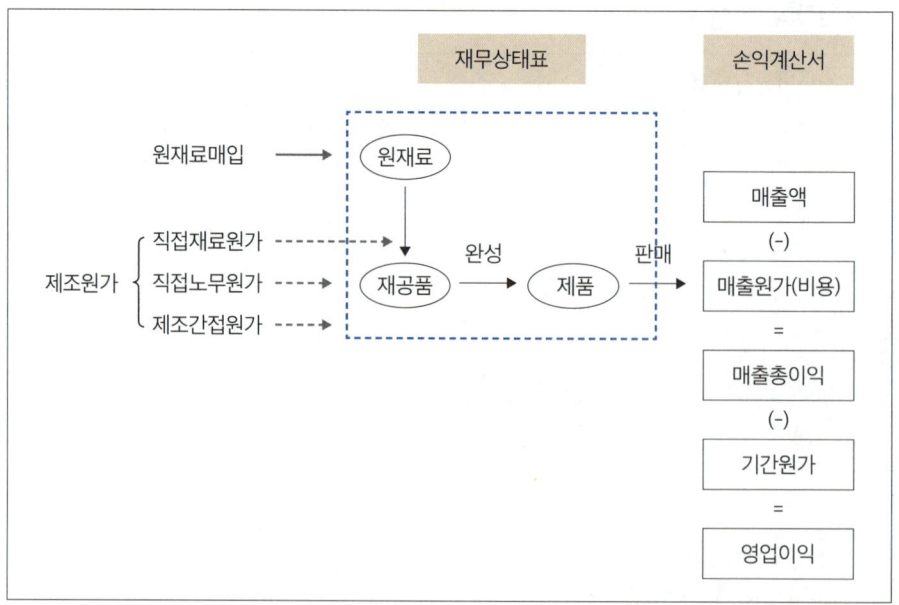

2-5 통제가능성에 따른 분류

(1) 통제가능원가
통제가능원가는 특정 관리자가 원가의 발생정도에 영향을 미칠 수 있는 원가를 말한다. 관리자는 통제가능원가의 발생에 대해 책임이 있으므로, 성과평가 시 고려하여야 한다.

(2) 통제불능원가
통제불능원가는 특정 관리자가 원가의 발생정도에 영향을 미칠 수 없는 원가를 말한다. 통제불능원가는 특정 관리자의 통제가 불가능하므로 성과평가를 할 때 반영되지 않는다.

2-6 의사결정과 관련된 분류

(1) 관련원가
특정 의사결정과 관련이 있는 원가로, 의사결정 대안들 간에 차이가 나는 미래 원가를 말한다.

(2) 비관련원가
특정 의사결정과 관련이 없는 원가로, 이미 발생된 과거 원가와 대안들 간에 차이가 없는 미래원가를 말한다.

(3) 매몰원가
과거의 의사결정의 결과로 이미 발생된 원가로서, 현재나 미래의 의사결정에 영향을 미치지 못하는 원가를 말한다. 매몰원가는 비관련원가이다.

(4) 기회비용
기회비용은 특정 대안을 선택하기 위해 포기해야 하는 효익이며, 의사결정을 할 때 반드시 고려해야 하는 원가이다. 기회비용은 관련원가이다.

 **확인문제**

11. 각 사업부의 성과를 평가하고 그 결과에 따른 보상 제도를 실시하려고 할 경우 고려해야 할 적절한 원가는?

기출처 2011. 국가직 9급

① 고정원가
② 매몰원가
③ 통제가능원가
④ 기회원가

정답 ③

 **오쌤 Talk**

관련원가와 비관련원가

만약, 1,000만원을 주고 취득한 차량이 침수되어 30만원을 받고 중고시장에 매각하는 방법과 10만원의 수리비를 들여서 전시목적으로 회사에서 사용하는 방법이 있다고 가정하자. 전시목적으로 사용하는 경우 회사에게 주는 효익은 50만원정도의 가치가 있다면, 어떤 의사결정을 해야 하는가?
경제적인 이득 관점에서만 보자면, 전시목적의 사용이 순실현가치가 40만원(= 효익 50만원 - 추가수리비 10만원)이고 중고시장에 매각하는 30만원보다 유리하므로 '전시목적의 사용'을 선택해야 한다. 이와 같은 사례에서 의사결정과 관련된 분류는 다음과 같다.

매몰원가 (비관련원가)	자동차 취득원가 1,000만원
관련원가	중고시장 매각 30만원, 전시목적사용 순실현가능가치 40만원
기회비용	중고시장 매각 30만원 (포기된 것의 가치)

3 제조기업 원가의 흐름

❶ 제조원가의 흐름

제조원가는 제품을 생산하는 제조과정에서 발생되는 모든 원가를 의미하며 **직접재료원가, 직접노무원가, 제조간접원가**로 구성된다. 제조활동에 투입된 제조원가는 재공품 계정으로 집계되며, 제품이 완성되면 완성된 만큼 제조원가(당기제품제조원가)는 제품계정으로 대체된다. 제품이 판매되면 판매된 제품의 원가는 매출원가계정으로 대체된다.

[제조원가의 흐름]

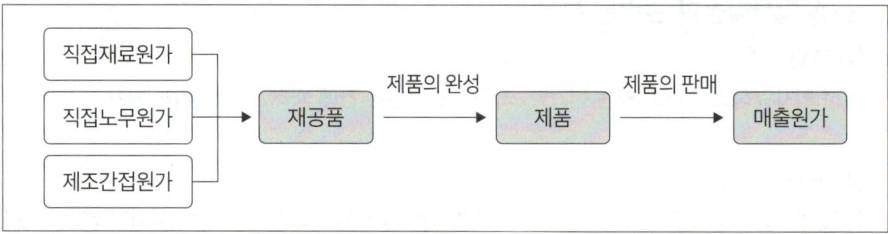

1-1 원재료계정

원재료 계정은 직접재료원가 및 간접재료원가를 회계처리하기 위한 재고자산 계정이다.

(1) 재료원가의 흐름

> 기초원재료 + 당기매입 - 기말원재료 = 직접재료원가 + 간접재료원가

단, 문제에서 특별한 언급이 없으면 일반적으로 원재료는 다음의 식이 성립한다.

> 기초원재료 + 당기매입 - 기말 원재료 = 원재료 사용액(직접재료원가)

(2) 회계처리

① 원재료 구입 시

| (차) 원재료 | ××× | (대) 매입채무(또는 현금) | ××× |

② 원재료 사용 시

| (차) 재공품(직접재료원가) | ××× | (대) 원재료 | ××× |
| 제조간접원가(간접재료원가) | ××× | | |

📋 **확인문제**

12. ㈜한국은 합성고무를 제조하는 회사이다. 회사는 합성고무제조 원료인 원유를 기초에 400리터 보유하고 있었으며, 당기 생산을 위해 5,000리터를 투입하여 재공품계정으로 대체하였다. 기말 현재 600리터의 원유를 보유하고 있다면, 당기에 매입한 원료량은 얼마인가?

정답 5,200리터

1-2 노무원가 계정

제품을 생산하는 과정에서 투입되는 노동력에 대한 대가가 노무원가이며, 직접노무원가와 간접노무원가를 회계처리하기 위해 노무원가 계정을 사용한다.

(1) 노무원가의 흐름

노무원가		제조간접원가		재공품
노무원가 발생금액	직접노무원가 ─────────────────→			기초재공품 직접노무원가
	간접노무원가 →	간접노무원가	당기배부 ─────→	제조간접원가

(2) 회계처리

① 노무원가 발생 시

(차) 노무원가　　　　　　　XXX　　(대) 미지급비용(또는 현금)　　XXX

② 노무원가 대체 시

(차) 재공품(직접노무원가)　　XXX　　(대) 노무원가　　　　　　　XXX
　　 제조간접비(간접노무원가)　XXX

오쌤 Talk

미지급임금

미지급임금을 통해 직접노무원가를 산정하는 경우도 있다.
이 경우 다음과 같이 접근한다.

미지급임금			
임금의 지급	XX	기초 미지급임금	XX
기말 미지급임금	XX	노무원가 발생액	XX
	XX		XX

이때, 노무원가 발생액이 '노무원가'에 해당한다. 시험에서는 일반적으로 발생한 노무원가를 직접노무원가로 제시하고 사용하는 경우가 많다.

확인문제

13. ㈜한국은 자동차를 제조하는 회사이며, 자동차는 B3과 B5 두 대가 생산되고 있다. 당기에 발생한 제조간접원가는 아래와 같으며, 제조간접원가는 B3와 B5에 2 : 3의 비율로 배분하기로 의사결정하였다. 당기 중 B5의 재공품으로 대체된 제조 간접원가는 얼마인가?

• 간접재료원가	₩2,200
• 간접노무원가	₩1,800
• 제세공과금	₩500
• 감가상각비	₩1,500

정답 ₩3,600

1-3 제조간접원가 계정

간접재료원가, 간접노무원가, 제조경비를 회계처리하는 계정을 제조간접원가라고 하며, 제조간접원가는 다양한 항목들로 구성되므로, 결산 시 제조간접원가계정에 집계한 후 재공품계정에 비용을 배부한다.

(1) 제조간접원가의 흐름

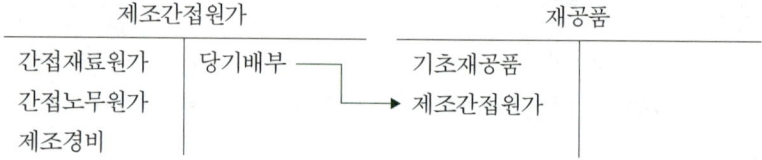

(2) 회계처리

```
① 제조간접원가 발생 시

(차) 제세공과금          XXX    (대) 미지급비용(또는 현금)    XXX
    보험료              XXX


② 제조간접원가 집계 시

(차) 제조간접원가        XXX    (대) 제세공과금              XXX
                                   보험료                   XXX
                                   원재료(간접재료원가)       XXX
                                   노무원가 (간접노무원가)     XXX


③ 제조간접원가를 재공품계정에 배부 시

(차) 재공품              XXX    (대) 제조간접원가            XXX
```

❷ 재공품계정

2-1 재공품계정의 원가의 흐름

재공품계정은 제품 제조를 위해 발생하는 직접재료원가, 직접노무원가, 제조간접원가를 집계하는 계정이며, 제품이 되기 전 미완성 상태의 재고자산을 의미한다. 제품이 완성되면 재공품계정은 제품계정으로 대체된다.

재공품		제품	
기초재공품	당기제품제조원가 ┐	기초제품	
당기총제조원가		→ 당기제품제조원가	
• 직접재료원가			
• 직접노무원가			
• 제조간접원가	기말재공품		

당기총제조원가 = 직접재료원가 + 직접노무원가 + 제조간접원가
당기제품제조원가 = 기초재공품원가 + 당기총제조원가 - 기말재공품원가

2-2 회계처리

(1) 재공품계정에 제조원가 집계 시

(차) 재공품	XXX	(대) 원재료	XXX
		노무원가	XXX
		제조간접원가	XXX

(2) 제품 완성 시

(차) 제품	XXX	(대) 재공품	XXX

🔷 확인문제

14. 다음은 ㈜한국의 20X1년 및 20X2년 기말재고자산 및 20X2년 원가에 관한 정보이다. 20X2년의 당기제품제조원가가 ₩2,000,000이라면, 20X2년 기말재공품은 얼마인가?(단, 해당 원재료는 모두 직접재료원가에 해당함)

• 원재료 매입액	₩400,000
• 직접노무원가	₩1,000,000
• 간접노무원가	₩400,000
• 제조경비	₩800,000

구분	20X1. 12. 31.	20X2. 12. 31.
원재료	₩50,000	₩100,000
재공품	₩200,000	?

정답 ₩750,000

 **확인문제**

15. <보기>의 원가자료를 이용하여 계산한 ㈜서울의 당기 매출원가는 얼마인가?
기출처 2019. 서울시 9급

― 보기 ―
- 당기제조간접원가 ₩180,000
- 기초재공품재고액 ₩10,000
- 기초제품재고액 ₩20,000
- 당기총제조원가 ₩320,000
- 기말재공품재고액 ₩5,000
- 기말제품재고액 ₩22,000

정답 매출원가 ₩323,000

 **확인문제**

16. ㈜한국은 단일제품을 생산하고 있다. 20X1년 자료가 다음과 같을 때, 당기직접재료매입액과 당기에 발생한 직접노무원가는?
기출처 2020. 국가직 9급

재고자산		
	기초재고	기말재고
직접재료	₩18,000	₩13,000
재공품	₩25,000	₩20,000
기본원가		₩85,000
가공원가		₩75,000
당기제품제조원가		₩130,000
매출원가		₩120,000

정답 직접재료 매입액 = ₩45,000,
    직접노무원가 = ₩35,000

 **오쌤 Talk**

제품 계정을 이용하는 경우

원가 흐름의 문제를 접근할 때, 대부분의 문제는 '재공품'계정을 중심으로 접근한다. 다만, '매출원가'에 대한 정보가 주어지면 '제품'계정까지 이용하는 경우가 대부분이다. 그러나 '제품'계정에 대한 정보가 없는 채로 '매출원가'에 대한 정보만 주어지면 '제품'계정을 이용할 수 없으므로 '매출원가' 정보는 사족이라는 것을 주의해야 한다.

❸ 제품 계정

제품계정은 완성된 제품의 원가를 관리하는 계정이다. 제품이 판매되면 제품의 원가를 매출원가로 대체하며, 판매되기 전까지 제품은 재무상태표에 자산으로 표시된다.

3-1 제품계정의 원가의 흐름

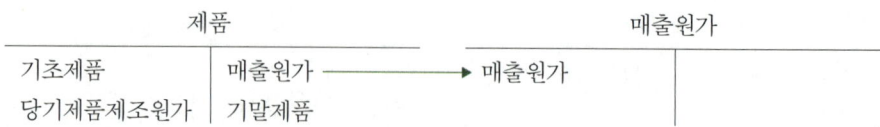

매출원가 = 기초제품재고액 + 당기제품제조원가 - 기말제품재고액

3-2 회계처리

(1) 제품 완성 시

(차) 제품	XXX	(대) 재공품	XXX

(2) 제품 판매 시

(차) 매출원가	XXX	(대) 제품	XXX

[제조기업의 전체 원가 흐름]

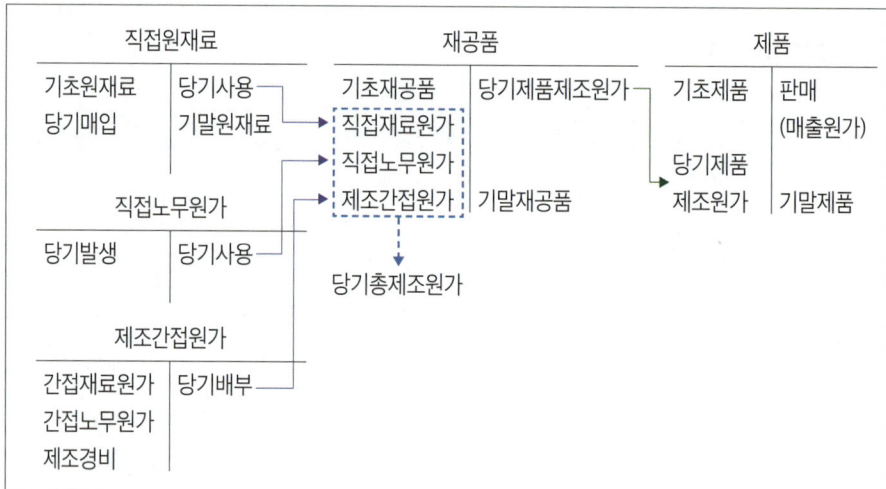

 **참고**

전체 원가흐름

1) 만약 문제에서 중간단계인 당기총제조원가나 당기제품의 제조원가를 묻지 않고 기초·기말재고자산이나 매출원가를 묻는다면 다음과 같이 하나의 T 계정에 합산하여 쉽게 계산할 수 있다. 주의할 점은 원재료의 경우 '직접재료원가'가 아닌 '원재료매입액'이 들어간다는 사실이다.

원재료 + 재공품 + 제품

기초재고(원재료 + 재공품 + 제품)	XXX	매출원가	XXX
직접재료매입액	XXX		
직접노무원가	XXX		
제조간접원가	XXX	기말재고(원재료 + 재공품 + 제품)	XXX

2) 원재료를 정리해서 직접재료원가를 구할 수 있다면 다음의 식을 이용한다.
  ① 직접재료원가 = 기초원재료 + 당기매입액 − 기말원재료
  ②   재공품 + 제품

기초재고(재공품 + 제품)	XXX	매출원가	XXX
직접재료원가	XXX		
직접노무원가	XXX		
제조간접원가	XXX	기말재고(재공품 + 제품)	XXX

 확인문제

17. 다음은 ㈜한국의 20X1년 12월 31일로 종료되는 회계연도의 자료의 일부이다. 연초 또는 연말의 재공품이 없었다고 가정할 때 매출원가는 얼마인가?

- 직접재료재고액 증가 ₩50,000
- 직접재료구입액 ₩350,000
- 직접노무원가 ₩200,000
- 제품재고액의 감소 ₩100,000
- 판매비 ₩150,000
- 제조간접원가 ₩500,000

정답 매출원가 ₩1,100,000

예제 7 제조원가의 흐름(1)

다음은 ㈜한국의 20X1년 제조원가에 관련된 자료이다. 당기 제품의 매출원가는 얼마인가?

• 기초원재료	₩100,000	• 직접노무원가	₩300,000
• 당기원재료매입	₩400,000	• 간접노무원가	₩100,000
• 기말원재료	₩200,000	• 간접재료원가	₩150,000
• 기초재공품	₩250,000	• 본사소모품비	₩100,000
• 기말재공품	₩300,000	• 생산설비 보험료	₩50,000
• 기초제품	₩200,000	• 판매사원 판매수당	₩200,000
• 기말제품	₩100,000	• 공장수도광열비	₩150,000

풀이

(1) 원재료

원재료			
기초원재료	₩100,000	직접재료원가	《₩150,000》
당기매입액	₩400,000	간접재료원가	₩150,000
		기말원재료	₩200,000
	₩500,000		₩500,000

(2) 제조간접원가 = 간접노무원가 + 간접재료원가 + 생산설비보험료 + 공장수도광열비
  = ₩100,000 + ₩150,000 + ₩50,000 + ₩150,000 = ₩450,000

(3)

재공품			
기초재공품	₩250,000	당기제품제조원가	₩850,000
직접재료원가	₩150,000		
직접노무원가	₩300,000	기말재공품	₩300,000
제조간접원가	₩450,000		
	₩1,150,000		₩1,150,000

제품			
기초제품	₩200,000	매출원가	《₩950,000》
당기제품제조원가	₩850,000	기말제품	₩100,000
	₩1,050,000		₩1,050,000

[별해] '원재료* + 재공품 + 제품' T계정 이용

원재료 + 재공품 + 제품			
기초원재료	₩100,000	매출원가	《₩950,000》
당기원재료매입	₩400,000		
기초재공품	₩250,000		
기초제품	₩200,000		
직접노무원가	₩300,000		
간접노무원가	₩100,000	기말원재료	₩200,000
생산설비 보험료	₩50,000	기말재공품	₩300,000
공장수도광열비	₩150,000	기말제품	₩100,000
	₩1,550,000		₩1,550,000

[참고] 원재료의 사용

> 원재료의 사용은 직접재료 사용과 간접재료 사용으로 나누어지지만, T계정상 차변에 당기총제조원가를 구성할 때는 둘의 구분이 무의미하다. 즉, 기초재료원가와 기말재료원가 그리고 당기매입을 통해 직접이든 간접이든 재료원가 사용액이 다 반영된다. 그러나, 노무원가의 경우 직접노무원가와 간접노무원가가 구분되어 제시되었다면 제조원가 안에 직·간접원가를 각각 다 반영해 주어야 한다.

정답 ₩950,000

예제 8 제조원가의 흐름(2)

매출원가는 ₩120,000, 직접노무원가는 ₩40,000, 제조간접원가는 ₩55,000이다. 다음 자료에 의한 당기 재료 매입액은 얼마인가? (단, 원재료는 모두 직접재료임을 가정함)

	기초재고액	기말재고액
재료	₩28,000	₩12,000
재공품	₩15,000	₩30,000
제품	₩25,000	₩35,000

풀이

제품 및 매출원가 정보에서부터 역으로 재료 매입액을 구한다. (당기제품제조원가 → 직접재료원가 → 당기매입액)

제품

기초제품	₩25,000	매출원가	₩120,000
당기제품제조원가	⟪₩130,000⟫	기말제품	₩35,000
	₩155,000		₩155,000

재공품

기초재공품	₩15,000	당기제품제조원가	₩130,000
직접재료원가	⟪₩50,000⟫		
직접노무원가	₩40,000		
제조간접원가	₩55,000	기말재공품	₩30,000
	₩160,000		₩160,000

원재료

기초재료	₩28,000	매출원가	₩50,000
당기매입액	⟪₩34,000⟫	기말제품	₩12,000
	₩62,000		₩62,000

[별해] '원재료 + 재공품 + 제품' T계정 이용

원재료 + 재공품 + 제품

기초원재료	₩28,000	매출원가	₩120,000
당기매입 재료	⟪₩34,000⟫		
기초재공품	₩15,000		
기초제품	₩25,000	기말재료	₩12,000
직접노무원가	₩40,000	기말재공품	₩30,000
제조간접원가	₩55,000	기말제품	₩35,000
	₩197,000		₩197,000

정답 당기재료매입액 ₩34,000

④ 제조원가명세서

제조원가명세서는 제조기업의 당기제품제조원가 계산을 위하여 발생한 모든 원가를 요약한 보고서이다.

```
                    제조원가명세서
 I. 직접재료원가
    1. 기초원재료재고액          XXX
    2. 당기원재료매입액          XXX
    3. 기말원재료재고액         (XXX)           XXX
 II. 직접노무원가                              XXX
 III. 제조간접원가                             XXX
 IV. 당기총제조원가(I + II + III)              XXX

 V. 기초재공품재고액                           XXX
 VI. 합계                                    XXX
 VII. 기말재공품원가                          (XXX)
 VIII. 당기제품제조원가(VI - VII)              XXX
```

⑤ 상기업과 제조기업의 재무제표 비교

상기업은 외부에서 생산된 상품을 구입하여 단순히 판매하는 기업이며, 제조기업은 외부에서 구입한 생산요소(원재료, 노동력, 생산설비 등)를 제조활동에 투입하여 제품을 생산하고 이를 판매하는 기업이다. 상기업의 매출원가는 상품의 취득원가로 구성되나, 제조기업의 매출원가는 제조과정에서 발생한 직접재료원가, 직접노무원가, 제조간접원가로부터 산출된다.

5-1 상기업과 제조기업의 경영활동과 원가의 흐름

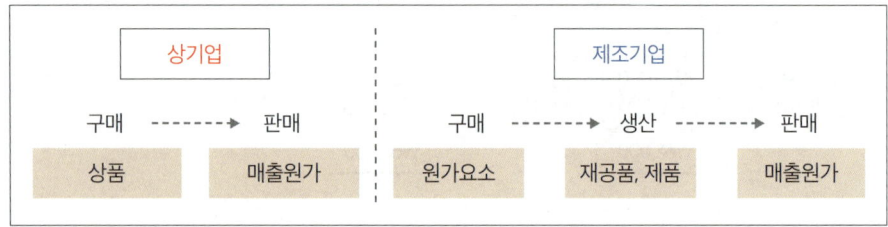

5-2 상기업과 제조기업의 재무제표

[재무상태표]

재무상태표(상기업)		재무상태표(제조기업)	
재고자산		재고자산	
상품	XXX	제품	XXX
		재공품	XXX
		원재료	XXX

✏️ 확인문제

18. ㈜한국은 중국으로부터 완제품 자전거를 수입하여 국내에 판매하고 있다. 기초상품 및 기말상품 금액은 다음과 같으며, 당기에 자전거를 중국으로부터 100개를 개당 ₩60,000에 구입한 경우, 매출원가는 얼마인가?

- 기초상품   ₩120,000
- 기말상품   ₩180,000

정답 ₩5,940,000

[손익계산서]

손익계산서(상기업)			손익계산서(제조기업)		
I. 매출액		XXX	I. 매출액		XXX
II. 매출원가			II. 매출원가		
기초상품재고액	XXX		기초제품재고액	XXX	
당기상품매입액	XXX		당기제품제조원가	XXX	
기말상품재고액	(XXX)	XXX	기말제품재고액	(XXX)	XXX
III. 매출총이익		XXX	III. 매출총이익		XXX
IV. 판매비와관리비		(XXX)	IV. 판매비와관리비		(XXX)
V. 영업이익		XXX	V. 영업이익		XXX

> **상기업** 매출원가 = 기초상품재고액 + **당기상품매입액** - 기말상품재고액
> **제조기업** 매출원가 = 기초제품재고액 + **당기제품제조원가** - 기말제품재고액

오쌤 Talk

상기업과 제조기업의 차이

상기업은 상품을 구입해서 창고에 재고수량을 확보하지만, 제조기업은 제조해서 재고수량을 확보한다. 그러므로 상기업에서의 매입원가가 제조기업에서는 제품의 제조원가이다. 재무회계에서는 상기업을 전제로 배우기 때문에 재고자산 T계정을 그릴 때 매입액을 기준으로 작성하고, 원가관리회계는 제조기업을 전제로 배우기 때문에 재고자산 T계정을 그릴 때 당기제품제조원가를 기준으로 작성한다.

OX 퀴즈

다음 문장의 경우 올바른 설명에는 ○, 틀린 설명에는 ×를 하고 틀린 설명은 수정하시오.

① 제조원가의 3요소는 직접재료원가, 직접노무원가, 제조간접원가이다.　　　　　　　　(　　　)

② 직접재료원가와 직접노무원가를 가공원가(전환원가)라고 한다.　　　　　　　　(　　　)

③ 원가의 행태에 따라 분류하면 재료원가, 노무원가, 제조경비로 분류할 수 있다.　　　　　　　　(　　　)

④ 기간원가는 제품 생산과 관련없이 발생되므로 항상 발생된 기간에 비용으로 처리되는 원가를 말하며 매출원가를 제외하고 손익계산서에 나타나는 비용을 말한다.　　　　　　　　(　　　)

⑤ 관련범위 내에서 고정원가의 단위당 원가는 조업도의 증가와 무관하게 일정하다.　　　　　　　　(　　　)

⑥ 당기제품제조원가는 당기에 발생된 직접재료원가, 직접노무원가, 제조간접원가의 합계를 뜻한다.　　　　　　　　(　　　)

⑦ 기업의 판매비 및 관리비는 제조원가를 구성한다.　　　　　　　　(　　　)

⑧ 상기업은 상품을 외부로부터 구입하여 판매하는 회사이다.　　　　　　　　(　　　)

⑨ 매몰원가는 과거의 의사결정으로 인하여 이미 발생하였기 때문에 미래의 의사결정에 영향을 미치지 않는 원가이다.　　　　　　　　(　　　)

OX 풀이

1 ○

2 × 직접노무원가와 제조간접원가를 가공원가(전환원가)라고 한다.

3 × 원가의 행태에 따라 분류하면 변동원가와 고정원가로 분류할 수 있다.

4 ○

5 × 고정원가의 단위당 원가는 조업도의 증가에 따라 감소한다.

6 × 당기에 발생된 직접재료원가, 직접노무원가, 제조간접원가의 합계는 당기총제조원가를 뜻한다.

7 × 판매비 및 관리비는 기간비용으로 처리되며, 제조원가를 구성하지 않는다.

8 ○

9 ○

실전훈련

01 원가에 관한 설명으로 옳지 않은 것은? 기출처 2023. 국가직 9급

① 당기총제조원가는 직접재료원가, 직접노무원가, 제조간접원가를 합계한 금액이다.
② 당기제품제조원가는 당기총제조원가에 기초재공품재고액을 더하고 기말재공품재고액을 차감한 금액이다.
③ 기업은 의사결정 시 기회원가와 매몰원가를 고려하지 않아야 한다.
④ 변동원가는 조업도 또는 활동수준에 따라 변한다.

02 원가의 분류에 대한 설명으로 옳지 않은 것은? 기출처 2025. 지방직 9급

① 기초원가와 전환(가공)원가에 공통으로 포함되는 원가는 직접노무원가이다.
② 매몰원가는 경영자가 통제할 수 있는 원가로서 의사결정과 관련이 있는 원가이다.
③ 변동원가와 고정원가의 구분은 원가행태에 대한 가정이 유지되는 관련범위 내에서 유효하다.
④ 발생한 원가를 원가대상별로 추적할 수 있는가에 따라서 직접원가와 간접원가로 분류된다.

 풀이

01 ③ 기업은 의사결정 시 기회원가는 고려하고 매몰원가를 고려하지 않아야 한다.
02 ② 매몰원가는 과거의 의사결정의 결과로 현재 의사결정 시점 이전에 이미 발생된 원가를 말한다. 이는 현재의 의사결정으로 변경할 수 없으므로 의사결정과 관련 없는 비관련원가이다.

 01 ③ 02 ②

03 다음은 여러 원가행태에 따라 원가와 조업도의 관계를 나타낸 그래프이다. 아래 설명에 맞는 그래프는?

> 생산량이 증가해도 단위당 직접재료원가는 일정하다.

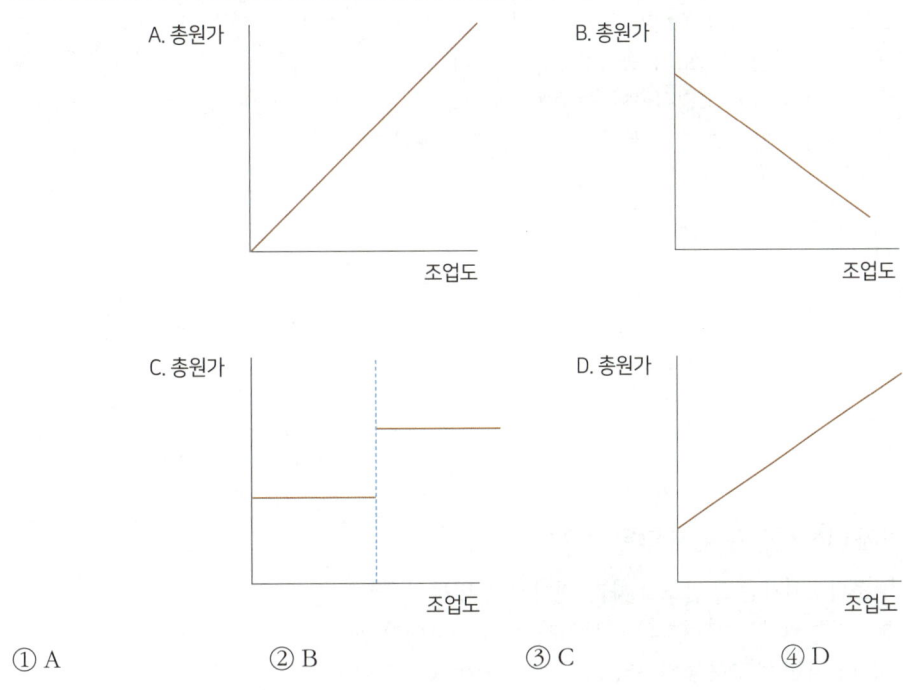

① A　　② B　　③ C　　④ D

> **풀이**
>
> 03 ① 생산량이 증가해도 단위당 직접재료원가가 일정한 것은 변동원가이다. 변동원가는 조업도에 비례하여 총원가가 증가한다.
>
> 답 03 ①

04 다음의 그래프와 같은 행태를 보이는 원가에 대한 설명으로 가장 올바른 것은?

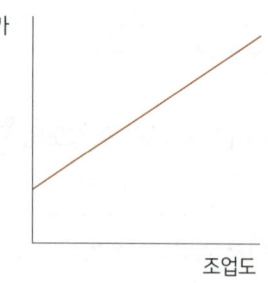

① 조업도와 상관없이 총원가가 일정하다.
② 단위당 원가는 조업도가 증가할수록 커진다.
③ 총원가가 일정한 고정원가와 순수변동원가의 두 부분으로 구성된다.
④ 조업도가 증가하면 단위당 원가는 0(영)에 가까워진다.

05 원가에 대한 설명 중 옳지 않은 것은?
① 제조간접원가는 조업도에 따라 변화하는 변동원가로만 구성된다.
② 통제가능원가는 관리자의 성과평가 시 고려하여야 한다.
③ 기간원가는 재고불능원가라고도 하며, 발생한 기간에 비용처리된다.
④ 매몰원가는 이미 발생된 원가로 역사적 원가이다.

> **풀이**
> **04** ③ 조업도가 0일 때도 일정금액의 고정원가가 발생하고, 조업도가 증가할수록 변동원가도 함께 증가하는 **준변동원가 그래프**이다.
> **05** ① 제조간접원가에는 **고정원가도 포함**된다.
>
> 답 04 ③ 05 ①

06 다음 자료에 의한 당기 재료매입액은 얼마인가?

• 매출원가	₩1,000
• 직접노무비	₩300
• 제조간접원가	₩400

	기초재고액	기말재고액
재료	₩250	₩200
재공품	₩200	₩250
제품	₩350	₩300

① ₩150 ② ₩250 ③ ₩450 ④ ₩650

풀이

06

원재료

기초원재료	₩250	직접재료비	B ₩300
당기매입액	?	기말원재료	₩200
	₩500		₩500

재공품

기초재공품	₩200	당기제품제조원가	A ₩950
직접재료비	≪B ₩300≫		
직접노무비	₩300		
제조간접원가	₩400	기말재공품	₩250
	₩1,200		₩1,200

제품

기초제품	₩350	매출원가	₩1,000
당기제품제조원가	≪A ₩950≫	기말제품	₩300
	₩1,300		₩1,300

당기제품제조원가 A = 매출원가 + 기말제품 - 기초제품 = ₩1,000 + ₩300 - ₩350 = ₩950
직접재료비 B = 당기제품제조원가 + 기말재공품 - 기초재공품 - 직접노무비 - 제조간접원가
 = ₩950 + ₩250 - ₩200 - ₩300 - ₩400 = ₩300
당기매입액 = 직접재료비사용액 + 기말원재료 - 기초원재료 = ₩300 + ₩200 - ₩250 = ₩250

[별해] 위의 T계정은 아래와 같이 차대변에 중복되는 계정인 직접재료비, 당기제품제조원가를 제외하고 하나의 T계정으로 그려 당기매입액을 구할 수도 있다.

원재료 + 재공품 + 제품

기초원재료	₩250	매출원가	₩1,000
기초재공품	₩200		
기초제품	₩350		
직접노무비	₩300	기말원재료*	₩200
제조간접원가	₩400	기말재공품	₩250
당기매입액	?	기말제품	₩300
	₩1,750		₩1,750

*원재료원가와 제조간접원가
기초원재료와 기말원재료 그리고 당기매입액을 통해 직접재료원가와 간접재료원가를 산출할 수 있다.
그러므로 제조간접원가는 간접재료원가 + 기타 경비의 합으로 인식되어야 하기 때문에 T계정 상에서는 구분해서 표시한다.

답 06 ②

07 다음 자료에 의한 당기제품제조원가는?

• 직접재료구입액	₩1,000
• 직접노무원가	₩3,000
• 감가상각비(공장설비)	₩5,000
• 감가상각비(영업용화물차)	₩4,000
• 공장감독자 급여	₩1,000
• 기타제조간접원가	₩2,000

	기초재고액	기말재고액
직접재료	₩3,000	₩1,000
재공품	₩10,000	₩8,000

① ₩15,000　　　　　　　　② ₩16,000
③ ₩17,000　　　　　　　　④ ₩18,000

풀이

07　　　　　　　원재료 + 재공품

기초직접재료	₩3,000	당기제품제조원가	<<₩16,000>>
기초재공품	₩10,000		
직접재료구입액	₩1,000		
직접노무원가	₩3,000		
감가상각비(공장설비)	₩5,000		
공장감독자 급여	₩1,000	기말직접재료	₩1,000
기타 제조간접원가	₩2,000	기말재공품	₩8,000
	₩25,000		₩25,000

답　**07** ②

08 ㈜한국은 20X1년 1월 1일에 설립되었으며, 연간 수선유지비 ₩1,000,000을 납부하였다. 이 가운데 ₩800,000은 공장운영과 관련되는 것이었고, 나머지 ₩200,000은 판매활동과 일반관리활동에 관련된 것이다. 이 회사는 20X1년 회계기간에 제품 1,000단위를 생산하여 그 중 800단위를 판매하였다. 20X1년의 당기순이익을 결정하는 데 있어서 지급된 ₩1,000,000의 수선유지비 중 매출원가 및 기간비용(판매관리비)으로 인식되는 금액은 얼마인가? (단, 20X1년 말 기말재공품 재고는 없다.)

	매출원가	기간비용
①	₩640,000	₩160,000
②	₩640,000	₩200,000
③	₩800,000	₩200,000
④	₩1,000,000	₩0

풀이

08 ② 공장운영을 위해 사용된 수선유지비 ₩800,000 중 판매된 제품 800개에 투입된 ₩640,000이 매출원가이며, 판매 및 관리활동을 위해 사용된 ₩200,000은 손익계산서의 판매관리비로서 발생 즉시 비용으로 인식된다. 미판매된 200개에 투입된 ₩160,000은 재무상태표의 기말제품으로 표시된다.

₩1,000,000
- 공장운영 ₩800,000 → 제조원가
  - 매출원가: ₩800,000 × 800 ÷ 1,000 = ₩640,000
  - 재고자산: ₩800,000 × 200 ÷ 1,000 = ₩160,000
- 판매관리활동 ₩200,000 → 발생 즉시 비용인식

답 **08** ②

09 ㈜한국은 매출원가에 15%의 이익을 가산하여 제품을 판매한다. 다음 자료를 이용하여 기말재공품 원가를 구하면 얼마인가?

• 기초원재료재고액	₩5,000
• 기말원재료재고액	₩30,000
• 당기원재료매입액	₩100,000
• 직접노무원가	₩55,000
• 제조간접원가	₩80,000
• 기초재공품원가	₩30,000
• 기초제품원가	₩50,000
• 기말제품원가	₩20,000
• 매출액	₩230,000

① ₩60,000 ② ₩70,000
③ ₩80,000 ④ ₩90,000

풀이

09 (1) 매출원가
매출원가 = 매출액 ÷ 1.15 = ₩230,000 ÷ 1.15 = ₩200,000

(2) 기말재공품

원재료 + 재공품 + 제품

기초원재료재고액	₩5,000	매출원가	₩200,000
기초재공품	₩30,000		
기초제품	₩50,000		
당기원재료매입액	₩100,000	기말원재료재고액	₩30,000
직접노무원가	₩55,000	기말재공품	<<₩70,000>>
제조간접원가	₩80,000	기말제품	₩20,000
	₩320,000		₩320,000

답 **09** ②

10 다음은 ㈜한국의 20X1년 기초 및 기말 재고자산과 관련한 자료이다.

구분	기초	기말
직접재료	₩2,000	₩7,000
재공품	₩8,000	₩5,000
제품	₩7,000	₩10,000

㈜한국은 매출원가의 20%를 매출가에 이익으로 가산하여 제품을 판매하고 있으며, 20X1년 매출액은 ₩60,000이다. ㈜한국의 20X1년 직접재료 매입액은 ₩15,000이고, 제조간접원가는 가공원가 (conversion cost)의 40%일 때, 20X1년의 기초원가(prime cost)는? 기출처 2021. 국가직 7급

① ₩24,000
② ₩32,800
③ ₩34,000
④ ₩40,000

풀이

10 (1) 매출원가 = 매출액/1.2 = ₩60,000/1.2 = ₩50,000 (참고: 매출액 = 매출원가 × (1 + 20%))
(2) 직접재료사용액(직접재료원가) = 기초직접재료 + 당기매입 - 기말직접재료
= ₩2,000 + ₩15,000 - ₩7,000 = ₩10,000
(3) 가공원가

재공품 + 제품

기초	₩8,000	매출원가	₩50,000
	₩7,000		
직접재료원가	₩10,000	기말	₩5,000
가공원가	<<₩40,000>>		₩10,000
	₩65,000		₩65,000

(4) 직접노무원가 = 가공원가 × 60% = ₩40,000 × 60% = ₩24,000
(5) 기초원가 = 직접재료원가 + 직접노무원가 = ₩10,000 + ₩24,000 = ₩34,000

답 10 ③

11 다음은 ㈜한국이 생산하는 제품에 대한 원가자료이다.

• 단위당 직접재료원가	₩28,000
• 단위당 직접노무원가	₩40,000
• 단위당 변동제조간접원가	₩60,000
• 월간 총고정제조간접원가	₩200,000

㈜한국의 제품 단위당 기초(기본)원가와 단위당 가공(전환)원가는? (단, 고정제조간접원가는 월간 총생산량 20단위를 기초로 한 것이다.)

기출처 2021. 국가직 9급

	단위당 기초(기본)원가	단위당 가공(전환)원가
①	₩68,000	₩110,000
②	₩68,000	₩128,000
③	₩110,000	₩110,000
④	₩128,000	₩128,000

12 20X1년 1월 1일에 영업을 개시한 ㈜한국은 20X1년 12월 31일에 직접재료재고 ₩5,000, 재공품재고 ₩10,000, 제품재고 ₩20,000을 가지고 있었다. 20X2년 영업실적이 부진해지자 이 회사는 20X2년 재료와 재공품 재고를 남겨두지 않고 제품으로 생산한 뒤 싼 가격으로 처분하고 공정을 폐쇄하였다. 이 회사의 20X2년의 원가를 큰 순서대로 정리한 것으로 옳은 것은?

기출처 2016. 세무사 수정

① 매출원가, 당기제품제조원가, 당기총제조원가
② 매출원가, 당기총제조원가, 당기제품제조원가
③ 당기총제조원가, 당기제품제조원가, 매출원가
④ 매출원가만 늘고 당기제품제조원가와 당기총제조원가는 같다.

풀이

11 (1) 단위당 기본원가 = 단위당 직접재료원가 + 단위당 직접노무원가
= ₩28,000 + ₩40,000 = ₩68,000
(2) 단위당 가공원가 = 단위당 직접노무원가 + 단위당 변동제조간접원가 + *단위당 고정제조간접원가
= ₩40,000 + ₩60,000 + ₩10,000 = ₩110,000
*단위당 고정제조간접원가 = 총 고정제조간접원가/총생산량 = ₩200,000/20단위 = ₩10,000
12 (1) 당기총제조원가 = 당기투입제조원가 + 기초직접재료재고 ₩5,000
(2) 당기제품제조원가 = 당기총제조원가 + 기초재공품재고 ₩10,000
(3) 매출원가 = 당기제품제조원가 + 기초제품재고 ₩20,000
∴ 당기총제조원가 < 당기제품제조원가 < 매출원가

답 11 ① 12 ①

13 다음 자료를 토대로 계산한 당기총제조원가와 당기제품제조원가는? 기출처 2016. 국가직 9급

• 기초직접재료재고액	₩15,000
• 당기직접재료매입액	₩50,000
• 기말직접재료재고액	₩10,000
• 직접노무원가발생액	₩25,000
• 제조간접원가발생액	₩40,000
• 기초재공품재고액	₩30,000
• 기말재공품재고액	₩21,000
• 기초제품재고액	₩15,000
• 기말제품재고액	₩30,000

	당기총제조원가	당기제품제조원가
①	₩110,000	₩120,000
②	₩120,000	₩110,000
③	₩120,000	₩129,000
④	₩129,000	₩114,000

13 (1) 직접재료비발생액 = 기초직접재료원가 + 당기직접재료매입액 - 기말직접재료재고액
 = ₩15,000 + ₩50,000 - ₩10,000 = ₩55,000
(2) 당기총제조원가 = 직접재료비발생액 + 직접노무원가 + 제조간접원가발생액
 = ₩55,000 + ₩25,000 + ₩40,000 = ₩120,000
(3) 당기제품제조원가 = 기초재공품재고액 + 당기총제조원가 - 기말재공품재고액
 = ₩30,000 + ₩120,000 - ₩21,000 = ₩129,000

답 13 ③

14 다음 ㈜한국의 20X1년 매출액은?

기출처 2024. 지방직 9급

○ 기초 및 기말 재고자산

구분	직접재료	재공품	제품
기초	₩6,000	₩4,000	₩50,000
기말	₩4,000	₩6,000	₩40,000

○ 직접재료 매입액　　　　　₩10,000
○ 가공(전환)원가　　　　　　₩20,000
○ 매출총이익률　　　　　　　60%

① ₩40,000
② ₩50,000
③ ₩100,000
④ ₩166,000

풀이

14 (1)

	원재료 + 재공품 + 제품		
기초	₩60,000	매출원가	≪₩40,000≫
직접재료 매입액	₩10,000		
가공(전환)원가	₩20,000	기말	₩50,000
	₩90,000		₩90,000

(2) 매출액 = 매출원가 ÷ (1 − 매출총이익률) = ₩40,000 ÷ 40% = ₩100,000

답 14 ③

15 ㈜대한의 20X1년 기초 및 기말 재고자산 가액은 다음과 같다.

구분	기초	기말
원재료	₩34,000	₩10,000
재공품	₩37,000	₩20,000
제품	₩10,000	₩48,000

원재료의 제조공정 투입금액은 모두 직접재료원가이고, 20X1년 중 매입한 원재료는 ₩56,000이다. 20X1년의 기본(기초)원가는 ₩320,000이고, 가공(전환)원가의 60%가 제조간접원가이다. ㈜대한의 20X1년 매출원가는?

기출처 2018. 국가직 7급

① ₩659,000   ② ₩695,000
③ ₩899,000   ④ ₩959,000

 풀이

15 (1) 직접재료원가 = 기초원재료 + 매입한 원재료 – 기말원재료
= ₩34,000 + ₩56,000 – ₩10,000 = ₩80,000
(2) 직접노무원가 = 기본원가 – 직접재료원가 = ₩320,000 – ₩80,000 = ₩240,000
(3) 직접노무원가 = 가공원가 × (1 – 60%) = ₩240,000 = 가공원가 × 0.4
∴ 가공원가 = ₩600,000
(4) 매출원가

재공품 + 제품

기초재공품	₩37,000	매출원가	<<₩659,000>>
기초제품	₩10,000		
직접재료원가	₩80,000	기말재공품	₩20,000
가공원가	₩600,000	기말제품	₩48,000
	₩727,000		₩727,000

답 15 ①

16 다음은 ㈜한국의 20X1년 기초·기말 재고에 대한 자료이다. 20X1년도 직접재료 매입액은 ₩125,000이고, 제조간접원가는 직접노무원가의 50%였으며, 매출원가는 ₩340,000이었다. ㈜한국의 20X1년 기본원가(기초원가, prime cost)는?

기출처 2019. 지방직 9급

	20X1년 1월 1일	20X1년 12월 31일
직접재료	₩20,000	₩25,000
재공품	₩35,000	₩30,000
제품	₩100,000	₩110,000

① ₩150,000 ② ₩195,000
③ ₩225,000 ④ ₩270,000

풀이

16 (1)

직접재료원가			
기초	₩20,000	직접재료원가	<<₩120,000>>
매입	₩125,000	기말	₩25,000
	₩145,000		₩145,000

재공품 + 제품			
기초	₩35,000 + ₩100,000 = ₩135,000	매출원가	₩340,000
직접재료원가	₩120,000		
직접노무원가	A		
제조간접원가	0.5A	기말	₩30,000 + ₩110,000 = ₩140,000
	₩480,000		₩480,000

∴ 직접노무원가 A = ₩150,000

(2) 기본원가 = 직접재료원가 + 직접노무원가 = ₩120,000 + ₩150,000 = ₩270,000

답 16 ④

17 다음은 ㈜한국의 제품제조 및 판매와 관련된 계정과목들이다. ㉠~㉣ 중 옳지 않은 것은?

기출처 2015. 국가직 9급

• 직접재료원가	₩900	• 당기제품제조원가	₩13,000
• 직접노무원가	₩700	• 기초제품재고액	₩8,000
• 제조간접원가	(㉠)	• 기말제품재고액	(㉢)
• 당기총제조원가	₩2,000	• 매출원가	(㉣)
• 기초재공품재고액	₩14,000	• 매출액	₩25,000
• 기말재공품재고액	(㉡)	• 매출총이익	₩8,000

① ㉠: ₩400
② ㉡: ₩3,000
③ ㉢: ₩5,000
④ ㉣: ₩17,000

18 다음 자료를 이용한 제조간접원가는?

기출처 2025. 국가직 9급

○ 기초원가	₩350,000
○ 기초재공품	₩150,000
○ 기말재공품	₩300,000
○ 당기제품제조원가	₩500,000

① ₩250,000
② ₩300,000
③ ₩350,000
④ ₩400,000

풀이

17 (1) 제조간접원가(㉠) = 당기총제조원가 - 직접재료원가 - 직접노무원가 = ₩2,000 - ₩900 - ₩700 = ₩400
(2) 기말재공품재고액(㉡) = 기초재공품재고액 + 당기총제조원가 - 당기제품제조원가
= ₩14,000 + ₩2,000 - ₩13,000 = ₩3,000
(3) 매출원가(㉣) = 매출액 - 매출총이익 = ₩25,000 - ₩8,000 = ₩17,000
기말제품재고액(㉢) = 기초제품재고액 + 당기제품제조원가 - 매출원가 = ₩8,000 + ₩13,000 - ₩17,000 = ₩4,000

18

재공품

기초재공품	₩150,000	당기제품제조원가	₩500,000
당기총제조원가	<<₩650,000>>	기말재공품	₩300,000
	₩800,000		₩800,000

당기총제조원가 = 기초원가 + 제조간접원가 = ₩350,000 + 제조간접원가 = ₩650,000
∴ 제조간접원가 = ₩300,000

답 17 ③ 18 ②

19 다음은 ㈜한국의 20X1년 6월 생산과 관련된 원가자료이다.

• 재고자산 현황

구분	직접재료	재공품	제품
6월 1일	₩3,000	₩6,000	₩9,000
6월 30일	₩2,000	₩2,000	₩8,000

• 6월의 직접재료 매입액은 ₩35,000이다.
• 6월 초 직접노무원가에 대한 미지급임금은 ₩5,000, 6월에 현금 지급한 임금은 ₩25,000, 6월 말 미지급 임금은 ₩10,000이다.
• 6월에 발생한 제조간접원가는 ₩22,000이다.

20X1년 6월의 매출원가는? 기출처 2022. 지방직 9급

① ₩74,000   ② ₩88,000
③ ₩92,000   ④ ₩93,000

풀이

19 (1) 직접노무원가

미지급임금			
현금지급	₩25,000	기초	₩5,000
기말	₩10,000	직접노무원가	₩30,000
	₩35,000		₩35,000

(2) 매출원가

직접재료원가 + 재공품 + 제품			
기초 직접재료원가	₩3,000	매출원가	<<₩93,000>>
기초 재공품	₩6,000		
기초 제품	₩9,000		
재료 매입액	₩35,000	기말 직접재료원가	₩2,000
직접노무원가	₩30,000	기말 재공품	₩2,000
제조간접원가	₩22,000	기말 제품	₩8,000
	₩105,000		₩105,000

답 19 ④

20 다음 자료를 토대로 계산한 ㈜대한의 매출총이익은?
기출처 2016. 국가직 9급

> ○ 당기 중 직접재료원가는 전환원가의 50%이다.
> ○ 직접노무원가 발생액은 매월 말 미지급임금으로 처리되며 다음 달 초에 지급된다. 미지급임금의 기초금액과 기말 금액은 동일하며, 당기 중 직접노무원가의 지급액은 ₩450이다.
> ○ 재공품 및 제품의 기초금액과 기말금액은 ₩100으로 동일하다.
> ○ 기타 발생비용으로 감가상각비(생산현장) ₩100, 감가상각비(영업점) ₩100, CEO 급여 ₩150, 판매수수료 ₩100이 있다. CEO 급여는 생산현장에 1/3, 영업점에 2/3 배부된다.
> ○ 매출액은 ₩2,000이다.

① ₩1,050 ② ₩1,100 ③ ₩1,150 ④ ₩1,200

풀이

20 (1) 직접노무원가

미지급임금			
지급액	₩450	기초	-
기말	-	당기발생	⟪₩450⟫
	₩450		₩450

∴ 당기 직접노무원가 = ₩450
(2) 제조간접원가 = 감가상각비(생산현장) ₩100 + CEO급여 중 생산현장분 ₩150 × 1/3 = ₩150
(3) 전환원가 = 직접노무원가 + 제조간접원가 = ₩450 + ₩150 = ₩600
(4) 직접재료원가 = 전환원가 × 50% = ₩600 × 50% = ₩300
(5) 매출원가 = 당기총제조원가 = ₩300 + ₩600 = ₩900
 (재공품과 제품의 기초와 기말금액이 동일하므로 '당기총제조원가 = 당기완성품의 원가 = 매출원가'임)
(6) 매출총이익 = 매출액 - 매출원가 = ₩2,000 - ₩900 = ₩1,100

답 20 ②

21 다음 자료를 이용하여 계산한 20X1년도 매출총이익은?   기출처 2020. 국가직 7급

구분	20X1년 초	20X1년 중	20X1년 말
직접재료	₩20		₩15
재공품	₩30		₩10
제품	₩20		₩10
직접재료 매입액		₩350	
직접노무원가		₩250	
간접노무원가		₩80	
공장 임차료		₩10	
영업장 화재보험료		₩5	
공장 수도광열비		₩15	
판매원 상여금		₩40	
매출액		₩1,400	

① ₩660 ② ₩665
③ ₩730 ④ ₩740

21 (1) 직접재료원가 = 기초직접재료 + 직접재료매입액 - 기말직접재료 = ₩20 + ₩350 - ₩15 = ₩355
(2) 제조간접원가 = 간접노무원가 + 공장 임차료 + 공장 수도 광열비 = ₩80 + ₩10 + ₩15 = ₩105
(3) 매출원가

재공품 + 제품			
기초재공품	₩30	매출원가	≪₩740≫
기초제품	₩20		
직접재료원가	₩355		
직접노무원가	₩250	기말재공품	₩10
제조간접원가	₩105	기말제품	₩10
	₩760		₩760

(4) 매출총이익 = 매출액 - 매출원가 = ₩1,400 - ₩740 = ₩660

답 21 ①

22 ㈜한국은 기계장치를 생산, 판매하는 기업으로 사업 첫 해에 다음과 같은 원가가 발생하였다. 이 자료를 바탕으로 원가계산을 했을 때 (가)부터 (라)까지의 설명 중 옳지 않은 것은 무엇인가? (단, 기초재공품재고액은 없고, 기말재공품재고액은 ₩10 존재한다.)

기출처 2010. 회계사 수정

• 직접재료원가	₩110
• 간접재료원가	₩30
• 판매직급여	₩30
• 직접노무원가	₩120
• 간접노무원가	₩60
• 관리직급여	₩70
• 간접경비	₩200
• 광고선전비	₩20
• 이자비용	₩10

(가) 당기제품제조원가는 ₩510이다.
(나) 기본원가(기초원가)는 ₩230이다.
(다) 제조간접원가에는 어떤 재료원가도 포함되지 않으므로 간접노무원가와 간접경비를 합한 ₩260이다.
(라) 기간원가는 ₩130으로 재고불가능원가라고 부르기도 한다.

① (가)   ② (나)   ③ (다)   ④ (라)

22 (1) 당기제품제조원가 = (₩110 + ₩120 + ₩30 + ₩60 + ₩200) − ₩10 = ₩520 − ₩10 = ₩510
  (2) 기본원가 = 직접재료원가 + 직접노무원가 = ₩110 + ₩120 = ₩230
  (3) 제조간접원가 = ₩30 + ₩60 + ₩200 = ₩290
  (4) 기간원가 = 당기비용으로 처리하는 발생원가
    = 판매직급여 + 관리직급여 + 이자비용 + 광고선전비 = ₩30 + ₩70 + ₩10 + ₩20 = ₩130

답 **22** ③

23 ㈜한국은 단일 제품을 생산 판매하고 있다. ㈜한국의 1월 중 생산활동과 관련된 정보가 다음과 같을 때, 1월의 직접재료원가는?

기출처 2014. 국가직 9급

> ○ 당월총제조원가는 ₩2,000,000이고 당월제품제조원가는 ₩1,940,000이다.
> ○ 1월 초 재공품은 1월 말 재공품원가의 80%이다.
> ○ 직접노무원가는 1월 말 재공품원가의 60%이며, 제조간접원가는 직접재료원가의 40%이다.

① ₩1,000,000　　② ₩1,100,000　　③ ₩1,200,000　　④ ₩1,300,000

23 (1) 1월 말 재공품의 원가를 A라고 하면, A × 80% + ₩2,000,000 = ₩1,940,000 + A
　　∴ 1월 말 재공품의 원가 = A = ₩300,000
(2) 직접노무원가 = ₩300,000 × 60% = ₩180,000
(3) 직접재료원가를 B라고 하면, B + ₩180,000 + B × 40% = ₩2,000,000
　　∴ 직접재료원가(B) = ₩1,300,000

답 23 ④

24 다음은 ㈜한국의 20X1년 3분기 제조원가명세서이다. 아래의 (A)와 (B)에 들어갈 금액의 합계액은 얼마인가?

제조원가명세서

20X1. 7. 1. ~ 20X1. 9. 30.

(단위: 원)

Ⅰ. 재료비		₩3,800,000
기초원재료	₩500,000	
당기매입액	₩6,300,000	
기말원재료	(A)	
Ⅱ. 노무비		₩2,000,000
Ⅲ. 제조경비		₩3,000,000
Ⅳ. 당기총제조원가		₩8,800,000
Ⅴ. 기초재공품		₩1,000,000
Ⅵ. 기말재공품		(B)
Ⅶ. 당기제품제조원가		₩9,000,000

① ₩3,600,000　　　　　② ₩3,800,000
③ ₩4,000,000　　　　　④ ₩4,200,000

24 기말원재료(A) = 기초원재료 + 당기매입액 - 재료비 = ₩500,000 + ₩6,300,000 - ₩3,800,000 = ₩3,000,000
　　기말재공품(B) = 기초재공품 + 당기총제조원가 - 당기제품제조원가
　　　　　　　　 = ₩1,000,000 + ₩8,800,000 - ₩9,000,000 = ₩800,000
　　A + B = ₩3,800,000

답　24 ②

02 원가배분

Teacher's Map

◆ 보조부문 원가배분 방법

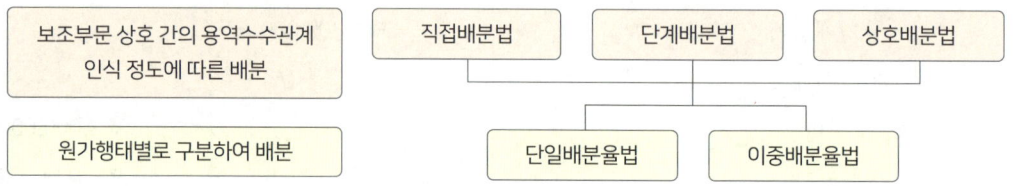

- 보조부문 상호 간의 용역수수관계 인식 정도에 따른 배분
- 원가행태별로 구분하여 배분
- 직접배분법
- 단계배분법
  - 단일배분율법
  - 이중배분율법
- 상호배분법

❶ 보조부문 상호 간의 용역수수관계를 어느 정도 인식하는지에 따른 구분

구분	직접배분법	단계배분법	상호배분법
개념	보조부문원가를 다른 보조부문에는 배분하지 않고 제조부문에만 배분하는 방법	보조부문의 원가를 배분 순서에 따라 순차적으로 다른 보조부문과 제조부문에 배분하는 방법 ① 배분이 끝난 보조부문에는 배분하지 않음 ② 배분순서에 따라 결과가 달라짐	보조부문 상호 간의 용역수수관계를 완전히 인식하여 보조부문원가를 다른 보조부문과 제조부문에 배분하는 방법
보조부문 상호간의 용역수수관계 인식	전혀 인식하지 않음	부분적으로 인식	완전인식

◆ 직접배분법

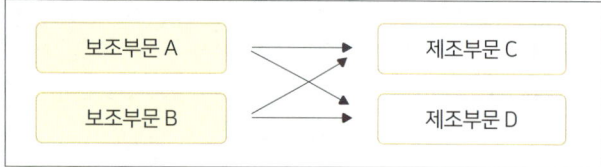

◆ 단계배분법

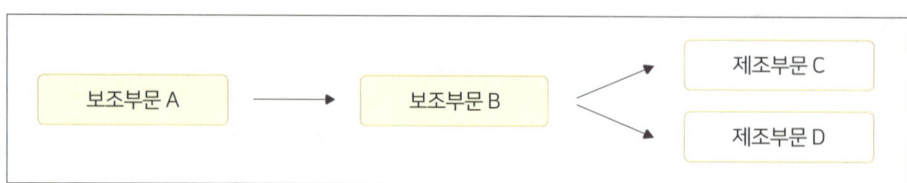

◆ 상호배분법

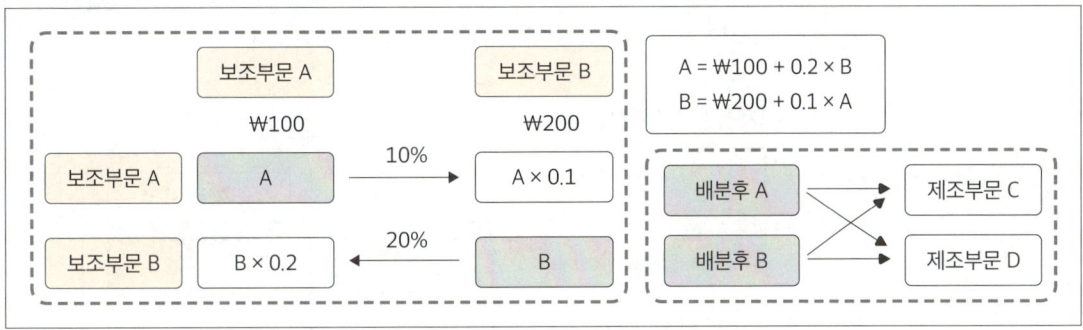

❷ 보조부문원가를 행태별(변동원가, 고정원가)로 구분하여 배분

방법	내용
단일배분율법	① 보조부문원가(변동원가 + 고정원가) 　: 하나의 배분기준을 적용하여 배분
이중배분율법	① 보조부문원가를 변동원가와 고정원가로 구분 ② 변동원가와 고정원가에 대하여 각각 다른 배분기준을 적용하여 배분 ③ 변동원가와 고정원가가 발생하는 원인에 대한 차이점을 인식하여 배분 　: 단일배분율법보다 합리적인 배분방법

1 원가배부의 기본개념

❶ 원가배부의 의의

원가배부는 집계된 간접원가를 합리적인 배부기준에 따라 원가대상에 배부하는 것을 말한다.

즉, 직접원가에 해당하는 '직접재료원가'와 '직접노무원가'는 각 제품별로 직접 집계하고, 간접원가는 합리적인 배부 기준에 따라 배부해준다.

[제품별 원가계산]

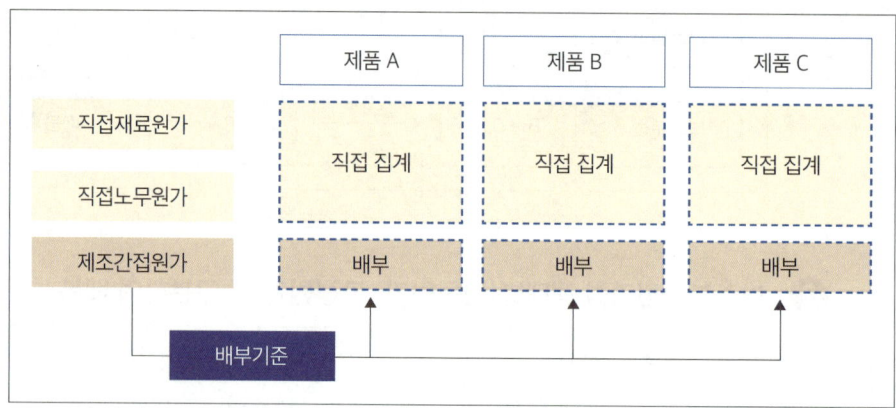

확인문제

01. 경영의사결정에서 원가의 합리적인 배부는 중요한 정보를 제공할 수 있다. 일반적인 원가배부 기준으로 옳지 않은 것은?　기출처 2013. 지방직 9급

① 원가집적대상이 제공받는 수혜정도에 따라 원가를 배부해야 한다.
② 원가가 발생한 원인을 파악하여 인과관계에 의해 원가를 배부해야 한다.
③ 원가집적대상이 부담할 수 있는 능력에 따라 원가를 배부해야 한다.
④ 기업전체의 적정한 이익을 유지하기 위해 재량적으로 원가를 배부해야 한다.

정답 ④

❷ 원가배부의 기준

2-1 인과관계기준

원가배분대상과 배분대상원가 간의 인과관계를 통하여 특정원가를 원가배분대상에 대응시키는 가장 이상적인 배분기준이다. 활동기준원가계산에서 배우게 되는 활동기준원가계산방법이 바로 인과관계기준에 의한 원가동인을 이용한다. 원가 동인별로 인과관계를 찾아서 원가를 배분함으로써 가장 정확한 원가계산이 가능하다. 예를 들어, 수도사용량에 따라 수도요금을 부과하는 것이 이에 해당한다.

2-2 수혜기준

원가의 발생으로 인해 **원가대상이 경제적 효익을 얻은 경우 제공받은 효익에 비례하여 원가를 원가대상에 배부**하는 기준이다. 기업 이미지 광고로 인해 각 사업부의 매출이 증가한 경우, 사업부의 매출 증가 금액의 비율에 따라 원가를 배부하는 것은 수혜기준에 해당한다.

2-3 부담능력기준

원가를 부담할 수 있는 능력에 비례하여 원가를 원가대상에 배부하는 기준이다. 기업 이미지 광고 비용을 각 사업부의 총 매출에 비례하여 배부하는 것이 부담능력기준에 해당한다.

2-4 공정성과 공평성기준

원가대상을 공정하게 또는 공평하게 배부해야 한다는 원칙을 강조하는 방법이다.

② 보조부문의 제조간접원가 배부

제조간접원가를 배분하는 데 있어서, 기업의 규모가 커지고 제조 과정이 복잡해지는 경우 다양한 단계의 제조간접원가가 발생할 수 있다. 일반적으로 제조기업은 **생산을 위한 제조부문과 생산활동을 지원하기 위한 보조부문을 운영**한다. 보조부문은 직접 제품을 생산하지 않으므로, 보조부문의 제조간접원가는 특정 제품과의 연관 관계를 찾기 어려운 특징이 있다. 공장사무지원부문, 식당부문, 전력부문 등을 예로 들 수 있다.

보조부문이 존재할 경우 제품원가계산절차는 다음과 같으며, 이는 개별원가계산 및 종합원가계산에 공통적으로 적용된다.

> Step1 : 제조간접원가를 보조부문과 제조부문에 각각 집계
> Step2 : 보조부문원가를 제조부문에 배부
> Step3 : 제조부문 발생 제조간접원가와 보조부문에 배부된 원가를 더하여 제품에 배부

[제조간접원가 배부의 흐름]

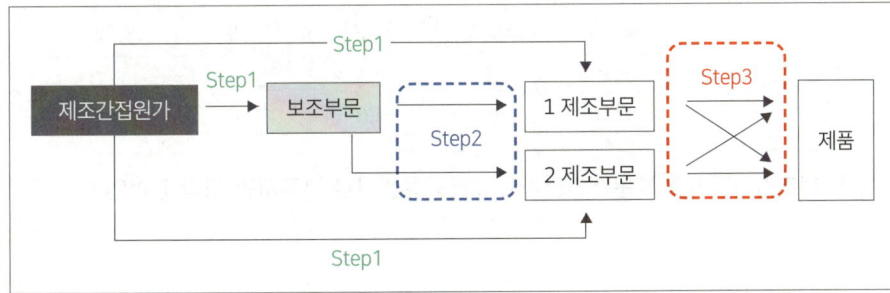

❶ 제조간접원가의 부문별 집계(Step1)

제조간접원가는 **부문개별원가**와 **부문공통원가**로 분류할 수 있다. 부문개별원가는 특정 부문에서 개별적으로 발생하여 직접 추적이 가능한 원가로 부문에서 사용하는 설비의 감가상각비, 수선유지비 등을 예로 들 수 있다. 부문공통원가는 여러 부문에서 공통적으로 발생하여 직접 추정이 불가능한 원가로 간접원가이다. 여러 부문이 함께 사용하는 공장의 보험료, 감가상각비가 예가 된다. 부문공통원가는 합리적인 배부기준에 의해 각 부문에 배부된다.

예제 1 제조간접원가 집계

자전거를 제조하는 ㈜한국은 두 개의 제조부문 제작부, 조립부와 두 개의 보조부문 동력부, 수선부를 운영하고 있다. 제조간접원가 발생액과 부문공통원가 배부기준은 다음과 같다.

- 제조간접원가 발생 현황

	제조부문		보조부문		합계
	제작부	조립부	동력부	수선부	
관리인급여	₩150,000	₩100,000	₩80,000	₩120,000	₩450,000
설비감가상각비	₩100,000	₩100,000	₩50,000	₩50,000	₩300,000
교육훈련비					₩500,000
공장감가상각비					₩200,000
합계					₩1,450,000

- 부문공통원가 배부 기준(교육훈련비는 교육시간으로, 공장감가상각비는 공장사용면적으로 배분한다.)

	제작부	조립부	동력부	수선부	합계
교육시간	200	100	500	200	1,000
공장사용면적	600	400	300	700	2,000

01 제조간접원가를 부문개별원가와 부문공통원가로 분류하면 각각 얼마인가?

02 제조간접원가를 각 제조부문 및 보조부문에 집계하면 각각 얼마인가?

[풀이]

01 부문별로 추적가능한 부문개별원가: 관리인급여, 설비감가상각비
부문별로 추적 불가능한 부문공통원가: 교육훈련비, 공장감가상각비
부문개별원가 = ₩450,000 + ₩300,000 = ₩750,000
부문공통원가 = ₩500,000 + ₩200,000 = ₩700,000

02 제조간접원가 집계
1) 부문공통원가의 배분율을 구하면 다음과 같다.
   교육훈련비 배분율 = ₩500,000/1,000 = ₩500
   공장감가상각비 배분율 = ₩200,000/2,000 = ₩100
2) 제조간접원가의 배부

	제조부문		보조부문	
	제작부	조립부	동력부	수선부
– 부문개별원가				
관리인급여	₩150,000	₩100,000	₩80,000	₩120,000
설비감가상각비	₩100,000	₩100,000	₩50,000	₩50,000
– 부문공통원가				
교육훈련비	₩100,000	₩50,000	₩250,000	₩100,000
공장감가상각비	₩60,000	₩40,000	₩30,000	₩70,000
합계	₩410,000	₩290,000	₩410,000	₩340,000

〈계산근거〉

	제작부	조립부	동력부	수선부
교육시간	200 × ₩500 = ₩100,000	100 × ₩500 = ₩50,000	500 × ₩500 = ₩250,000	200 × ₩500 = ₩100,000
공장사용면적	600 × ₩100 = ₩60,000	400 × ₩100 = ₩40,000	300 × ₩100 = ₩30,000	700 × ₩100 = ₩70,000

❷ 보조부문원가를 제조부문에 배부(Step2)

제조간접원가를 보조부문과 제조부문에 집계한 이후에는 보조부문원가를 제조부문에 배부해야 한다. Step2는 제조부문별 제조간접원가배부율을 사용하여 제조간접원가를 제품에 배분할 경우에만 해당한다. 공장전체제조간접원가 배부율을 사용하는 경우는 모든 부문에 동일한 배부율을 사용하므로, 보조부문원가 배부를 할 필요는 없다.

2-1 보조부문원가 배부기준

보조부문원가를 다른 부분에 배부할 때의 기준은 원가발생과 상관관계 및 인과관계가 있어야 하고 측정이 용이해야 한다. 예를 들어, 전기요금이라는 원가발생에는 전력사용량이라는 배부기준을 적용할 수 있다.

2-2 보조부문원가 배부방법

(1) 보조부문 상호 간 용역수수관계 인식 정도에 따른 구분

보조부문이 다수인 경우, 보조부문이 제조부문에만 용역을 제공한다면 제조간접원가의 배부는 간단하나, 보조부문 상호 간에도 용역을 제공하는 경우 보조부문 상호 간에 어떻게 제조간접원가를 배부할 것인지 고려해야 한다. 보조부문원가의 배부방법은 상호 간 용역 제공을 얼마만큼 인식하느냐에 따라 직접배분법, 단계배분법, 상호배분법으로 구분된다.

배부방법	보조부문 상호 간의 용역수수관계
㉠ 직접배분법	전혀 인식하지 않음
㉡ 단계배분법	단계적으로 인식 (우선순위를 정하여 선순위 보조부문은 타 보조부문에 배부하지만, 후순위 보조부문은 다시 배부하지 않음)
㉢ 상호배분법	완전히 반영하여 인식

㉠ 직접배분법

직접배분법은 보조부문 상호 간의 용역 제공을 전혀 인식하지 않고 보조부문원가를 배분하는 방식이다. 따라서 보조부문 간에는 원가를 배분하지 않고, 제조부문에만 배분한다.

[특징]

① 보조부문 상호 간의 수수 관계를 완전히 무시하는 방법이다.
② 보조부문 상호 간의 용역을 많이 주고 받는 경우에는 정확성이 떨어진다.
③ 계산이 간단하다.

[직접배분법]

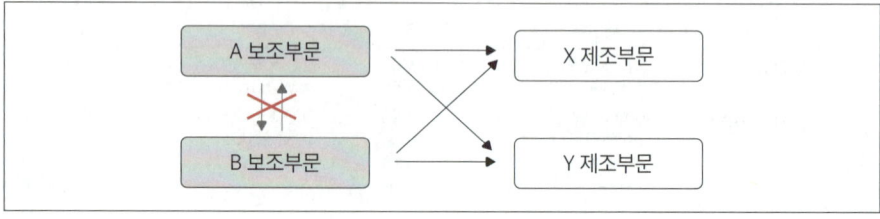

확인문제

02. 보조부문원가의 배부에 대한 설명으로 옳은 것은? 기출처 2017. 지방직 9급

① 보조부문원가는 제조부분에 배부하지 않고 기간비용으로 처리하여야 한다.
② 보조부문원가의 배부순서가 중요한 배부방법은 상호배분법이다.
③ 직접배분법은 보조부문의 배부순서에 관계없이 배부액이 일정하다.
④ 상호배분법은 보조부문 상호 간의 용역수수관계가 중요하지 않을 때 적용하는 것이 타당하다.

정답 ③

예제 2 직접배분법(1)

자전거를 제조하는 ㈜한국은 두 개의 제조부문 제작부, 조립부와 두 개의 보조부문 동력부, 수선부를 운영하고 있다. 20X1년 중 부문 상호 간의 용역제공비율과 부문별로 집계된 제조간접원가는 다음과 같다.

	보조부문		제조부문	
	동력부	수선부	제작부	조립부
동력부		20%	40%	40%
수선부	50%		20%	30%
부문별 원가	₩500,000	₩260,000	₩410,000	₩340,000

직접배분법에 의하여 보조부문원가를 제조부문에 배분하면 각각 얼마인가?

풀이

직접배분법은 보조부문원가를 전액 제조부문에만 배분한다. 그러므로 제조부분에서 제공받은 비율에 따라 원가를 배분한다.

	보조부문		제조부문	
	동력부	수선부	제작부	조립부
배분전원가	₩500,000	₩260,000	₩410,000	₩340,000
- 동력부	(₩500,000)		₩250,000	₩250,000
- 수선부		(₩260,000)	₩104,000	₩156,000
배분후원가	₩0	₩0	₩764,000	₩746,000

제공하는 부문	제공받는 부문	계산방법
동력부	→ 제작부	₩500,000 × (40/80) = ₩250,000
동력부	→ 조립부	₩500,000 × (40/80) = ₩250,000
수선부	→ 제작부	₩260,000 × (20/50) = ₩104,000
수선부	→ 조립부	₩260,000 × (30/50) = ₩156,000

예제 3 직접배분법(2)

다음 자료를 이용하여 제1제조부에 배부되는 수선부 부문원가를 직접배분법에 의해 계산하면 얼마인가?

```
제조부문:   제1제조부 =   ₩400,000
            제2제조부 =   ₩200,000
보조부문:   동력부   =   ₩300,000
            수선부   =   ₩450,000
```

• 부문별 배부율

보조부문		동력부	수선부
부문별 배부율	제1제조부	25%	40%
	제2제조부	25%	20%
	동력부	-	40%
	수선부	50%	-

[풀이]

수선부문의 원가 ₩450,000을 제1제조부와 제2제조부에 배분하면 다음과 같다.

제공하는 부문		제공받는 부문	계산방법
수선부	→	제1제조부	₩450,000 × (0.4 ÷ 0.6) = ₩300,000
수선부	→	제2제조부	₩450,000 × (0.2 ÷ 0.6) = ₩150,000

정답 ₩300,000

㉡ 단계배분법

단계배분법은 보조부문 상호 간의 용역 제공을 부분적으로 인식하여 보조부문원가를 배분하는 방식이다. 단계배분법은 보조부문원가의 배분순서를 정하고 그 순서에 따라 배분하고, 배분이 끝난 보조부문에는 보조부문원가를 배분하지 않는다.

[특징]

① 배부 순서에 따라 원가 배분 결과가 달라진다.
② 보조부문 간의 용역수수관계를 부분적으로 인식하게 된다.

[단계배분법]

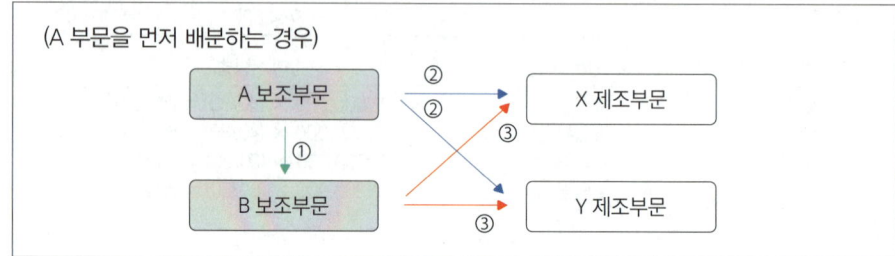

예제 4 단계배분법(1)

다음의 각 순서에 따라 단계배분법에 의하여 보조부문원가를 제조부문에 배분하면 각각 얼마인가?

	보조부문		제조부문	
	동력부	수선부	제작부	조립부
동력부		20%	40%	40%
수선부	50%		20%	30%
부문별원가	₩500,000	₩260,000	₩410,000	₩340,000

01 동력부 원가부터 배분하는 경우

02 수선부 원가부터 배분하는 경우

 확인문제

03. ㈜한국에는 보조부문에 수선부와 전력부가 있고, 제조부문에 A와 B가 있다. 수선부의 변동원가 당기발생액은 ₩10,000이며, 전력부와 두 제조부문에 1,000시간의 수선 용역을 제공하였다. 전력부의 변동원가 당기발생액은 ₩7,000이며, 수선부와 두 제조부문에 2,000 kwh의 전력을 제공하였다. ㈜한국이 보조부문 원가 중 수선부 원가를 먼저 배부하는 단계배분법을 사용할 경우, 제조부문 A에 배부되는 보조부문의 원가는? 기출처 2016. 국가직 9급

사용 제공	수선부	전력부	제조 부문 A	제조 부문 B
수선부 (시간)	-	200	500	300
전력부 (kwh)	500	-	1,000	500

① ₩11,000 ② ₩12,000
③ ₩13,000 ④ ₩14,000

정답 ①

[풀이]

01 동력부 원가부터 배분 시

	보조부문		제조부문	
	동력부	수선부	제작부	조립부
배분전원가	₩500,000	₩260,000	₩410,000	₩340,000
− 동력부(순서①)	(₩500,000)	₩100,000	₩200,000	₩200,000
− 수선부(순서②)		(₩360,000)	₩144,000	₩216,000
배분후원가	₩0	₩0	₩754,000	₩756,000

제공하는 부문		제공받는 부문	계산방법
동력부	→	수선부	₩500,000 × (0.2 ÷ 1) = ₩100,000
동력부	→	제작부	₩500,000 × (0.4 ÷ 1) = ₩200,000
동력부	→	조립부	₩500,000 × (0.4 ÷ 1) = ₩200,000
수선부	→	제작부	₩360,000 × (0.2 ÷ 0.5) = ₩144,000
수선부	→	조립부	₩360,000 × (0.3 ÷ 0.5) = ₩216,000

보조부문 → 동력부 ₩500,000 →① ₩100,000→ 수선부 ₩260,000

① ₩200,000   ① ₩200,000   ② ₩144,000   ② ₩216,000

제조부문 → 제작부 ₩344,000   조립부 ₩416,000

02 수선부 원가부터 배분 시

	보조부문		제조부문	
	동력부	수선부	제작부	조립부
배분전원가	₩500,000	₩260,000	₩410,000	₩340,000
− 동력부(순서②)	(₩630,000)		₩315,000	₩315,000
− 수선부(순서①)	₩130,000	(₩260,000)	₩52,000	₩78,000
배분후원가	₩0	₩0	₩777,000	₩733,000

제공하는 부문		제공받는 부문	계산방법
수선부	→	동력부	₩260,000 × (0.5 ÷ 1) = ₩130,000
수선부	→	제작부	₩260,000 × (0.2 ÷ 1) = ₩52,000
수선부	→	조립부	₩260,000 × (0.3 ÷ 1) = ₩78,000
동력부	→	제작부	₩630,000 × (0.4 ÷ 0.8) = ₩315,000
동력부	→	조립부	₩630,000 × (0.4 ÷ 0.8) = ₩315,000

정답 01 제작부 ₩344,000 조립부 ₩416,000
02 제작부 ₩367,000 조립부 ₩393,000

예제 5 단계배분법(2)

제조기업 ㈜한국은 두 제조부문(가), (나)와 두 보조부문(A), (B)로 나누어 부문원가를 계산하고 있다. 단계배분법을 이용하여 보조부문원가를 배부할 때 두 제조부문에 최종적으로 집계되는 원가는 얼마인가? (단, 보조부문원가의 배부순서는 다른 보조부문에 제공한 서비스 제공비율이 큰 부문을 먼저 배부한다.)

구분	(가) 제조부문	(나) 제조부문	(A) 보조부문	(B) 보조부문
1차 집계원가	₩220,000	₩175,000	₩100,000	₩180,000
보조부문의 각 부문별 서비스 제공비율				
(A) 보조부문	30%	20%	-	50%
(B) 보조부문	40%	40%	20%	-

풀이

보조부문의 용역제공비율이 큰 A부터 우선 배부한다. (A는 B에 50% 제공, B는 A에 20% 제공)

	보조부문		제조부문	
	A	B	가	나
배분전원가	₩100,000	₩180,000	₩220,000	₩175,000
- A(순서①)	(₩100,000)	₩50,000	₩30,000	₩20,000
- B(순서②)		(₩230,000)	₩115,000	₩115,000
배분후원가	₩0	₩0	₩365,000	₩310,000

제공하는 부문		제공받는 부문	계산방법
A	→	B	₩100,000 × (50/100) = ₩50,000
A	→	제조부문 가	₩100,000 × (30/100) = ₩30,000
A	→	제조부문 나	₩100,000 × (20/100) = ₩20,000
B	→	제조부문 가	₩230,000 × (40/80) = ₩115,000
B	→	제조부문 나	₩230,000 × (40/80) = ₩115,000

정답 가 ₩365,000 나 ₩310,000

ⓒ 상호배분법

상호배분법은 보조부문 상호 간의 용역 제공을 완전히 인식하여 모든 보조부문에도 보조부문원가를 배분하는 방식이다. 상호배분법 적용 시의 보조부문원가 배분은 다음 식에 따라 이루어진다.

> 보조부문이 배분할 총원가 = 자기부분원가 + 다른 보조부문원가 × 배분비율

[특징]

① 보조부문 상호 간의 용역제공관계를 인식하는 가장 정확한 방법이다.
② 시간과 비용이 많이 소요된다는 단점이 있다.

보조부문 A,B에 대하여 제조간접원가가 각각 ₩100, ₩200이고, 상호 간 배부비율이 A에서 B는 10%, B에서 A는 20%일 때 그림으로 표현하면 다음과 같다.

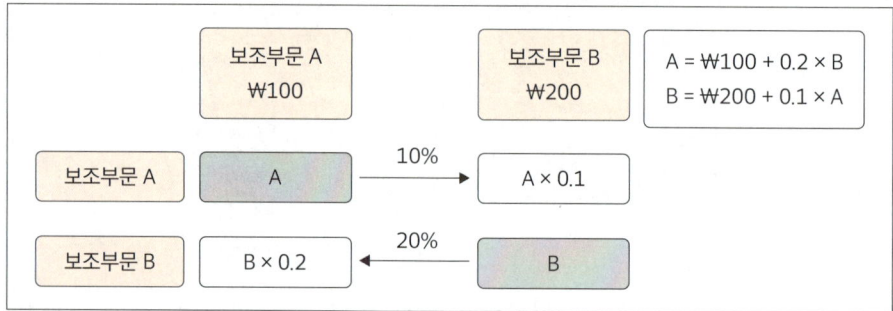

[상호배분법]

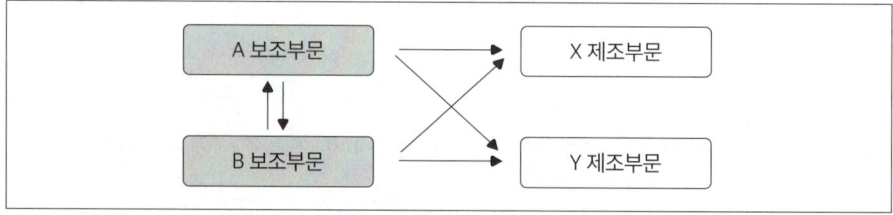

오쌤 Talk

상호배분법

상호배분법은 상호 순환관계가 다 끝난 후 보조부문의 원가를 각각 미지수로 놓고 2개의 미지수가 들어간 2개의 방정식을 세운다. 식은 반드시 미지수가 각각 2개씩 들어간 2개의 식이 만들어져야 한다.
식의 원리는 다음과 같다. (보조부문 A와 B를 가정, 최종 배부 후 각 보조부문 원가가 A, B라면)

> 최종 A의 원가
> = 자기 것 + 받은 것(B로부터 받은 것)

확인문제

04. 보조부문원가의 배부 방법에 대한 설명으로 옳지 않은 것은?

기출처 2023. 국가직 7급

① 직접배분법은 보조부문 상호 간의 용역수수관계를 전혀 고려하지 않는 방법이다.
② 단계배분법은 보조부문의 배분순서가 달라지면 배분 후의 결과가 달라지는 방법이다.
③ 상호배분법은 보조부문 상호 간의 용역수수관계를 모두 고려한다.
④ 상호배분법이 직접배분법에 비해 적용과 계산이 간단한 방법이다.

정답 ④

예제 6 상호배분법(1)

상호배분법에 의하여 보조부문원가를 제조부문에 배분하면 각각 얼마인가?

	보조부문		제조부문	
	동력부	수선부	제작부	조립부
동력부		20%	40%	40%
수선부	50%		20%	30%
부문별원가	₩500,000	₩260,000	₩410,000	₩340,000

풀이

	보조부문		제조부문	
	동력부	수선부	제작부	조립부
배분전원가	₩500,000	₩260,000	₩410,000	₩340,000
- 동력부	(₩700,000)	₩140,000	₩280,000	₩280,000
- 수선부	₩200,000	(₩400,000)	₩80,000	₩120,000
배분후원가	₩0	₩0	₩770,000	₩740,000

상호배분법에 의해 동력부가 배분해야 할 총원가를 A, 수선부가 배분해야 할 총원가를 B라고 하면,

배부할 총원가 = 자기 것 + 받은 것

A = ₩500,000 + B × 0.5
B = ₩260,000 + A × 0.2

A = ₩500,000 + (₩260,000 + A × 0.2) × 0.5
A = ₩700,000, B = ₩400,000

제공하는 부문	제공받는 부문	계산방법
동력부 →	제작부	₩700,000 × (0.4 ÷ 1) = ₩280,000
동력부 →	조립부	₩700,000 × (0.4 ÷ 1) = ₩280,000
수선부 →	제작부	₩400,000 × (0.2 ÷ 1) = ₩80,000
수선부 →	조립부	₩400,000 × (0.3 ÷ 1) = ₩120,000

정답 제작부 ₩360,000 조립부 ₩400,000

확인문제

05. ㈜서울은 두 개의 제조부문인 M1, M2와 두 개의 보조부문 S1, S2를 통해 제품을 생산하고, 상호배분법을 사용하여 보조부문의 원가를 제조부문에 배분하고 있다. 각 부문간의 원가 및 용역제공비율이 〈보기〉와 같을 때, M1에 배분될 보조부문의 원가는?

기출처 2022. 서울시 7급

|보기|

용역제공비율	제조부문		보조부문	
	M1	M2	S1	S2
S1	0.4	0.2		0.4
S2	0.2	0.3	0.5	
부문원가			₩1,100	₩1,000

① ₩1,160   ② ₩1,170
③ ₩1,190   ④ ₩1,100

정답 ①

예제 7 상호배분법(2)

다음 자료에 의할 때 A제조부문원가의 합계액은? (다만, 보조부문 배부는 상호배분법에 의한다.)

구분	A 제조부문	B 제조부문	동력부문	수선부문
자기부문발생액	₩500,000	₩650,000	₩100,000	₩210,000
동력부문원가배부기준	20%	60%	-	20%
수선부문원가배부기준	30%	30%	40%	-

풀이

	보조부문		제조부문	
	동력부	수선부	A	B
배분전원가	₩100,000	₩210,000	₩500,000	₩650,000
– 동력부문	(₩200,000)	₩40,000	₩40,000	₩120,000
– 수선부문	₩100,000	(₩250,000)	₩75,000	₩75,000
배분후원가	₩0	₩0	₩615,000	₩845,000

상호배분법에 의해 동력부가 배분해야 할 총원가를 x, 수선부가 배분해야 할 총원가를 y라고 하면,

x = ₩100,000 + 0.4y
y = ₩210,000 + 0.2x
x = ₩100,000 + (₩210,000 + 0.2x) × 0.4 = ₩100,000 + ₩84,000 + 0.08x
x = ₩200,000, y = ₩250,000

제공하는 부문		제공받는 부문	계산방법
동력부	→	A	₩200,000 × (0.2 ÷ 1) = ₩40,000
동력부	→	B	₩200,000 × (0.6 ÷ 1) = ₩120,000
수선부	→	A	₩250,000 × (0.3 ÷ 1) = ₩75,000
수선부	→	B	₩250,000 × (0.3 ÷ 1) = ₩75,000

정답 ₩615,000

자기부문 소비용역이 있는 경우

보조부문이 자기가 제공하는 서비스를 스스로 소비하는 것을 자기부문 소비용역이라고 하는데, 자기부문에 원가를 배부하더라도 그 원가를 다시 제공받은 타 부문에 배부해야 하기 때문에 처음부터 자기부문 사용 서비스는 배부하지 않고 무시하고 풀어야 한다.

예를 들어, 다음과 같이 자료가 주어졌다고 가정하자.

사용 부문 제공 부문	보조부문		제조부문		계
	동력부	수선부	A	B	
동력부문	400Kw	200Kw	200Kw	600Kw	1,400Kw
수선부문	300시간	200시간	500시간	200시간	1,200시간
부문별 원가	₩100,000	₩80,000	₩200,000	₩300,000	₩680,000

이 경우, 자기가 제공한 서비스는 무시하고 다음과 같이 놓고 풀어야 한다.

사용 부문 제공 부문	보조부문		제조부문		계
	동력부	수선부	A	B	
동력부문	~~400Kw~~	200Kw	200Kw	600Kw	1,400Kw
수선부문	300시간	~~200시간~~	500시간	200시간	1,200시간
부문별 원가	₩100,000	₩80,000	₩200,000	₩300,000	₩680,000

(2) 보조부문을 변동원가, 고정원가로 구분하여 배분하는지 여부에 따른 구분

㉠ 단일배분율법
단일배분율법은 보조부문원가를 변동원가와 고정원가로 구분하지 않고, 하나의 배부기준을 적용하여 배분하는 방법이다.

㉡ 이중배분율법
이중배분율법은 보조부문을 변동원가와 고정원가로 구분하여, 각각 원가가 발생하는 원인에 따라 다른 배부기준을 적용하여 배분하는 방법이다. 보조부문 변동원가는 실제소비량에 따라 발생하므로 **실제소비량(실제조업도)**을 기준으로 배분하며, 고정원가는 공장감가상각비와 같이 설비와 관련이 있고, 각 부문이 최대 사용할 경우를 대비하여 설비투자를 하는 것이 일반적이므로 고정원가는 **최대사용가능량(최대조업도)**을 기준으로 배분한다.

[배부기준]

변동원가	실제소비량(실제조업도)
고정원가	최대사용가능량(최대조업도)

 확인문제

06. ㈜한국은 제조부문인 조립부문과 도장부문이 있으며, 보조부문으로 전력부문이 있다. 20X1년 3월 중에 부문별로 발생한 제조간접원가와 제조부문이 사용한 전력의 실제사용량과 최대사용가능량은 다음과 같다. 한편, 전력부문에서 발생한 제조간접원가 ₩325,000은 변동원가가 ₩100,000이고, 고정원가는 ₩225,000이다.

구분	전력부문	조립부문	도장부문	합계
제조 간접 원가	₩325,000	₩250,000	₩400,000	₩975,000
실제 사용 량		300kW	700kW	1,000kW
최대 사용 가능 량		500kW	1,000kW	1,500kW

㈜한국이 이중배분율법을 적용하여 보조부문원가를 제조부문에 배부할 때, 조립부문에 배분되는 전력부문의 원가는?

기출처 2019. 국가직 9급

① ₩97,500 ② ₩105,000
③ ₩108,330 ④ ₩120,000

정답 ②

이중배분율법

앞서 보조부문의 배부 문제는 두개의 보조부문과 두개의 제조부문이 기본꼴로 주어졌었다. 그러나 이중배분율법은 보조부문의 원가를 변동원가와 고정원가로 구분해야하므로 한 개의 보조부문과 두 개의 제조부문이 기본꼴로 문제가 출제되는 것이 일반적이다.

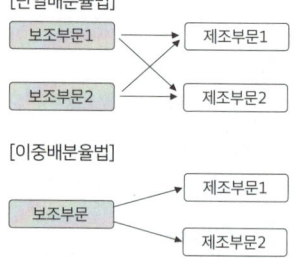

예제 8 단일배분율법과 이중배분율법

당기 중 수도부문에서는 변동원가와 고정원가가 각각 ₩400,000과 ₩500,000이 발생되었다. 수도부문은 두 개의 제조부문 C부문과 D부문에 용수를 제공하고 있으며, 제조부문이 용수를 최대로 사용할 때를 대비하여 충분한 설비를 보유하고 있다. 연간 최대수도사용가능량과 실제수도사용량은 다음과 같다.

	C	D	합계
최대사용가능량	10,000톤	40,000톤	50,000톤
실제사용량	30,000톤	10,000톤	40,000톤

01 단일배분율법을 적용하여 수도부문원가를 제조부문에 배분하면 각각 얼마인가? (단, 배부기준으로 실제사용량을 사용한다.)

02 이중배분율법을 적용하여 수도부문원가를 제조부문에 배분하면 각각 얼마인가?

풀이

01 단일배분율법

	수도부문	C	D
배분전원가	₩900,000	–	–
실제사용량	(₩900,000)	₩675,000	₩225,000

제공하는 부문		제공받는 부문	계산방법
수도부문	→	C부문	₩900,000 × (30,000 ÷ 40,000) = ₩675,000
수도부문	→	D부문	₩900,000 × (10,000 ÷ 40,000) = ₩225,000

02 이중배분율법

변동원가는 실제사용량에 근거하여, 고정원가는 최대사용가능량에 근거하여 배분한다.

	수도부문	C	D
배분전원가	₩900,000		
– 변동원가	(₩400,000)	₩300,000	₩100,000
– 고정원가	(₩500,000)	₩100,000	₩400,000
배분후원가	₩0	₩400,000	₩500,000

제공하는 부문		제공받는 부문	계산방법
수도부문(변동)	→	C부문	₩400,000 × (30,000 ÷ 40,000) = ₩300,000
수도부문(변동)	→	D부문	₩400,000 × (10,000 ÷ 40,000) = ₩100,000
수도부문(고정)	→	C부문	₩500,000 × (10,000 ÷ 50,000) = ₩100,000
수도부문(고정)	→	D부문	₩500,000 × (40,000 ÷ 50,000) = ₩400,000

정답 **01** C ₩675,000 D ₩225,000
02 C ₩400,000 D ₩500,000

예제 9 이중배분율법

㈜한국은 한 개의 보조부문(수선부문)과 두 개의 제조부분(A, B)으로 구성되어 있다. 수선부문은 제조부문에 설비수선 용역을 제공하고 있는데, 각 제조부문에 대한 최대공급 노동시간과 실제공급노동시간 그리고 수선부문발생 원가는 다음과 같다.

구분	A	B	합계
최대공급노동시간	840시간	360시간	1,200시간
실제공급노동시간	480시간	320시간	800시간

구분	수선부문
변동원가	₩72,000
고정원가	₩150,000
합계	₩222,000

보조부문(수선부문)의 원가를 공급노동시간을 기준으로 이중배분율법을 적용하여 제조부문에 배부한다고 할 때 각 부문에 배부될 원가는 얼마인가?

풀이

변동원가는 실제노동시간에 근거하여, 고정원가는 최대노동시간에 근거하여 배분한다.

	수도부문	A	B
배분전원가	₩222,000		
– 변동원가	(₩72,000)	₩43,200	₩28,800
– 고정원가	(₩150,000)	₩105,000	₩45,000
배분후원가	₩0	₩148,200	₩73,800

제공하는 부문		제공받는 부문	계산방법
수선부문(변동)	→	A부문	₩72,000 × (480 ÷ 800) = ₩43,200
수선부문(변동)	→	B부문	₩72,000 × (320 ÷ 800) = ₩28,800
수선부문(고정)	→	A부문	₩150,000 × (840 ÷ 1,200) = ₩105,000
수선부문(고정)	→	B부문	₩150,000 × (360 ÷ 1,200) = ₩45,000

정답 A부문 ₩148,200 B부문 ₩73,800

❸ 제조부문에서 발생한 제조간접원가와 보조부문에서 배분된 제조간접원가를 더하여 제품에 배부(Step3)

> 제조부문에 집계된 제조간접원가 = 제조부문 자체의 제조간접원가 + 보조부문원가배분액

보조부문원가를 제조부문에 배분하면, 제조부문의 제조간접원가는 제조부문 자체의 제조간접원가와 보조부문에서 배분된 원가로 구성된다. 제조부문이 여러 개 존재할 경우 다음의 방법으로 제조간접원가를 제품에 배분할 수 있다.

3-1 제조부문별 제조간접원가배부율
제조부문별로 배부기준에 따라 제조간접원가배부율을 구하여 제조간접원가를 제품에 배부하는 방법이다.

3-2 공장전체 제조간접원가배부율
공장전체에 하나의 배부기준을 선정하고, 이에 따라 전체 제조간접원가배부율을 구하여 제조간접원가를 제품에 배분하는 방법이다. 보조부문원가를 제조부문에 배분하는지 여부에 관계없이 공장전체 제조간접원가는 변함이 없으므로 공정전체 제조간접원가배부율을 사용할 때에는 보조부문원가를 제조부문에 배분할 필요가 없다.

예제 10 공장전체 제조간접원가배부율과 부문별 제조간접원가배부율

다음은 ㈜한국의 20X1년 부문별 제조원가 예산자료이다.

	A 부문	B 부문
직접재료원가	₩700,000	₩800,000
직접노무원가	₩200,000	₩400,000
제조간접원가	₩200,000	₩100,000
계	₩1,100,000	₩1,300,000

㈜한국은 직접노무원가를 기준으로 하는 제조간접원가 예정배부율을 이용하여 제조간접원가를 배부하고 있다. 20X1년 말 공정 중에 있는 주문품 X의 작업원가표에 집계된 원가가 다음과 같을 때, 공장전체 제조간접원가배부율과 부문별제조간접원가배부율을 이용할 경우 기말재무상태표에 계상하게 될 주문품 X의 원가는 얼마나 차이가 나는가?

	A 부문	B 부문
직접재료원가	₩12,000	₩15,000
직접노무원가	₩20,000	₩10,000
계	₩32,000	₩25,000

오쌤 Talk

예제 10

공장전체 제조간접원가배부율을 이용하거나 부문별 제조간접원가배부율을 이용하더라도 주문품 X의 직접재료원가와 직접노무원가는 변하지 않는다. 제조간접원가의 배부액 차이때문에 주문품 X의 제조원가에 차이가 발생한다.

[풀이]

(1) 공장전체 제조간접원가 배부율을 이용하는 경우
   ① 공장전체 제조간접원가배부율 = (₩200,000 + ₩100,000)/(₩200,000 + ₩400,000)
      = 0.5/직접노무원가
   ② 제조간접원가 배부액 = (₩20,000 + ₩10,000) × 0.5 = ₩15,000

(2) 부문별 제조간접원가배부율을 이용하는 경우
   ① A부문: ₩200,000/₩200,000 = ₩1/직접노무원가
      ∴ ₩20,000 × ₩1/직접노무원가 = ₩20,000
   ② B부문: ₩100,000/₩400,000 = ₩0.25/직접노무원가
      ∴ ₩10,000 × ₩0.25/직접노무원가 = ₩2,500
   ⇒ 주문품 X의 제조간접원가 = A부문 ₩20,000 + B부문 ₩2,500 = ₩22,500

(3) 주문품 X의 원가차이 = ₩22,500 − ₩15,000 = ₩7,500

정답 ₩7,500

OX 퀴즈

다음 문장의 경우 올바른 설명에는 O, 틀린 설명에는 ×를 하고 틀린 설명은 수정하시오.

1. 원가배부는 집계된 직접원가를 합리적인 배부기준에 따라 원가 대상에 배부하는 것을 말한다. (　　)

2. 원가배부기준에는 인과관계기준, 수혜기준, 부담능력기준, 공정성과 공평성기준 등이 있다. (　　)

3. 보조부문원가를 배분할 때 직접배분법은 보조부문 상호 간의 용역수수관계를 전혀 인식하지 않으므로 다른 보조부문에는 전혀 배분하지 않고 제조부문에만 배분한다. (　　)

4. 단계배분법은 보조부문원가의 배부순서를 정하고 그 순서에 따라 배분하는 방식인데, 배부순서에 따라 원가배분의 결과가 달라진다. (　　)

5. 직접배분법은 보조부문 간에 제공되는 용역이 많은 경우 유용하다. (　　)

6. 상호배분법은 시간과 비용이 많이 소요된다는 단점이 있으나, 보조부문 상호 간의 용역수수관계가 중요하지 않을 때 사용할 수 있다는 장점이 있다. (　　)

7. 이중배분율법에 의해 고정원가를 배부할 때에는 실제사용량에 근거하는 것이 합리적이다. (　　)

OX 풀이

❶ ✕ 원가배부는 집계된 간접원가를 합리적인 배부 기준에 따라 원가대상에 배부하는 것을 말한다.

❷ ○

❸ ○

❹ ○

❺ ✕ 직접배분법은 보조부문 간 제공되는 용역을 무시하는 방법이므로, 용역이 많은 경우 유용하지 않다.

❻ ✕ 상호배분법은 보조부문 상호 간의 용역수수관계를 인식하는 가장 정확한 방법이므로, 보조부문 상호 간의 용역수수관계가 중요할 때 사용하면 정확하게 원가가 배부된다는 장점이 있다. 그러나 시간과 비용이 많이 소요된다는 단점이 있다.

❼ ✕ 고정원가는 주로 설비와 관련이 있고, 각 부분이 최대 사용할 경우를 대비하여 설비투자를 하는 것이 일반적이므로 고정원가는 최대사용가능량을 기준으로 배부하는 것이 합리적이다.

실전훈련

01 보조부문원가의 배부에 대한 설명으로 옳은 것은?

① 보조부문원가는 제조부문에 배부하지 않고 기간비용으로 처리하여야 한다.
② 보조부문원가의 배부순서가 중요한 배분방법은 상호배분법이다.
③ 직접배분법은 보조부문의 배부순서에 관계없이 배부액이 일정하다.
④ 상호배분법은 보조부문 상호 간의 용역수수관계가 중요하지 않을 때 적용하는 것이 타당하다.

02 보조부문의 원가를 제조부문에 배부하는 방법에 대한 설명으로 가장 옳은 것은?

기출처 2018. 서울시 9급 수정

① 상호배분법은 보조부문 상호 간의 용역수수관계를 완전히 무시하고, 보조부문원가를 제조부문에만 배부하는 방법이다.
② 단계배분법은 보조부문 간의 용역수수관계를 부분적으로 고려하는 방법으로 보조부문의 배부순서가 달라지면 배부 후의 결과가 달라진다.
③ 이중배분율법은 보조부문원가를 변동원가와 고정원가로 구분하지 않고, 하나의 배부기준을 이용하여 총원가를 배부하는 방법이다.
④ 직접배분법은 보조부분 상호 간의 용역수수관계를 완전히 고려하여 각 보조부문원가를 제조부문과 다른 보조부문에도 배부하는 방법으로, 가장 논리적이고 정확한 정보를 제공해 주는 방법이다.

 풀이

01 ① 보조부분의 원가는 제조부문에 배부한다.
② 배부순서가 중요한 배부 방법은 단계배분법이다.
③ 직접배분법은 보조부분끼리의 배부를 무시하고 제조부분만 배부하므로 배부순서에 상관없이 배부액이 일정하다.
④ 용역 간의 수수관계가 중요할 때 상호배분법을 사용한다.

02 ① 상호배분법은 보조부문의 상호 간의 용역수수관계를 완전히 인식하여 모든 보조부문에도 보조부문원가를 배분하는 방법이다.
③ 이중배분율법은 보조부문원가를 변동원가와 고정원가로 구분하여, 각각 원가가 발생하는 원인에 따라서 다른 배부기준을 적용하여 배분하는 방법이다.
④ 직접배분법은 보조부문 상호 간의 용역제공을 전혀 인식하지 않고 보조부문을 배분하는 방식이다.

답 01 ③ 02 ②

03 ㈜한국은 두 개의 제조부문 C, D와 두 개의 보조부문 A, B를 두고 있다. 보조부문 A와 B의 발생원가는 각각 ₩400,000과 ₩480,000이며, 각 부문의 용역수수관계는 다음과 같다. 직접배분법을 사용할 경우 C가 배분받은 보조부문 원가는 얼마인가?

제공 \ 사용	보조부문 A	보조부문 B	제조부문 C	제조부문 D
A	-	20%	30%	50%
B	40%	-	40%	20%

① ₩470,000　　② ₩675,000
③ ₩330,000　　④ ₩280,000

04 보조부문인 수선부와 전력부에서 발생한 원가는 각각 ₩20,000과 ₩12,000이며, 수선부 원가에 이어 전력부 원가를 배부하는 단계배분법으로 제조부문인 A공정과 B공정에 배부한다. 보조부문이 제공한 용역이 다음과 같을 때, 보조부문 원가 ₩32,000 중에서 A공정에 배부되는 금액은?

기출처 2014. 지방직 9급 수정

제공 \ 사용	수선부	전력부	A공정	B공정	합계
수선부	-	4,000	4,000	2,000	10,000시간
전력부	8,000	-	4,000	4,000	16,000kWh

① ₩13,000　　② ₩14,000
③ ₩16,000　　④ ₩18,000

 풀이

03

제공하는 부문	제공받는 부문	계산방법
A	→ C	₩400,000 × (0.3 ÷ 0.8) = ₩150,000
A	→ D	₩400,000 × (0.5 ÷ 0.8) = ₩250,000
B	→ C	₩480,000 × (0.4 ÷ 0.6) = ₩320,000
B	→ D	₩480,000 × (0.2 ÷ 0.6) = ₩160,000

C가 배분받은 원가 = ₩150,000 + ₩320,000 = ₩470,000

04 (1) 수선부 → A공정: ₩20,000 × 4,000/10,000 = ₩8,000
(2) 수선부 → 전력부: ₩20,000 × 4,000/10,000 = ₩8,000
(3) 전력부 → A공정: (₩12,000 + ₩8,000) × 4,000/8,000 = ₩10,000
∴ A공정 배부원가 = ₩8,000 + ₩10,000 = ₩18,000

답 03 ①　04 ④

05 두 개의 제조부문과 두 개의 보조부문으로 이루어진 ㈜한국의 부문 간 용역수수에 관련된 자료는 다음과 같다.

구분	보조부문		제조부문	
	A	B	C	D
A부문 용역제공	-	40%	20%	40%
B부문 용역제공	20%	-	50%	30%
발생원가	₩150,000	₩300,000	₩450,000	₩600,000

단계배분법을 사용할 경우 제조부분 C에 배분되는 보조부문의 원가는 얼마인가? (단, 보조부문원가는 B부문의 원가를 우선 배분한다.)

① ₩160,000
② ₩220,000
③ ₩330,000
④ ₩350,000

풀이

05

	보조부문		제조부문	
	A	B	C	D
배분전원가	₩150,000	₩300,000	₩450,000	₩600,000
A (순서②)	(₩210,000)		₩70,000	₩140,000
B (순서①)	₩60,000	(₩300,000)	₩150,000	₩90,000
배분후원가	₩0	₩0	₩670,000	₩830,000

제공하는 부문		제공받는 부문	계산방법
B	→	A	₩300,000 × (0.2 ÷ 1) = ₩60,000
B	→	C	₩300,000 × (0.5 ÷ 1) = ₩150,000
B	→	D	₩300,000 × (0.3 ÷ 1) = ₩90,000
A	→	C	(₩150,000 + ₩60,000) × (0.2 ÷ 0.6) = ₩70,000
A	→	D	(₩150,000 + ₩60,000) × (0.4 ÷ 0.6) = ₩140,000

C에 배분되는 원가는 ₩150,000 + ₩70,000 = ₩220,000 이다.

답 **05 ②**

06 ㈜한국은 보조부문 X, Y와 제조부문 P1, P2를 운영하여 제품을 생산하고 있다. 보조부문 X는 기계시간, Y는 전력소비량에 비례하여 보조부문원가를 제조부문에 각각 배부한다. ㈜한국의 각 부문 원가와 용역제공 현황은 다음과 같다.

구분	보조부문		제조부문		합계
	X	Y	P1	P2	
부문원가	₩100,000	₩120,000	₩100,000	₩200,000	₩520,000
기계시간	-	400시간	300시간	300시간	1,000시간
전력소비량	500kwh	-	200kwh	300kwh	1,000kwh

㈜한국이 상호배분법을 이용하여 보조부문원가를 제조부문에 배부할 경우, 제조부문 P1, P2에 배부되는 보조부문원가는?

기출처 2022. 지방직 9급

	P1	P2
①	₩98,000	₩122,000
②	₩100,000	₩120,000
③	₩120,000	₩100,000
④	₩122,000	₩98,000

06 (1) 상호배분관계가 끝난 후 보조부문 X의 원가를 a, Y의 원가를 b라고 하면,
  a = ₩100,000 + 0.5 b
  b = ₩120,000 + 0.4 a
  ∴ a = ₩200,000, b = ₩200,000
(2) P1에 배부되는 보조부문원가 = 0.3 a + 0.2 b = 0.3 × ₩200,000 + 0.2 × ₩200,000 = ₩100,000
(3) P2에 배부되는 보조부문원가 = 0.3 a + 0.3 b = 0.3 × (₩200,000 + ₩200,000) = ₩120,000

답 06 ②

07

㈜서울은 두 개의 제조부문과 두 개의 보조부문을 두고 있으며 관련 자료는 <보기>와 같다. 보조부문의 원가를 상호배분법으로 제조부문에 배부할 경우, 제조부문 Y에서 개별제품에 배부해야 할 원가총액은?

기출처 2021. 서울시 7급

〈보기〉

제공부문\사용부문	보조부문		제조부문	
	A	B	X	Y
A	-	50%	10%	40%
B	20%	-	40%	40%
발생원가	₩200,000	₩350,000	₩1,000,000	₩1,200,000

① ₩1,480,000
② ₩1,500,000
③ ₩1,520,000
④ ₩1,540,000

07 (1) 보조부문 A의 배부 후 원가를 a 라고 하고, 보조부문 B의 배부 후 원가를 b라고 하면,
   a = ₩200,000 + 0.2b
   b = ₩350,000 + 0.5a
   ∴ a = ₩300,000, b = ₩500,000
(2) 제조부문 Y에 배부될 보조부문원가
   = 0.4 a + 0.4 b = ₩320,000
(3) 총제조부문 Y의 원가
   = 배부 받은 보조부문의 원가 + Y부문의 제조원가
   = ₩1,200,000 + ₩320,000 = ₩1,520,000

답 **07** ③

08 ㈜한국은 보조부문인 동력부와 제조부문인 절단부, 조립부가 있다. 동력부는 절단부와 조립부에 전력을 공급하고 있으며, 각 제조부분의 월간 전력 최대사용가능량과 3월의 전력 실제사용량은 다음과 같다.

구분	절단부	조립부	합계
최대사용가능량	500kw	500kw	1,000kw
실제사용량	300kw	200kw	500kw

한편, 3월 중 각 부분에서 발생한 제조간접원가는 다음과 같다.

구분	동력부	절단부	조립부	합계
변동원가	₩50,000	₩80,000	₩70,000	₩200,000
고정원가	₩100,000	₩150,000	₩50,000	₩300,000
합계	₩150,000	₩230,000	₩120,000	₩500,000

이중배분율법으로 적용할 경우 절단부와 조립부에 배부될 동력부의 원가는?

	절단부	조립부
①	₩75,000	₩75,000
②	₩80,000	₩70,000
③	₩90,000	₩60,000
④	₩100,000	₩50,000

풀이

08 (1) 절단부 = 변동원가 + 고정원가 = ₩50,000 × 300kw/500kw + ₩100,000 × 500kw/1,000kw
= ₩30,000 + ₩50,000 = ₩80,000
(2) 조립부 = 변동원가 + 고정원가 = ₩50,000 × 200kw/500kw + ₩100,000 × 500kw/1,000kw
= ₩20,000 + ₩50,000 = ₩70,000

답 **08** ②

03 개별원가

Teacher's Map

❶ 개별원가계산 적용 대상
(1) 고객의 주문에 따라 특정 제품을 개별적으로 생산하는 기업
(2) 고객의 요구에 따라 작업내용을 명확하게 구분할 수 있는 회계법인, 세무법인, 병원 등 서비스업

❷ 개별원가계산의 분류
제조간접원가 배부 시 기말에 산출되는 실제배부율을 이용 VS 기초에 미리 정한 예정배부율을 이용

구분	실제개별원가계산	정상개별원가계산
직접재료원가, 직접노무원가 배분	실제발생액	실제발생액
제조간접원가 배분	실제배부기준수 × 실제배부율	실제배부기준수 × 예정배부율
이용하는 배부율	기말에 계산한 실제배부율	기초에 설정한 예정배부율

❸ 정상개별원가계산에 의한 원가차이
예정배부율에 의해 제조간접원가를 배분할 경우, 실제발생액과 차이가 발생하며 이를 과소배부(부족배부), 과대배부(초과배부)라고 부름

ex) 예정배부액 ₩90,000 ── 실제발생액 ₩110,000 ── 예정배부액 ₩130,000
　　　　　　　　과소배부액 ₩20,000　　　　과대배부액 ₩20,000

❹ 제조간접원가 배부차이의 조정

과대배부	과대배부액을 원가에서 차감	최종 재무제표에는 '실제원가'로 표시
과소배부	과소배부액을 원가에 가산	

매출원가 조정법		배부차이를 매출원가에서만 조정하는 방법 ① 배부차이가 중요하지 않고, 금액이 미미한 경우 적용 ② 기말재공품과 기말제품의 제조간접원가는 계속해서 예정배부액으로 기록됨
비례배분법	총원가기준법	배부차이를 '기말재공품, 기말제품, 매출원가'에 집계된 총원가의 비율에 따라 조정하는 방법
	원가요소법	배부차이를 '기말재공품, 기말제품, 매출원가'에 집계된 제조간접원가(예정배부율에 따라 배부된)비율에 따라 조정하는 방법 (처음부터 실제 원가계산을 적용했을 때와 동일한 결과가 나옴)

1 원가 집계방법에 따른 원가계산방법 분류

제품원가계산은 각 기업의 **생산형태 또는 원가 집계방법**에 따라 **개별원가계산과 종합원가계산**으로 구분할 수 있다.

개별원가계산은 조선업, 항공업 등과 같이 고객의 주문에 따라 특정 제품을 개별적으로 생산하는 기업에서 사용하며 제조원가를 개별 작업별로 집계하여 구분한다. 고객의 요구에 따라 작업내용을 명확하게 구분할 수 있는 회계법인, 세무법인, 병원 등 서비스업에서도 사용가능하다.

종합원가계산은 정유업, 제지업 등과 같이 동종 제품을 연속적으로 대량 생산하는 기업에서 사용하는 원가계산방법으로, 제조원가를 제조공정별로 집계하여 구분한다.

2 개별원가계산의 의의

개별원가계산은 각 작업별로 크기, 형태, 내용 등이 다르고 투입되는 원재료, 노동력을 구분할 수 있으므로 제조원가를 개별 작업별로 집계하여 제품원가를 계산한다. 제조원가를 집계하는 서류를 작업원가표 또는 개별원가계산표라고 부른다. 개별원가계산은 원가를 **직접재료원가, 직접노무원가, 제조간접원가로 구분하여 작업원가표에 집계한다.** 이 경우 **특정 작업에 직접 추적가능한 직접재료원가와 직접노무원가는 작업원가표에 바로 기록하고, 직접 추적 불가능한 제조간접원가는 배부기준에 따라 배부**한다.

[작업원가표 예시]

작업번호 : #1
제품명 : 선박 A호
시작일 : X년 10월 1일

일자	직접재료원가	직접노무원가	제조간접원가
X년 10월 1일	₩---	₩---	₩---
X년 10월 30일	₩---	₩---	₩---

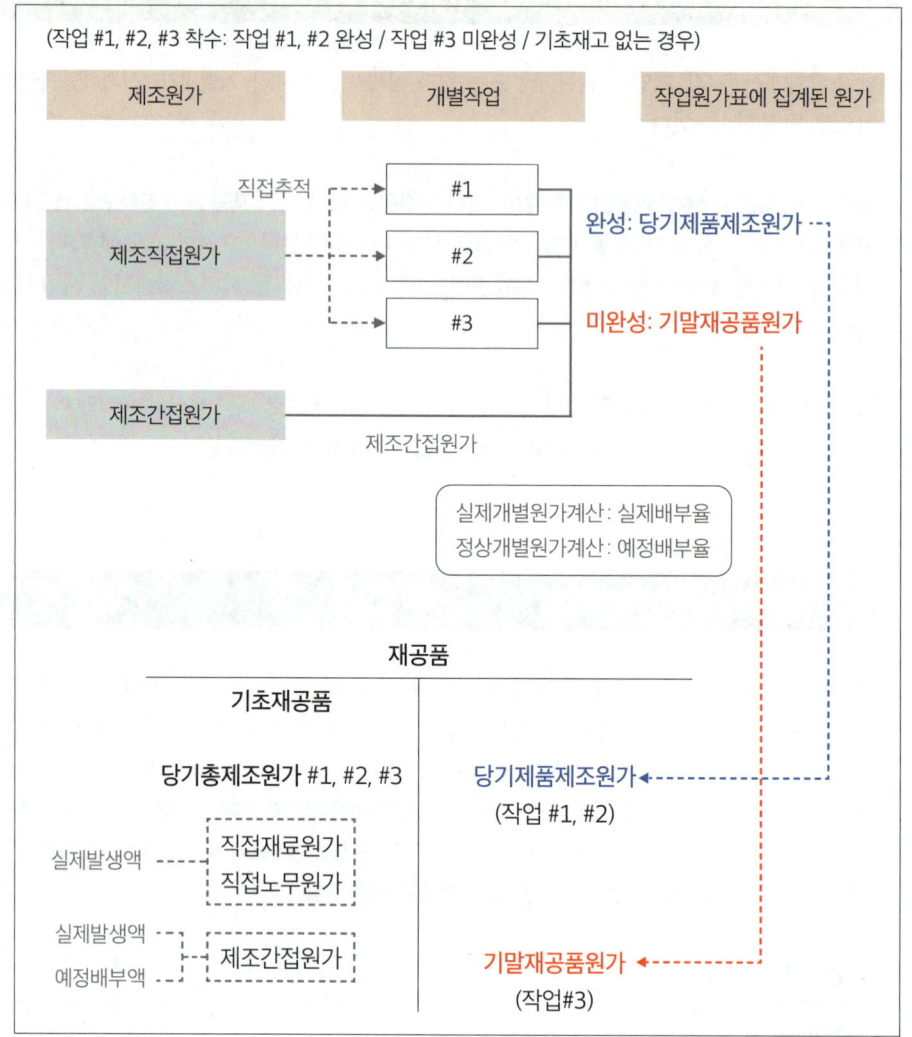

3 개별원가계산의 분류

❶ 실제 개별원가계산과 정상개별원가계산

제조간접원가를 배부하기 위해서 제조간접원가 총 발생액을 합리적인 배부 기준에 따라 나누어 배부율을 산정해야 한다. 이때, **실제 발생한 제조간접원가의 총액을 실제 발생한 배부기준으로 나누어 배부하는 방법이 실제 개별원가계산이다.**

그러나 이 방법은 제조원가 실제발생액의 집계가 보고기간 말이 지나야만 가능한 경우가 많다. 제품의 생산도 끝나 판매를 앞두고 있는 상태에서 원가의 배부가 이루어지지 않아서 제품의 원가를 결정할 수 없고 이와 더불어 판매가격도 결정할 수 없는 상황이라면 마케팅이나 판매 등의 영업활동을 진행할 수 없는 상황이 발생한다.

그러므로 실제제조간접원가의 사용액을 집계하기 전에 미리 배부율을 결정하는 방법이 바로 정상개별원가계산이다. **정상개별원가계산은 제조간접원가의 실제발생액이 아닌 예정액(예산)을 배부기준이 되는 기준조업도로 나누어 예정배부율을 산정하고 실제배부기준이 집계되면 바로 배부하여 제품의 원가를 계산할 수 있도록 하는 제도이다.**

[실제개별원가계산과 정상개별원가계산의 구분]

구분	실제개별원가계산	정상개별원가계산
직접재료원가	실제발생액	실제발생액
직접노무원가		
제조간접원가	실제배부기준수 × **실제배부율**	실제배부기준수 × **예정배부율**

❷ 실제개별원가계산

실제개별원가계산은 작업을 수행하면서 실제 발생된 직접재료원가와 직접노무원가는 개별 작업에 **직접 추적하여 집계하고, 제조간접원가는 실제발생액을 기말에 집계하여 합리적인 기준에 따라 개별 작업에 배부한다.** 제조간접원가를 배부하는 기준은 다음과 같다. 이 경우 **실제제조간접원가 발생액과 기말에 배부된 제조간접원가 총액은 일치한다.**

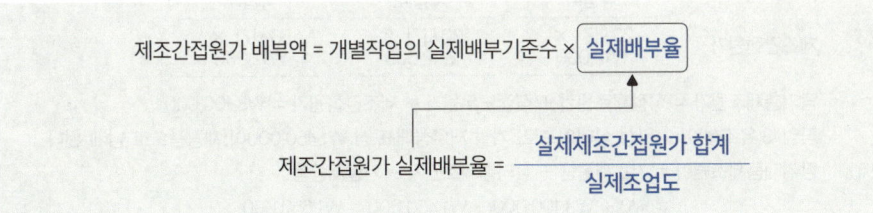

실제개별원가계산의 장점은 다음과 같다.

① 실제 자료를 이용하므로 원가추정의 필요가 없다.
② 제품원가계산의 결과를 그대로 **외부 보고용 재무제표에 반영할 수 있다.**
③ 제조간접원가의 배부차이에 대한 회계처리를 수행할 필요가 없다.

> **확인문제**
>
> **01.** 다음의 개별원가계산 자료에 의한 당기총제조원가는 얼마인가?
>
> - 직접재료원가는 ₩50,000이며, 직접노동시간은 100시간이고 기계시간은 150시간이다.
> - 직접노무원가의 임률은 직접노동시간당 ₩180이다.
> - 회사는 기계시간을 기준으로 제조간접원가를 배부한다.
> - 제조간접원가 실제배부율이 기계시간당 ₩200이다.
>
> 정답 ₩98,000

그러나 실제개별원가계산의 단점은 다음과 같다.

① 제조간접원가의 실제배부율 계산이 늦어져 제조간접원가 배부가 늦어진다.
② 월별·계절별로 제품 단위원가가 변동하고 수익성이 달라지게 된다.

예제 1 실제개별원가계산(1)

㈜한국은 선박건조회사로서 당기에 설립되었다. 회사는 여객선(작업#1), 벌크선(작업#2), 유조선(작업#3)의 건조에 각각 착수하였고, 여객선, 벌크선은 당기에 완성되었으며, 유조선은 아직 건조 중에 있다. 여객선은 당기에 판매되었다. 원가발생 현황은 다음과 같으며, 제조간접원가 발생액은 ₩1,200,000이다.

	작업#1	작업#2	작업#3	합계
직접재료원가	₩200,000	₩400,000	₩400,000	₩1,000,000
직접노무원가	₩150,000	₩300,000	₩450,000	₩900,000
직접노무시간	20시간	30시간	50시간	100시간

01 제조간접원가 배부 기준이 직접노무시간인 경우 제조간접원가 실제배부율은 얼마인가?

02 작업별로 제조원가, 당기제품제조원가, 기말재공품원가는 각각 얼마인가?

풀이

01 제조간접원가 실제배부율 = 실제제조간접원가 ÷ 직접노무시간
 = ₩1,200,000 ÷ 100시간 = ₩12,000/시간

02 실제배부율에 따라 제조간접원가를 배분하면 다음과 같다.

	작업#1	작업#2	작업#3	합계
직접재료원가	₩200,000	₩400,000	₩400,000	₩1,000,000
직접노무원가	₩150,000	₩300,000	₩450,000	₩900,000
제조간접원가	₩240,000	₩360,000	₩600,000	₩1,200,000
합계	₩590,000	₩1,060,000	₩1,450,000	₩3,100,000

	작업#1	작업#2	작업#3
제조간접원가	20시간 × ₩12,000	30시간 × ₩12,000	50시간 × ₩12,000

당기총제조원가 = 직접재료원가 + 직접노무원가 + 제조간접원가 = ₩3,100,000
작업#3(유조선)이 미완성 상태이므로, 기말 재무상태표 상 ₩1,450,000이 재공품으로 남게 된다.
당기제품제조원가 = 기초재공품 + 당기총제조원가 − 기말재공품
 = ₩0 + ₩3,100,000 − ₩1,450,000 = ₩1,650,000

정답 **01** ₩12,000/시간

02 ① 제조원가

작업#1	₩590,000
작업#2	₩1,060,000
작업#3	₩1,450,000

② 당기제품제조원가 ₩1,650,000
③ 기말재공품원가 ₩1,450,000

예제 2 실제개별원가계산(2)

㈜한국은 주문에 의한 제품생산을 하고 있는 조선업체이다. 당기 중에 여객선(A)과 벌크선(B)을 완성하여 주문자에게 인도하였고, 20X1년 말 미완성된 유조선(C)이 있다. A, B, C 이외의 제품주문은 없었다고 가정한다. 다음은 20X1년의 실제 원가자료이다.

구분	A	B	C	합계
기초재공품	₩11,000	₩27,000	₩8,000	₩46,000
직접재료원가	₩20,000	₩50,000	₩30,000	₩100,000
직접노무원가	₩19,000	₩32,000	₩15,000	₩66,000
기계시간	100시간	250시간	150시간	500시간

20X1년에 발생한 총제조간접원가는 ₩78,000이다. ㈜한국은 제조간접원가를 기계시간에 따라 배부한다고 할 때, 기말재공품 원가는 얼마인가?

풀이

A, B는 주문자에게 인도하였으므로, A와 B의 제품원가는 매출원가이고 C의 제품원가는 기말재공품원가이다.

제조간접원가는 기계시간에 따라 배부하므로, 제조간접원가 실제배부율은 ₩78,000 ÷ 500시간 = ₩156이다.

C에 배분될 제조간접원가 = 150시간 × ₩156 = ₩23,400

기말재공품을 구하기 위해 C의 원가를 구하면 다음과 같다.

	C
기초재공품	₩8,000
직접재료원가	₩30,000
직접노무원가	₩15,000
제조간접원가	₩23,400
합계	₩76,400

정답 ₩76,400

확인문제

02. ㈜한국은 정상(예정)개별원가계산을 적용하며, 기계시간을 기준으로 제조간접원가를 예정배부한다. 20X1년 예정기계시간이 10,000시간이고 원가 예산이 다음과 같을 때, 제조간접원가 예정배부율은?

기출처 2021. 국가직 9급

항목	금액
직접재료원가	₩25,000
간접재료원가	₩5,000
직접노무원가	₩32,000
공장건물 임차료	₩20,000
공장설비 감가상각비	₩7,000
판매직원 급여	₩18,000
공장설비 보험료	₩13,000
광고선전비	₩5,000

① ₩4/기계시간
② ₩4.5/기계시간
③ ₩7.2/기계시간
④ ₩10.2/기계시간

정답 ②

조업도

문제를 풀 때, 다음 사항을 주의한다.
① 기준조업도 = 정상조업도 = 예정조업도 ≠ 실제조업도
② 기준조업도는 예정배부율을 산정할 때 사용하고, **실제조업도**는 예정배부율을 반영해서 배부액을 산정할 때 사용한다. 문제에서 기준조업도와 실제조업도 두 가지가 주어졌을 경우, **예산**을 통해 예정배부율을 산정하고 예정배부율을 통해 제조간접원가 배부액을 산정한다. 이후 산출한 **제조간접원가 배부액**과 **실제 제조간접원가**를 비교하여 차이를 조정한다. 그러므로 각각의 원가가 어디에 쓰이는지 정리해 두어야 한다.

❸ 정상개별원가계산

3-1 정상개별원가계산 개념

정상개별원가계산은 직접재료원가와 직접노무원가는 실제개별원가계산과 동일하게 실제발생원가를 개별 작업에 직접 추적하여 집계하나, 추적 불가능한 제조간접원가는 미리 결정된 제조간접원가 예정배부율을 이용하여 각 개별 작업에 배부한다. 이 경우 실제 제조간접원가 발생액과 기말에 예정 배부된 제조간접원가 총액은 불일치한다.

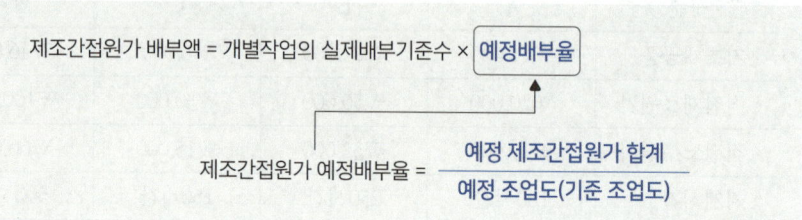

정상개별원가계산의 장점은 다음과 같다.

① 기초에 제조간접원가와 배부기준수를 추정하여 제조간접원가 예정배부율을 설정하기 때문에 실제원가계산에 비해 **제조간접원가의 배부가 빨라진다**. 그러므로 제품의 원가계산이 지연되는 문제를 극복할 수 있다.
② 또한 기초에 설정된 제조간접원가 예정배부율이 기중에 계속 적용되기 때문에 월별·계절별로 제품 단위원가가 변동하고 수익성이 달라지는 것을 극복할 수 있다.

그러나 정상개별원가계산의 단점은 다음과 같다.

① 기초에 제조간접원가예산과 배부기준수를 추정해야 한다.
② 제조간접원가 배부차이에 대한 회계처리를 수행해야 한다.

예제 3 정상개별원가계산

㈜한국은 선박건조회사로서 당기에 설립되었다. 회사는 여객선(작업#1), 벌크선(작업#2), 유조선(작업#3)의 건조에 각각 착수하였고, 여객선, 벌크선은 당기에 완성되었으며, 유조선은 아직 건조 중에 있다. 여객선은 당기에 판매되었다. 원가발생 현황은 다음과 같다.

구분	작업#1	작업#2	작업#3	합계
직접재료원가	₩200,000	₩400,000	₩400,000	₩1,000,000
직접노무원가	₩150,000	₩300,000	₩450,000	₩900,000
직접노무시간	20시간	30시간	50시간	100시간

㈜한국이 정상개별원가계산 방법으로 원가계산을 하고 있으며, 제조간접원가 배부기준은 직접노무시간이다. 기초에 연간 제조간접원가는 ₩1,500,000, 직접노무시간은 150시간으로 예측하였다.

01 제조간접원가 예정배부율은 얼마인가?

02 작업별로 제조원가, 당기제품제조원가, 기말재공품원가는 각각 얼마인가?

풀이

01 제조간접원가 예정배부율 = 예정제조간접원가 ÷ 예정직접노무시간
　　　　　　　　　　　　　= ₩1,500,000 ÷ 150시간 = ₩10,000/시간

02

	작업#1	작업#2	작업#3	합계
직접재료원가	₩200,000	₩400,000	₩400,000	₩1,000,000
직접노무원가	₩150,000	₩300,000	₩450,000	₩900,000
제조간접원가	₩200,000	₩300,000	₩500,000	₩1,000,000
합계	₩550,000	₩1,000,000	₩1,350,000	₩2,900,000

	작업#1	작업#2	작업#3
제조간접원가	20시간 × ₩10,000	30시간 × ₩10,000	50시간 × ₩10,000

당기총제조원가 = 직접재료원가 + 직접노무원가 + 제조간접원가 = ₩2,900,000
작업#3(유조선)이 미완성 상태이므로, 기말 재무상태표 상 ₩1,350,000이 재공품으로 남게 된다.
당기제품제조원가 = 기초재공품 + 당기총제조원가 − 기말재공품
　　　　　　　　= ₩0 + ₩2,900,000 − ₩1,350,000 = ₩1,550,000

정답 **01** ₩10,000/시간

02 ① 제조원가

작업#1	₩550,000
작업#2	₩1,000,000
작업#3	₩1,350,000

② 당기제품제조원가 ₩1,550,000
③ 기말재공품원가 ₩1,350,000

03. ㈜한국은 정상개별원가계산을 적용하고 있으며, 직접노무시간을 기준으로 제조간접원가를 예정배부하고 있다. 다음 자료를 이용할 경우, 당기 말 제조간접원가 과소 또는 과대 배부액은?

기출처 2022. 국가직 9급

- 제조간접원가 예산 ₩130,000
- 예상 직접노무시간 10,000시간
- 실제 제조간접원가 발생액 ₩120,000
- 실제 직접노무시간 9,000시간

① 과소배부 ₩3,000
② 과대배부 ₩3,000
③ 과소배부 ₩10,000
④ 과대배부 ₩10,000

정답 ①

 최신

04. ㈜한국은 정상개별원가계산제도를 채택하고 있으며, 제조간접원가를 직접노무시간으로 배부하고 있다. 20X1년도 제조간접원가와 관련된 자료는 다음과 같다. 20X1년도 제조간접원가 과소배부액이 ₩1,000인 경우, 제조간접원가 실제 발생액은?

기출처 2025. 국가직 9급

제조간접 원가 예산	예정 직접 노무시간	실제 직접 노무시간
₩10,000	100시간	120시간

① ₩11,000　② ₩12,000
③ ₩13,000　④ ₩14,000

정답 ③

3-2 정상개별원가계산 제조간접원가 배부차이 개념

실제원가계산 방법은 기말에 실제배부율을 이용하여 제조간접원가를 배부하므로, 제조간접원가 발생액과 배부액에 차이가 없다. 그러나 정상원가계산 방법은 예측한 예정배부율을 이용하여 제조간접원가를 배부하므로 제조간접원가 발생액과 배부액에 차이가 발생한다. 이를 배부차이라고 부른다. 실제원가가 예정배부액보다 큰 경우 과소배부(부족배부), 작은 경우 과다배부(초과배부)로 부른다.

[배부차이]

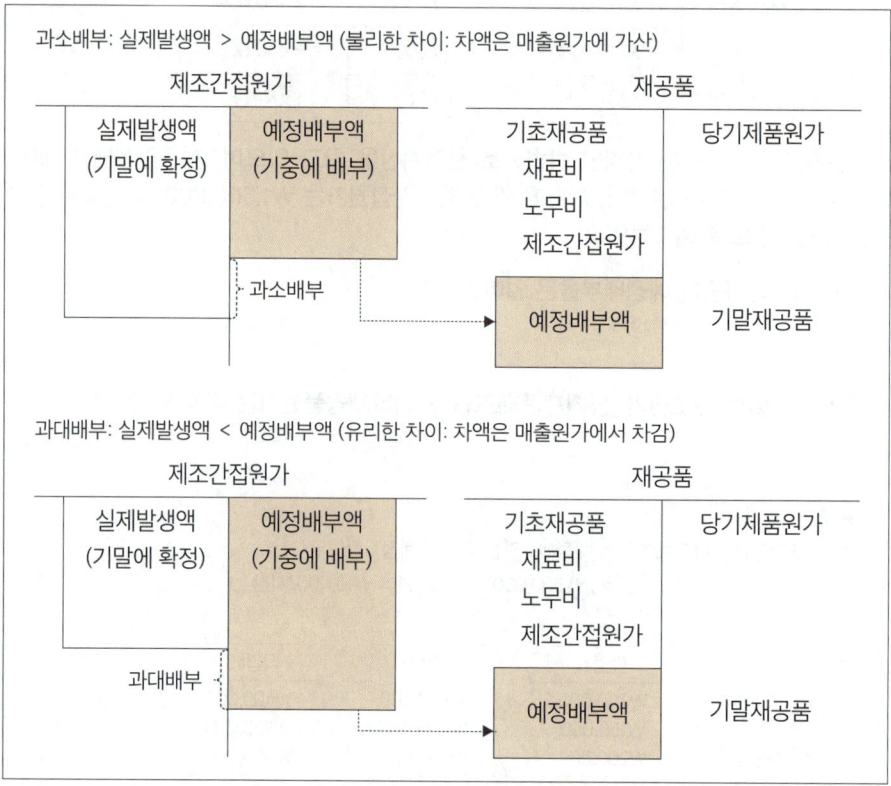

예제 4 · 제조원가배부차이(1)

㈜한국은 기계시간을 기준으로 제조간접원가를 배분한다. 당기의 제조간접원가 실제발생액은 ₩37,000,000이고 실제사용 기계시간은 180,000시간이다. 기초에 예측한 제조간접원가 총액은 ₩40,000,000이고 예측 기계시간은 200,000시간이다. 당기 제조간접원가 과소 또는 과대 배부액은 얼마인가?

풀이
제조간접원가 예정배부율 = ₩40,000,000/200,000시간 = ₩200/시간
제조간접원가 예정배부액 = 180,000시간 × ₩200/시간 = ₩36,000,000
실제발생액 > 예정배부액이므로, 과소배부 ₩1,000,000이다.

예정배부액	₩36,000,000
실제발생액	₩37,000,000
합계	(-)₩1,000,000

정답 과소배부 ₩1,000,000

오쌤 Talk
예정조업도와 실제 조업도

예제 4 는 기계시간을 기준으로 제조간접원가를 배부하므로 해당 문제의 조업도는 기계시간이다. 이때, 예측 기계시간이 예정조업도이고, 실제 사용 기계시간이 실제조업도이다.

해당 문제는 다음의 틀을 사용한다.

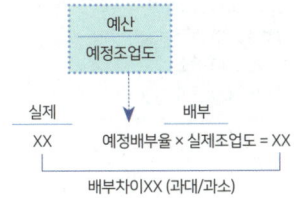

예제 5 · 제조원가배부차이(2)

㈜한국은 정상개별원가계산제도를 적용하고 있다. ㈜한국의 제조간접원가의 배부기준은 직접노동시간이며, 20X1년 제조간접원가 예산은 ₩900,000이고, 직접노동 예상 시간은 45,000시간이었다. 20X1년 6월 작업별 직접노동시간은 다음과 같다.

구분	#101	#102	#103	합계
직접노동시간	1,000	1,750	1,200	3,950

20X1년 6월 제조간접원가 실제발생액이 ₩77,000일 때, 제조간접원가 배부차이는 얼마인가?

풀이
제조간접원가 예정배부율 = ₩900,000/45,000시간 = ₩20/시간
제조간접원가 예정배부액 = 3,950시간 × ₩20/시간 = ₩79,000
실제발생액 < 예정배부액이므로, 과대배부 ₩2,000이 발생하였다.

예정배부액	₩79,000
실제발생액	₩77,000
합계	(+)₩2,000

정답 과대배부 ₩2,000

오쌤 Talk
예제 5

예제 5 는 직접노동시간이 조업도가 된다. 예상직접노동시간은 예정조업도이고, 각 작업별로 주어진 직접노동시간이 실제조업도이다. 다만, 전체 발생액과의 차이를 물어보는 문제이므로 각 작업별 실제조업도는 의미가 없고, 공장 전체의 실제조업도를 사용해야 한다.

3-3 제조간접원가 배부차이 조정

정상개별원가계산은 예정배부율을 이용하여 제조간접원가를 배부하므로, 재고자산 가액과 매출원가는 예정배부액으로 표시된다. 이는 실제원가를 반영하고 있지 않으므로, 재무제표 작성 시에는 **배부차이금액을 재고자산과 매출원가에 반영하여 실제원가로 표시**해야 한다. 과소배부금액은 재고자산과 매출원가에 가산하고, 과대배부금액은 차감한다.

(1) 매출원가조정법

매출원가조정법은 배부차이가 중요하지 않고 금액이 미미한 경우에 적용한다. 매출원가조정법은 **배부차이를 매출원가에서만 조정하는 방법**이다. 과소배부액은 매출원가에 가산하고, 과대배부액은 매출원가에서 차감한다.

배부차이를 전액 매출원가에서 조정하기 때문에 **기말재공품과 기말제품의 제조간접원가는 계속해서 예정배부액으로 기록**된다.

(2) 비례배분법

비례배분법은 원가차이가 중요하거나 금액이 큰 경우에 조정하는 방법이다. 비례배분법은 배부차이를 재공품, 제품, 매출원가에 나누어 조정한다.

① 총원가기준법

총원가기준법은 배부차이를 기말재공품, 기말제품, 매출원가에 집계된 총원가의 비율에 따라 조정하는 방법이다. 원가요소법에 비해서 간편하다는 장점이 있다.

② 원가요소법

원가요소법은 배부차이를 기말재공품, 기말제품, 매출원가에 집계된 제조간접원가의 비율(당기제조간접원가 예정배부액)에 따라 조정하는 방법이다. 이 경우, **처음부터 실제원가 계산을 적용했을 때와 동일한 결과가 나온다.**

(3) 영업외손익조정법

배부차이를 모두 영업외손익으로 조정하는 방법이다. 즉, 배부차이가 원가성이 인정되지 않을 때 사용하는 방법이다. 예를 들어, 배부의 차이가 발생한 원인이 공장의 화재나 도난 등 비정상적인 원인에 의한 것이라면 이는 제조원가가 아닌 영업외비용으로 인식한다.

확인문제

05. 한국은 20X1년 초 영업을 개시하고, 정상개별원가계산을 채택하였다. 20X1년 제조간접원가 실제발생액은 ₩70,000, 예정배부액은 ₩60,000이고, 기말 계정잔액은 다음과 같다.

기말재공품	기말제품	매출원가
₩56,000	₩70,000	₩154,000

제조간접원가의 배부차이를 매출원가조정법에 의해 회계처리할 때, 총원가기준 비례배분법에 의한 회계처리에 비해 당기순이익에 미치는 영향은?

기출처 2022. 국가직 7급

① ₩4,500 감소
② ₩4,500 증가
③ ₩5,500 감소
④ ₩5,500 증가

정답 ①

예제 6 제조원가 배부차이 조정

새롭게 사업을 시작한 ㈜서울은 직접노무시간 기준으로 제조간접원가를 예정배부하는 정상개별원가계산을 사용하며, 제조간접원가 배부차이는 매출원가에서 전액 조정한다. ㈜서울은 당기에 두 개의 작업 #101과 #102를 수행하여 #101은 완성하여 판매하였으며, #102는 완성되지 않았다. 관련 자료가 다음과 같을 때, 정상개별원가계산을 적용한 경우와 비교하여 실제개별원가계산의 당기영업이익은 얼마나 변화하는가?

기출처 2017. 서울시 9급 수정

구분	#101	#102
실제 직접노무시간	200시간	200시간
제조간접원가 예산	₩300,000	
예정조업도	300시간	
실제 제조간접원가	₩450,000	

풀이

(1) 영업이익의 차이는 제조원가가 판매분(#101)으로 얼마나 배부되었는지의 차이이다. 또한 제조간접원가의 배액의 차이를 매출원가(비용)으로 전액 조정하기로 하였으므로 배부액 차이만큼 영업이익의 차이가 발생할 것이다.

(2) 정상개별원가계산에서의 제조간접원가 배분(#101)
- 예정배부율 = 예산/예정조업도 = ₩300,000/300시간 = ₩1,000/시간
- 배부액 = 예정배부율×실제조업도 = ₩1,000/시간 × 200시간 = ₩200,000(#101) (비용)
  = ₩1,000/시간 × 200시간 = ₩200,000(#102)
- 배부액 차이 = ₩450,000 − ₩400,000 = ₩50,000 과소배부 (매출원가에 전액 반영)

(3) 실제개별원가계산에서의 제조간접원가 배분(#101)
- 실제 제조간접원가 = ₩450,000
- 배부액 = ₩450,000 × 200시간/400시간 = ₩225,000 (비용)

∴ 정상개별원가계산에서는 비용으로 인식되는 부분이 ₩200,000 + ₩50,000(과소배부액) = ₩250,000이다. 그러나 실제개별원가계산에서는 비용으로 인식되는 부분이 ₩225,000이다. 그러므로 실제개별원가계산이 정상개별원가계산보다 ₩25,000만큼 이익을 더 인식하게된다.

정답 ₩25,000 이익 증가

OX 퀴즈

다음 문장의 경우 올바른 설명에는 O, 틀린 설명에는 ×를 하고 틀린 설명은 수정하시오.

① 개별원가계산은 동종제품을 대량으로 반복하여 생산하는 기업에 적합한 원가계산방법이다. (   )

② 실제개별원가계산은 제조간접원가 예정배부율에 따라 제조간접원가를 배부한다. (   )

③ 실제개별원가계산에서는 제조간접원가 발생액과 제조간접원가 배부액이 일치한다. (   )

④ 실제개별원가계산은 실제 자료를 이용하므로 원가추정이 필요가 없지만 제품원가계산을 바로 외부 보고용 재무제표에 반영할 수 없다. (   )

⑤ 정상개별원가계산은 제조간접원가의 실제발생액을 배부 기준이 되는 기준조업도로 나누어 예정배부율을 산정하고 실제 배부기준이 집계되면 바로 배부하여 제품의 원가를 계산할 수 있도록 하는 제도이다. (   )

⑥ 정상개별원가계산을 적용하고 배부차이를 매출원가에서 전액 조정하는 기업이, 실제 발생된 제조간접원가가 예정 배부된 제조간접원가보다 작으면 외부에 보고되는 당기손익을 감소시킨다. (   )

⑦ 정상개별원가계산에서는 직접노무원가와 제조간접원가를 예정배부율에 의해 배부한다. (   )

⑧ 정상개별원가계산에서 제조간접원가의 배부차이를 원가요소별 비례배분법을 통해 조정하는 경우는 실제원가계산을 적용했을 경우와 동일한 결과가 나온다. (   )

OX 풀이

❶ ✕ 개별원가계산은 종류와 규격이 상이한 제품을 개별적으로 생산하는 기업에 적합한 원가계산 방법이다.

❷ ✕ 실제개별원가계산은 제조간접원가 실제배부율에 따라 제조간접원가를 배부한다.

❸ ○

❹ ✕ 실제개별원가계산은 실제 자료를 이용하기 때문에 원가추정이 필요가 없으므로 바로 외부 보고용 재무제표에 반영할 수 있다.

❺ ✕ 정상개별원가계산은 제조간접원가 실제 발생액이 아닌 제조간접원가 예산을 통해 예정배부율을 산정하고 실제 조업도를 기준으로 제조간접원가를 배부한다.

❻ ✕ 배부된 제조간접원가가 실제보다 과다하게 배부되었으므로 과대배부된 제조간접원가를 매출원가에서 조정해주어야 한다. 그러므로 매출원가가 줄어들기 때문에 이익은 증가한다.

❼ ✕ 예정배부율을 통해 배부하는 원가는 간접원가로 제조간접원가만 해당된다. 직접노무원가는 직접원가로 실제발생액을 집계한다.

❽ ○

실전훈련

01 다음 자료는 개별원가계산제도를 이용하여 원가계산을 하는 ㈜한국의 작업 B5와 관련된 것이다.

〈당기 작업 B5 – 작업원가표〉

일자	직접재료원가		직접노무원가		제조간접원가	
	재료출고 명세서 No.	금액	작업시간 보고서 No.	금액	배부율	배부금액
3. 1.	#1	₩140,000	#1	₩78,000	₩1,000/시간	₩250,000
3. 10.	#2	₩180,000	#2	₩95,000		

B5관련 기초재공품 금액은 ₩45,000이며, 당기에 완성되었다. B5의 제품원가는 얼마인가?

① ₩538,000　② ₩720,000　③ ₩743,000　④ ₩788,000

02 ㈜한국은 개별원가시스템을 사용하고 있으며, 직접노무원가를 기준으로 제조간접원가를 배분한다. 당기 제조간접원가 배부율은 A부문의 경우 200%, B부분의 경우 60%이다. 작업 #101은 당기에 착수하여 완성되었다. #101의 원가가 다음과 같을 때 총제조원가는 얼마인가?

원가요소	A	B
직접재료원가	₩80,000	₩70,000
직접노무원가	₩60,000	?
제조간접원가	?	₩150,000

① ₩500,000　② ₩570,000　③ ₩730,000　④ ₩760,000

01 B5는 당기에 완성되었으므로, 투입된 모든 원가는 제품원가를 구성한다.

기초재공품	₩45,000
직접재료원가	₩320,000
직접노무원가	₩173,000
제조간접원가	₩250,000
제품원가	₩788,000

02 A부문의 제조간접원가는 직접노무원가의 200%를 배분하므로, 제조간접원가 = ₩60,000 × 200% = ₩120,000
B부문의 제조간접원가는 직접노무원가의 60%를 배분하므로, 직접노무원가 = ₩150,000 ÷ 0.6 = ₩250,000

원가요소	A	B
직접재료원가	₩80,000	₩70,000
직접노무원가	₩60,000	₩250,000
제조간접원가	₩120,000	₩150,000
	₩260,000	₩470,000

그러므로 총제조원가는 ₩730,000이다.

답　01 ④　02 ③

03 20X1년도에 설립된 ㈜한국은 개별원가계산방법을 적용하고 있으며, 20X1년도 제품 생산과 관련된 정보는 다음과 같다. ㈜한국이 직접노무원가의 140%를 제조간접원가에 배부할 경우 C 제품 생산에 투입된 직접노무원가는?

기출처 2023. 국가직 9급

구분	A 제품	B 제품	C 제품
제품 관련 정보	생산 완료 및 판매	생산 미완료	생산 완료 및 미판매
제조원가 대비 가공원가 비율	60%	40%	40%
당기총제조원가	₩240,000		
당기제품제조원가	₩180,000		
매출원가	₩60,000		

① ₩16,000　　　　　　　　　② ₩20,000
③ ₩24,000　　　　　　　　　④ ₩28,000

풀이

03 (1) A제품은 생산완료 및 판매되었으므로 A제품의 제조원가는 매출원가에 해당한다. B제품은 생산이 미완료되었으므로 B제품의 제조원가는 기말재공품에 해당한다. C제품은 생산완료 및 미판매되었으므로 C제품의 제조원가는 제품의 원가에 해당된다.
(2) C제품의 제조원가 = 당기 총 제품의 제조원가(A의 제조원가 + C의 제조원가) - 매출원가(A의 제조원가)
= ₩180,000 - ₩60,000 = ₩120,000
(3) C제품의 가공원가 = C제품의 제조원가 × 40% = ₩120,000 × 40% = ₩48,000
(4) C제품의 제조간접원가는 직접노무원가의 140%를 배부하므로, 직접노무원가를 a라고 하면
　가공원가 = a + 1.4a = ₩48,000
　∴ a = 직접노무원가 = ₩20,000

답　03 ②

04 ㈜한국은 정상개별원가계산을 적용하고 있으며, 기계가동시간을 기준으로 제조간접원가를 예정배부한다. ㈜한국의 20X1년 제조간접원가 관련 자료가 다음과 같을 때, 실제 발생한 제조간접원가는?

기출처 2023. 지방직 9급

제조간접원가 예산	₩150,000
예상 기계가동시간	3,000시간
실제 기계가동시간	3,200시간
제조간접원가 배부차이	₩5,000 과소배부

① ₩155,000
② ₩165,000
③ ₩170,000
④ ₩175,000

05 ㈜한국은 정상개별원가계산을 사용하고 있으며, 제조간접원가는 직접재료원가를 기준으로 배부하고 있다. 2016년 말 ㈜한국의 제조간접원가 과대 또는 과소배부액은?

기출처 2016. 지방직 9급

	2016년도 예산	2016년도 실제발생액
직접재료원가	₩2,000,000	₩3,000,000
직접노무원가	₩1,500,000	₩2,200,000
제조간접원가	₩3,000,000	₩4,550,000

① 과대배부액 ₩150,000
② 과대배부액 ₩50,000
③ 과소배부액 ₩150,000
④ 과소배부액 ₩50,000

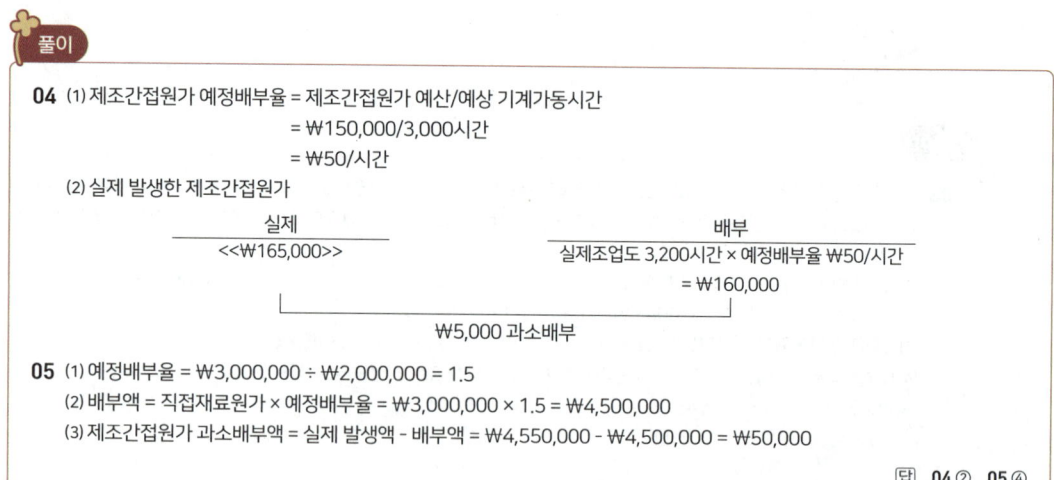

04 (1) 제조간접원가 예정배부율 = 제조간접원가 예산/예상 기계가동시간
= ₩150,000/3,000시간
= ₩50/시간
(2) 실제 발생한 제조간접원가

실제	배부
<<₩165,000>>	실제조업도 3,200시간 × 예정배부율 ₩50/시간 = ₩160,000

₩5,000 과소배부

05 (1) 예정배부율 = ₩3,000,000 ÷ ₩2,000,000 = 1.5
(2) 배부액 = 직접재료원가 × 예정배부율 = ₩3,000,000 × 1.5 = ₩4,500,000
(3) 제조간접원가 과소배부액 = 실제 발생액 - 배부액 = ₩4,550,000 - ₩4,500,000 = ₩50,000

답 04 ② 05 ④

06~07 ㈜한국은 개별원가계산방법에 의해 제조간접원가를 배부하고 있다. 회사는 제조간접원가를 예정배부하고 있으며, 예정배부율은 직접노무원가의 200%이다. 제조간접원가 배부차액은 매출원가에서 조정하고 있다. 원가정보는 다음과 같다.

- 전기에 작업에 착수하여 당기초에 미완성된 작업지시서 #1을 보유하고 있으며, 원가는 다음과 같다.

직접재료원가	₩30,000
직접노무원가	₩20,000
제조간접비배부액	₩40,000

- 작업지시서 #2, #3은 당기에 작업에 착수하였으며, 각 발생 원가는 다음과 같다.

직접재료원가 #2	₩40,000
직접노무원가 #2	₩60,000
직접재료원가 #3	₩60,000
직접노무원가 #3	₩80,000
총제조간접원가 실제발생액	₩300,000

당기 말 현재 미완성 작업지시서 #3은 미완성 상태이고, #1, #2는 판매되었다.

06 제품으로 대체되는 당기제품제조원가는 얼마인가?

① ₩310,000 ② ₩350,000 ③ ₩390,000 ④ ₩530,000

07 당기 매출원가에서 조정된 제조간접원가 배부차액은 얼마인가?

① 과소배부 ₩30,000 ② 과대배부 ₩30,000
③ 과소배부 ₩20,000 ④ 과대배부 ₩20,000

> **풀이**
>
> **06** 원가정보를 T계정으로 그려보면 다음과 같다.
>
> 재공품
>
> | | | | |
> |---|---|---|---|
> | 기초재공품(#1) | ₩90,000 | 당기제품제조원가 | <<₩310,000>> |
> | 당기투입 | | | |
> | - 직접재료원가 | ₩100,000 | | |
> | - 직접노무원가 | ₩140,000 | | |
> | - 제조간접비배부액 | ₩280,000 | 기말재공품(#3) | ₩300,000 |
> | | ₩610,000 | | ₩610,000 |
>
> **07** 실제발생액   ₩300,000
>   예정배부액   ₩280,000
>   과소배부   ₩20,000
>
> 답 06 ① 07 ③

08 정상개별원가계산을 적용하는 경우 발생할 수 있는 제조간접원가 배부차이에 대한 설명 중 옳지 않은 것은?

기출처 2021. 지방직 9급

① 제조간접원가 배부차이는 회계기간 중에 배분된 제조간접원가 예정배부액과 회계기말에 집계된 제조간접원가 실제발생액의 차이로 발생한다.
② 원가요소별 비례배분법은 기말의 재공품, 제품 및 매출원가에 포함되어 있는 제조간접원가 실제배부액의 비율에 따라 제조간접원가 배부차이를 조정한다.
③ 제조간접원가 배부 시 실제배부율은 사후적으로 계산되지만, 예정배부율은 기초에 사전적으로 계산된다.
④ 제조간접원가 과대배부액을 매출원가조정법에 의해 회계처리하는 경우, 매출원가가 감소하게 되므로 이익이 증가하는 효과가 있다.

09 ㈜한국은 정상개별원가계산을 적용하고 있으며, 기계가동시간을 기준으로 제조간접원가를 예정배부한다. ㈜한국의 20X1년 제조간접원가 관련 자료가 다음과 같을 때 예정기계가동시간은?

기출처 2024. 지방직 9급

○ 제조간접원가 예산	₩500,000
○ 실제 발생한 제조간접원가	₩600,000
○ 실제 기계가동시간	45,000시간
○ 제조간접원가 배부차이	₩150,000 과소배부

① 50,000시간 ② 60,000시간
③ 70,000시간 ④ 80,000시간

풀이

08 ② 원가요소별 비례배분법은 기말의 재공품, 제품 및 매출원가에 포함되어 있는 제조간접원가의 예정배부액의 비율에 따라 제조간접원가 배부차이를 조정한다. 즉, 제조간접원가의 실제배부액의 비율에 따라 배부차이를 조정하는 것이 아니라, 제조간접원가의 예정배부액의 비율에 따라 배부차이를 조정하여 배부한다.

09 (1) 배부차이 반영한 제조간접원가 = ₩600,000 - ₩150,000 = ₩450,000
  (2) ₩450,000 = 실제배부기준수 × 예정배부율 = 45,000시간 × 예정배부율
    ∴ 예정배부율 = ₩10/시간
  (3) 예정기계가동시간 = 제조간접원가 예산/예정배부율 = ₩500,000/₩10 = 50,000시간

답 08 ② 09 ①

10 ㈜한국은 개별원가계산제도를 사용하고 있으며 직접노무원가를 기준으로 제조간접원가를 예정배부하고 있다. 2013년 6월의 제조원가 관련 정보가 다음과 같을 때, 과소 또는 과대 배부된 제조간접원가에 대한 수정분개로 옳은 것은? (단, 과소 또는 과대 배부된 금액은 매출원가로 조정한다.)

기출처 2013. 지방직 9급

- 직접노무원가와 제조간접원가에 대한 예산은 각각 ₩200,000과 ₩250,000이다.
- 직접재료원가 ₩520,000과 직접노무원가 ₩180,000이 발생되었다.
- 실제 발생한 총제조간접원가는 ₩233,000이다.

	차변		대변	
①	제조간접원가	₩8,000	매출원가	₩8,000
②	매출원가	₩8,000	제조간접원가	₩8,000
③	매출원가	₩17,000	제조간접원가	₩17,000
④	제조간접원가	₩17,000	매출원가	₩17,000

11 ㈜한국은 정상개별원가계산방법에 의해 제조간접원가를 배부하고 있다. 당기에 제조간접원가 과소배부가 ₩30,000 발생하였을 때, 원가요소법에 의해 배부차이를 배분하면 당기 매출원가는 얼마인가?

	기말재공품	기말제품	매출원가
직접재료원가	₩10,000	₩20,000	₩30,000
직접노무원가	₩45,000	₩35,000	₩60,000
제조간접원가 배부액	₩25,000	₩25,000	₩50,000
합계	₩80,000	₩80,000	₩140,000

① ₩125,000 ② ₩126,000 ③ ₩154,000 ④ ₩155,000

풀이

10 (1) 제조간접원가예정배부율 = 제조간접원가예산/직접노무원가 = ₩250,000/₩200,000 = 1.25
(2) 제조간접원가예정배부액 = 직접노무원가 × 제조간접원가예정배부율 = ₩180,000 × 1.25 = ₩225,000
(3) 실제 제조간접원가 발생액 = ₩233,000
∴ 차이 = 제조간접원가예정배부액 - 실제제조간접원가발생액 = ₩225,000 - ₩233,000 = (₩8,000)
실제보다 ₩8,000 과소배부된 금액은 매출원가로 조정하기 때문에 제조간접원가를 매출원가로 인식하는 분개를 기록해야 한다.

11 원가요소법은 배부차이를 재공품, 제품, 매출원가의 제조간접원가 비율에 따라 조정한다.
매출원가에 배부될 원가차이 = ₩30,000 × (₩50,000 ÷ ₩100,000) = ₩15,000
과소배부이므로, ₩15,000을 원가에 가산해야한다.
당기매출원가 = ₩140,000 + ₩15,000 = ₩155,000

답 10 ② 11 ④

12 ㈜한국은 정상원가계산을 적용하여 제조간접원가 배부차이 금액을 재공품, 제품, 매출원가의 조정 전 기말잔액의 크기에 비례하여 배분한다. 다음 자료를 이용하여 제조간접원가 배부차이 조정 전후 설명으로 옳지 않은 것은?

기출처 2020. 국가직 9급

	조정 전 기말잔액	
재공품	₩500,000	• 실제발생 제조간접비 ₩1,000,000
제품	₩300,000	• 예정배부된 제조간접비 ₩1,100,000
매출원가	₩1,200,000	• 재공품과 제품의 기초재고는 없는 것으로 가정한다.
합계	₩2,000,000	

① 조정 전 기말잔액에 제조간접원가가 과대배부되었다.
② 제조간접원가 배부차이 금액 중 기말 재공품에 ₩25,000이 조정된다.
③ 제조간접원가 배부차이 조정 후 기말 제품은 ₩315,000이다.
④ 제조간접원가 배부차이 조정 후 매출원가 ₩60,000이 감소된다.

12 (1) 제조간접원가 과대배부액 = 예정 배부액 - 실제 발생액 = ₩1,100,000 - ₩1,000,000 = ₩100,000
(2) 재공품, 제품, 매출원가의 기말잔액의 크기에 비례하여 배분하는 방법은 총원가비례배분법이다.
과대배부액 ₩100,000은 각 원가에서 차감한다.

구분	조정전기말잔액	비율	배분
재공품	₩500,000	25%	₩25,000
제품	₩300,000	15%	₩15,000
매출원가	₩1,200,000	60%	₩60,000
계	₩2,000,000	100%	₩100,000

∴ 배부차이 조정 후 기말제품은 ₩300,000 - ₩15,000 = ₩285,000 이다.

답 12 ③

13 정상개별원가계산을 적용하는 ㈜대한은 제조간접원가를 예정배부하며, 예정배부율은 직접노무원가의 50%이다. 제조간접원가의 배부차이는 매기말 매출원가에서 전액 조정한다. 당기에 실제 발생한 직접재료원가는 ₩24,000이며, 직접노무원가는 ₩16,000이다. 기초재공품은 ₩5,600이며, 기말재공품에는 직접재료원가 ₩1,200과 제조간접원가 배부액 ₩1,500이 포함되어 있다. 또한 기초제품은 ₩4,700이며 기말제품은 ₩8,000이다. 제조간접원가 배부차이를 조정한 매출원가가 ₩49,400이라면 당기에 발생한 실제 제조간접원가는?

기출처 2014. 지방직 9급

① ₩8,000
② ₩10,140
③ ₩12,800
④ ₩13,140

13 (1) 당기총제조원가(예정)
직접재료원가 + 직접노무원가 + 제조간접원가(예정배부) = ₩24,000 + ₩16,000 + ₩16,000 × 50% = ₩48,000

(2) 당기완성품의 원가

재공품

기초	₩5,600	완성품원가	<<₩47,900>>
당기총제조원가	₩48,000	기말재공품	₩5,700*
	₩53,600		₩53,600

* ₩1,200 + ₩1,500/50% + ₩1,500 = ₩5,700

(3) 당기매출원가(예정)

제품

기초	₩4,700	매출원가	<<₩44,600>>
완성품원가	₩47,900	기말	₩8,000
	₩52,600		₩52,600

배부차이를 조정한 매출원가 - 예정배부기준 매출원가 = 배부차이 = ₩49,400 - ₩44,600 = ₩4,800

(4) 당기발생 실제제조간접원가 = 예정배부 제조간접원가 + 배부차이 = ₩8,000 + ₩4,800 = ₩12,800

답 13 ③

04 종합원가계산

Teacher's Map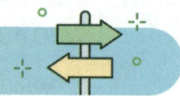

❶ 종합원가계산에서의 원가 흐름

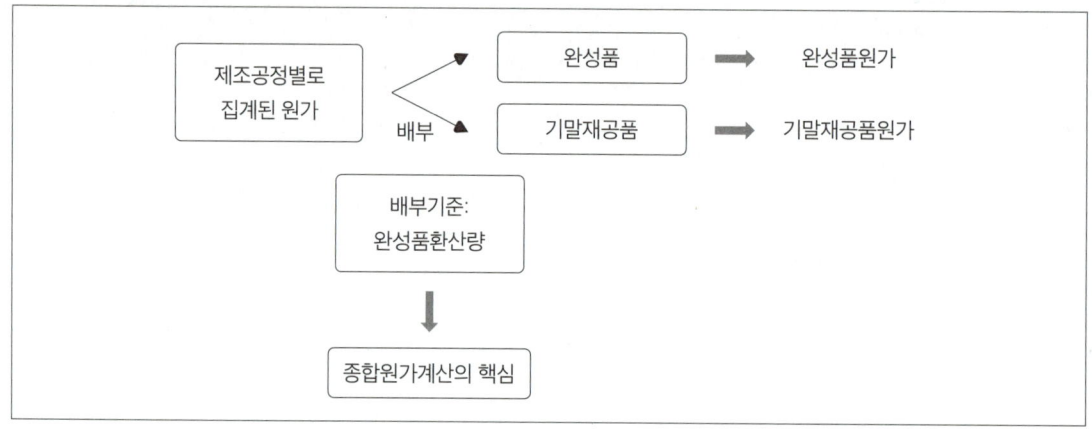

❷ 완성품 환산량

완성품환산량 = 수량 × 완성도
완성도 = 실제투입액 ÷ 완성품에 투입되어야 할 원가

❸ 종합원가계산 방법

1) 평균법: 기초재공품의 기완성도를 무시하고, 당기에 투입한 것으로 가정

2) 선입선출법: 전기에 착수한 기초재공품이 당기에 우선적으로 완성되고, 그 이후에 착수된 수량이 완성품과 기말재공품이 된다고 가정

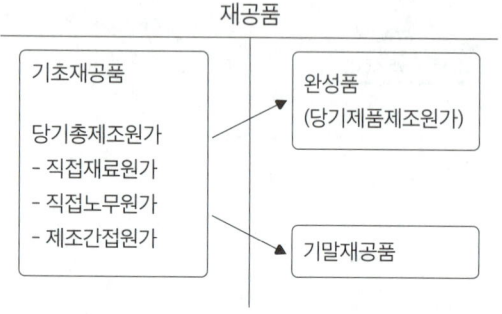
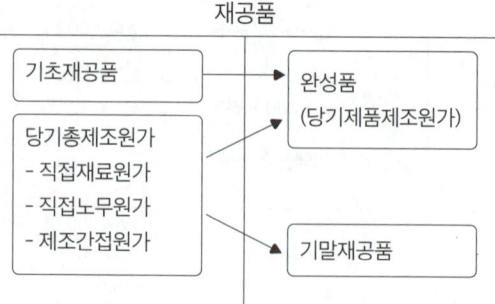

❹ 평균법과 선입선출법의 비교

◆ **평균법과 선입선출법의 완성품 환산량의 차이**
① 기초재공품이 가지고 있는 완성도에 따라 차이가 발생
② 즉, 기초재공품이 없다면 두 방법은 완성품환산량이 일치함

◆ **평균법과 선입선출법의 완성품 환산량 단위당 원가의 산정**

<평균법>	<선입선출법>
기초재공품원가	당기발생원가
+ 당기발생원가	
= 총원가	
÷ 총완성품환산량	÷ 당기완성품환산량
= 환산량 단위당 원가	= 환산량 단위당 원가

❺ 공손품

공손품의 개념	불량품 품질이 미달되는 불합격품	정상품 정상적인 판매가치를 지니는 생산물
판단시점	검사시점에 판단(기말재공품이 검사시점을 통과했다면, 기말재공품도 정상품에 해당)	
공손의 구분	① 정상공손: 정상품 생산을 위해 필연적으로 발생되는 공손(정상품의 원가에 가산) ② 비정상공손: 능률적인 생산조건하에서는 발생하지 않을 것으로 예상되는 공손(발생기간 비용처리)	
정상공손수량의 파악	검사에 합격한 수량 기준	정상공손허용량 = 당기 중 검사를 **통과한** 정상품 × 정상공손허용률
	검사시점에 도달한 수량 기준	정상공손허용량 = 당기 중 **검사를 받은** 수량(검사시점 도달 수량) × 정상공손허용률

1 종합원가계산의 의의

종합원가계산은 정유업, 제지업 등과 같이 동종 제품을 연속적으로 대량 생산하는 기업에서 사용하는 원가계산방법이다. **표준품을 대량으로 생산하는 방식이므로 개별제품의 원가를 일일이 구하는 것은 번거롭고 의미가 없다.** 그러므로 일정기간 동안 투입한 원가를 총 생산량으로 나누어 단위당 원가를 구하는 방식으로 접근하게 되는데 이를 종합원가계산이라고 한다. 개별원가계산은 개별 작업별로 작성된 작업원가표를 기초로 하여 원가계산을 하였으나, 종합원가계산에서는 제조공정별로 제조원가보고서를 작성하여 원가계산을 수행한다.

[개별원가계산과 종합원가계산의 차이]

구분	개별원가계산	종합원가계산
생산형태	다품종 소량 주문 생산업체 ex) 조선업, 항공기산업, 기계공업, 건설업, 병원 등	동종제품의 대량 연속 생산업체 ex) 시멘트공업, 정유화학업, 제지업, 반도체제조업, 철강제조업, 섬유업 등
원가집계	개별 작업별 집계	제조 공정별 집계
원가구분	개별 작업에 대한 추적 가능성 중시 • 제조직접원가(직접재료원가, 직접노무원가) • 제조간접원가	원가투입형태 중시 • 재료비(직접재료원가) • 가공비(직접노무원가, 제조간접원가)
원가계산방법	• 제조직접원가는 개별 작업에 직접 추적 • 제조간접원가는 제조간접원가 배부율을 이용하여 개별 작업에 배부	완성품환산량을 기준으로 제조공정별로 집계된 원가를 완성품과 기말재공품에 인위적으로 배부
완성품원가	완성된 작업의 작업원가표에 집계된 원가	완성품의 완성품환산량 × 완성품환산량당 단위원가
기말재공품원가	미완성된 작업의 작업원가표에 집계된 원가	기말재공품의 완성품환산량 × 완성품환산량당 단위원가
정확성	상대적으로 정확성이 높음	상대적으로 정확성이 낮음

 확인문제 최신

01. 석유화학산업 등과 같이 표준화된 작업공정을 통해 한 가지 제품만을 대량 생산하는 제조환경에 적합한 원가계산 방법은?
기출처 2025, 국가직 9급

① 개별원가계산
② 종합원가계산
③ 결합원가계산
④ 활동기준원가계산

정답 ②

② 완성품환산량의 개념

완성품환산량은 일정기간에 투입한 원가를 그 기간에 완성품만을 생산하는 데 투입했더라면 완성되었을 완성품 수량으로 나타낸 수치를 말한다. 즉, 투입된 원가를 가상으로 완성품으로 표시할 경우 얼마나 생산하였을지를 나타내는 수치이다.

[완성품환산량의 개념도]

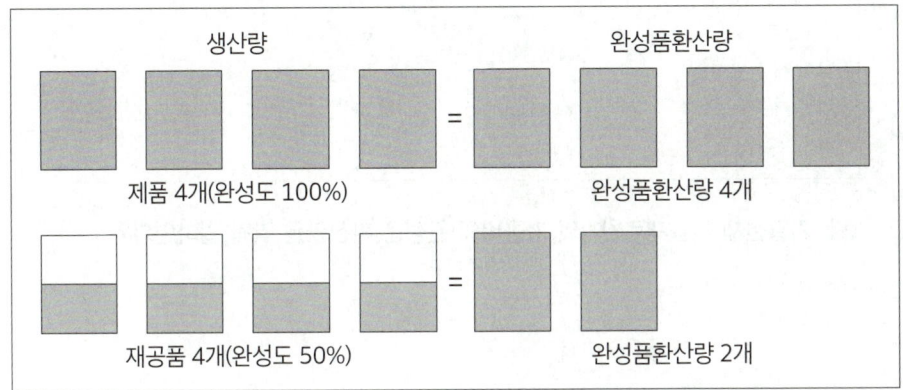

> 완성품환산량 = 수량 × 완성도
> 완성도 = 실제투입액 ÷ 완성품에 투입 되어야 할 원가

오쌤 Talk

원가의 분류

전통적으로 원가는 직접재료원가, 직접노무원가, 제조간접원가로 분류한다. 그러나 종합원가계산에서는 원가가 투입되는 방식에 따라 분류한다. 즉, 일반적으로 표준품을 대량으로 생산하는 방식에서는 원재료는 공정 착수시점에 전량이 투입되고, 나머지 직접노무원가와 제조간접원가는 가공이 진행되는 정도에 따라 투입된다고 볼 수 있다. 그러므로 종합원가에서는 원가를 3가지로 구분하지 않고 투입되는 방식에 따라 직접재료원가와 가공원가(직접노무원가 + 제조간접원가)로 구분한다.

만약, 직접재료원가도 투입되는 방식이 공정 전반에 걸쳐 균등하게 투입된다면 2가지 방식(직접재료원가와 가공원가)으로 원가를 구분하지 않고 1가지 방식(총제조원가)에 의해 원가를 배분하면 된다.

예제 1 완성품환산량

㈜한국은 하나의 공정에서 A4용지를 생산하고 있다. 재료는 공정착수시점에 전량 투입되고, 가공비는 공장 전반에 걸쳐 균등하게 발생하고 있다. 공정에 대한 원가자료는 다음과 같을 때 다음을 구하시오. (단, 기초재공품은 없다.)

당기 투입원가	
- 직접재료원가	₩1,500
- 가공비	₩2,700
당기 제품 완성량	100장
기말 재공품	50장
가공비 완성도	70%

01 기말현재 직접재료원가와 가공비의 완성품 환산량은 각각 얼마인가?

02 기말현재 완성품 원가와 기말재공품 원가는 각각 얼마인가?

[풀이]

01 직접재료원가는 공정착수시점에 전량 투입되므로, 추가로 투입될 원가가 없다. 그러므로 직접재료원가 투입의 완성도는 100%이다.

 직접재료원가 완성품 환산량 = 100 + 50 × 100% = 150장
 가공비 완성품 환산량 = 100 + 50 × 70% = 135장

02 직접재료원가는 완성품환산량 150장을 기준으로 배부하고, 가공비는 135장을 기준으로 배부한다.

	완성품원가	기말재공품원가
직접재료원가	₩1,500 × 100/150 = ₩1,000	₩1,500 × 50/150 = ₩500
가공비	₩2,700 × 100/135 = ₩2,000	(₩2,700 × 50 × 70%)/135 = ₩700
합계	₩3,000	₩1,200

정답 01 직접재료원가 150장, 가공비 135장
02 완성품원가 ₩3,000 기말재공품원가 ₩1,200

3 종합원가계산의 분류

종합원가계산은 제조원가보고서를 제조공정별로 작성하여 완성품원가와 기말재공품원가를 계산한다.

❶ 평균법

평균법은 전기에 이미 착수한 기초재공품의 기완성도를 무시하고 기초재공품 생산을 당기에 착수한 것으로 가정한다. 따라서 전기에 투입된 기초재공품원가와 당기투입된 당기총제조원가를 동일하게 취급하여 이를 합한 총원가를 완성품과 기말재공품에 배부하는 방법이다. 그러므로 실제 물량의 흐름과는 다르다.

전기에 이미 착수된 기초재공품의 기완성도를 무시하고 당기에 완성된 것으로 가정하기 때문에 당기 완성품환산량이 높게 산출된다.

그러므로 원가를 배부할 때 전기에 발생한 기초재공품의 원가와 당기투입원가를 구분하지 않고 이들을 합한 총원가를 당기까지의 작업량(총완성품환산량)을 기준으로 완성품과 기말재공품에 배부한다.

[평균법의 개념도]

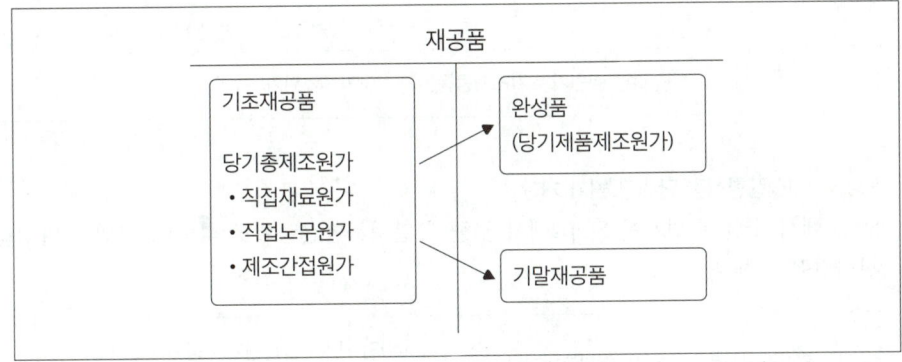

확인문제

02. 다음 중 가중평균법에 의한 종합원가계산에서 완성품환산량 단위당 원가는 어느 원가를 사용하는가?

기출처 2015. 서울시 9급

① 당기투입원가
② 당기투입원가 + 기초재공품원가
③ 당기투입원가 + 기말재공품원가
④ 당기투입원가 − 기초재공품원가

정답 ②

확인문제

03. 다음 자료를 이용하여 기말재공품원가를 구하면 얼마인가? (단, 월초재공품은 없으며 모든 원가요소는 완성도에 비례하여 발생한다.)

- 월말재공품　　　　　500개
- 완성품　　　　　　2,000개
- 월말재공품완성도　　75%
- 당월총제조원가　₩950,000

정답　₩150,000

[평균법에 의한 원가계산절차]

Step1: 물량흐름 파악

완성품수량을 기초재공품에서 완성된 수량과 당기착수에서 완성된 수량으로 구분하지 않는다.

> 기초재공품수량 + 당기착수량 = 완성품수량 + 기말재공품수량

Step2: 당기 완성품환산량

원가요소별로 완성품수량과 기말재공품 수량에 완성도를 곱한 수량을 더하여 총완성품환산량을 계산한다. 평균법은 완성품이 모두 당기 착수되었다고 가정하므로, 완성품환산량과 완성품수량은 일치한다.

> 총완성품환산량 = 완성품의 완성품환산량 + 기말재공품수량 × 원가요소별 완성도

Step3: 발생원가 집계

원가요소별로 당기에 발생한 원가와 기초재공품의 원가를 합한 배부할 총원가를 집계한다.

> 총원가 = 기초재공품원가 + 당기투입원가

Step4: 완성품환산량 단위당 원가 계산

Step3에서 구한 총원가를 Step2에서 구한 총완성품환산량으로 나누어 단위당 완성품환산량을 구한다.

> 완성품환산량 단위당원가(평균단가) = $\dfrac{\text{[Step3] 기초재공품원가 + 당기투입원가}}{\text{[Step2] 총완성품환산량}}$

Step5: 완성품원가와 기말재공품원가 계산

Step2의 완성품환산량에 Step4의 완성품환산량당 단위당원가를 곱하여 완성품원가와 기말재공품원가를 계산한다.

예제 2 **평균법**

㈜한국은 종합원가계산 방법에 의해 원가를 배부하고 있다. 물량의 흐름과 원가관련 정보는 다음과 같을 때 평균법에 의한 기말재공품과 완성품원가를 구하면 각각 얼마인가?

재공품의 수량, 완성도, 원가정보는 다음과 같다. 당기 완성품수량은 1,300개이고, 당기 발생 재료비는 ₩120,000, 가공비는 ₩192,000이다.

	수량	재료비 완성도	가공비 완성도	재료비	가공비
기초재공품	300	100%	60%	₩30,000	₩100,000
기말재공품	200	100%	80%		

[풀이]

Step1: 물량흐름 파악

재공품

기초재공품	300	완성품수량	1,300
당기착수량	1,200	기말재공품	200
	1,500		1,500

Step2: 당기 완성품환산량

재료비는 100% 투입되었으므로, 재료비 기말재공품의 완성품환산량은 200이다.

	재료비	가공비
완성품	1,300	1,300
기말재공품	200 × 100% = 200	200 × 80% = 160
	1,500	1,460

Step3: 발생원가 집계

직접재료원가 총원가 = ₩30,000 + ₩120,000 = ₩150,000
가공비 총원가 = ₩100,000 + ₩192,000 = ₩292,000

Step4: 완성품환산량 단위당 원가 계산

	재료비	가공비
완성품환산량 단위당 원가	₩150,000 ÷ 1,500 = ₩100	₩292,000 ÷ 1,460 = ₩200

Step5: 완성품원가와 기말재공품원가 계산

	완성품원가	기말재공품원가
직접재료원가	₩100 × 1,300 = ₩130,000	₩100 × 200 = ₩20,000
가공비	₩200 × 1,300 = ₩260,000	₩200 × 160 = ₩32,000
합계	₩390,000	₩52,000

정답 기말재공품원가 ₩52,000, 완성품 원가 ₩390,000

오쌤 Talk

평균법

평균법하의 원가를 산정할때는 다음 두 가지를 주의한다.
① 기초재공품의 완성품환산량 산정
기초재공품의 기초 완성도는 무시한다. 당해 100%가 완성된 것으로 가정하여야 한다. 그러므로 기초재공품의 재료비와 가공비의 당해 완성도는 주어진 자료와 무관하게 100%이다.
② 발생원가
기초재공품의 재료비와 가공비는 당해 발생한 것으로 가정한다. 그러므로 당기에 배부할 전체 원가를 산정할 때, 기초재공품의 가지고 있는 원가와 당기 실제 발생한 원가를 합하여 전체 배분할 원가를 먼저 산정하고 접근한다.

확인문제

04. 종합원가계산에서 완성품환산량 산출 시 선입선출법이나 평균법 어느 것을 적용하든지 완성품환산량의 단위당 원가가 동일한 경우는?

기출처 2013. 국가직 9급

① 기초재고가 전혀 없는 경우
② 표준원가계산 방법을 사용하는 경우
③ 기말재고가 전혀 없는 경우
④ 기초재고와 기말재고의 완성도가 50%로 동일한 경우

정답 ①

❷ 선입선출법

선입선출법은 전기에 착수한 기초재공품이 당기에 우선적으로 완성품으로 완성되고, 그 이후에 착수된 수량이 완성품과 기말재공품이 된다고 가정하고 계산하는 방법이다. 실제 물량의 흐름에 보다 충실한 원가흐름가정이다.

따라서 선입선출법은 기초재공품원가는 우선적으로 완성품 원가에 포함시키고, 당기투입원가는 작업량에 따라 완성품과 기말재공품에 배부한다.

만약, 기초재공품이 존재하지 않는다면 평균법과 선입선출법은 완성품의 원가와 기말재공품의 원가가 일치한다. 평균법과 선입선출법의 구분은 기초 재공품의 완성도에 대한 가정의 차이 때문에 구분되는 것이기 때문이다.

[선입선출법의 개념도]

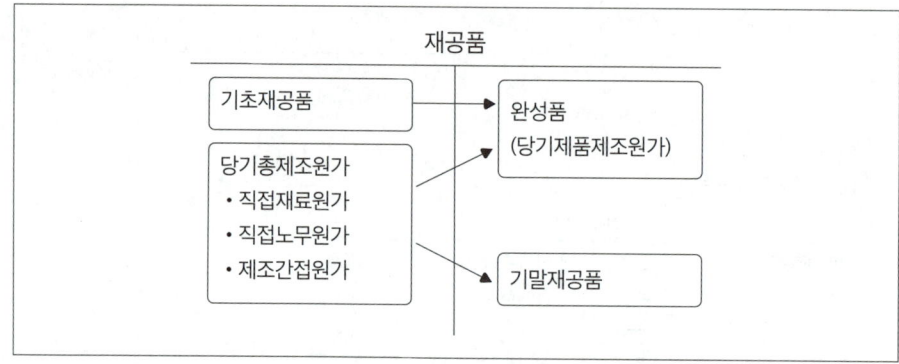

[선입선출법에 의한 원가계산절차]

Step1: 물량흐름 파악
완성품수량을 기초재공품에서 완성된 수량과 당기착수에서 완성된 수량으로 구분한다.

> 기초재공품수량 + 당기착수량 = 완성품수량(기초재공품수량 + 당기착수완성품수량) + 기말재공품수량

Step2: 당기 완성품환산량 계산
선입선출법은 당기에 투입된 완성도만을 고려하여 완성품환산량을 계산하므로, 당기작업량을 의미한다.

> 당기 완성품환산량
> = 기초재공품 당기 추가 작업량의 완성품환산량 + 당기착수완성품의 완성품환산량 + 기말재공품 완성품

Step3: 발생원가 집계
선입선출법은 당기투입원가를 당기 중의 작업량에 배부하므로, 원가요소별로 당기 투입원가를 집계한다.

Step4: 완성품환산량 단위당 원가 계산
Step3에서 구한 총원가를 Step2에서 구한 당기 완성품환산량으로 나누어 단위당 완성품환산량을 구한다.

> 완성품환산량 단위당원가(평균단가) = $\dfrac{\text{[Step3] 당기발생총원가}}{\text{[Step2] 당기투입완성품환산량}}$

Step5: 완성품원가와 기말재공품원가 계산
선입선출법은 기초재공품이 먼저 완성품이 되고, 당기착수량 중 일부는 완성품, 일부는 기말재공품이 된다고 가정하므로, 선입선출법 완성품 원가는 아래와 같이 구성된다.

> 완성품원가
> = 재료와 가공원가의 완성품환산량 단위당 원가 × 당기완성품의 완성품환산량 + 기초재공품의 원가

선입선출법 기말 재공품의 원가는 다음과 같이 구성된다.

> 기말재공품 원가 = 재료와 가공원가의 완성품 환산량 단위당원가 × 기말 재공품의 완성품 환산량

확인문제

05. 다음 종합원가계산 자료에 의하여 재료비와 가공비의 완성품환산량(당월작업분)을 각각 구하면 얼마인가? (단, 재공품 평가는 선입선출법에 의한다.)

당월 착수 수량	100,000개	당월 완성량	80,000개
월초 재공품 수량	10,000개 (완성도: 재료비 70%, 가공비 40%)		
월말 재공품 수량	30,000개 (완성도: 재료비 30%, 가공비 50%)		

정답 재료비 완성품환산량 82,000, 가공비 완성품환산량 91,000

예제 3 선입선출법

재공품의 수량, 완성도, 원가정보는 다음과 같다. 당기 완성품수량은 1,300개이고, 당기 발생 재료비는 ₩120,000, 가공비는 ₩192,000이다.

	수량	재료비 완성도	가공비 완성도	재료비	가공비
기초재공품	300	100%	60%	₩30,000	₩100,000
기말재공품	200	100%	80%		

㈜한국의 물량의 흐름과 원가관련 정보가 위와 같을 때, 선입선출법에 의한 기말재공품과 완성품원가를 구하면 각각 얼마인가?

[풀이]

Step1: 물량흐름 파악

재공품

기초재공품	300	완성품수량	1,300
		– 기초재공품	300
		– 당기착수완성품	1,000
당기착수량	1,200	기말재공품	200
	1,500		1,500

Step2: 당기 완성품환산량 계산

재료비는 100% 투입되었으므로, 재료비 기초재공품 완성품환산량은 0이고, 기말재공품의 완성품환산량은 200이다.

		재료비	가공비
완성품원가	기초재공품	0	300 × 40% = 120
	당기착수완성품	1,000	1,000
기말재공품원가	기말재공품	200 × 100% = 200	200 × 80% = 160
		1,200	1,280

Step3: 발생원가 집계

직접재료원가 당기투입원가 = ₩120,000
가공비 총원가 = ₩192,000

Step4: 완성품환산량 단위당 원가 계산

	재료비	가공비
완성품환산량 단위당 원가	₩120,000 ÷ 1,200 = ₩100	₩192,000 ÷ 1,280 = ₩150

Step5: 완성품원가와 기말재공품원가 계산

	완성품원가	기말재공품원가
기초재공품원가	₩30,000 + ₩100,000 = ₩130,000	해당없음
직접재료원가	₩100 × 1,000 = ₩100,000	₩100 × 200 = ₩20,000
가공비	₩150 × 1,120 = ₩168,000	₩150 × 160 = ₩24,000
합계	₩398,000	₩44,000

정답 완성품 원가 ₩398,000, 기말재공품원가 ₩44,000

오쌤 Talk

기초재공품의 가공비 완성품 환산량

예제 3 에서 기초재공품의 기초완성도(전기완성도)는 60%이다. 그러므로 당기에 가공과정에서 나머지 40%를 진행하여 최종 완성품이 되었다. 그러므로 당기 완성품환산량을 산출할 때는 기초재공품 수량 300개에 당해 진행한 가공비의 완성도 40%를 곱하여 산출해야 한다.

❸ 평균법과 선입선출법의 비교

평균법과 선입선출법의 가장 큰 차이점은 원가계산 시 기초재공품원가와 당기발생원가를 구분하느냐의 여부에 있다. 이러한 차이점으로 인해 완성품 환산량, 완성품환산량 단위당 원가, 완성품과 기말재공품으로의 원가배분금액이 달라지게 된다.

3-1 완성품환산량

평균법과 선입선출법은 완성품환산량이 달라진다. 평균법에서는 원가계산 시 기초재공품과 당기투입량을 구분하지 않고 기초재공품도 당기에 투입된 것처럼 간주하기 때문에 기초재공품의 완성도를 고려하지 않는다. 반면에 선입선출법은 기초재공품과 당기투입량을 구분하여 완성품환산량 계산 시 기초재공품의 전기완성도를 차감한다.

> 평균법과 선입선출법의 당기 완성품환산량의 차이 = 기초재공품의 완성도 × 기초재공품수량
> (평균법 완성품환산량 ≥ 선입선출법 완성품환산량)

3-2 완성품환산량 단위당 원가

평균법과 선입선출법의 완성품환산량 단위당 원가를 구하는 과정은 다르다. 평균법에서는 총원가를 총완성품환산량으로 나누어 완성품환산량 단위당 원가를 구하는 반면에, 선입선출법에서는 기초재공품원가와 당기투입원가를 구분하기 때문에 완성품원가는 기초재공품원가와 당기투입원가로 구성되고 기말재공품원가는 당기투입원가로만 구성된다고 가정한다.

[평균법과 선입선출법의 완성품 환산량 단위당원가의 산정]

<평균법>	<선입선출법>
기초재공품원가	당기발생원가
+ 당기발생원가	
= 총원가	
÷ 총완성품환산량	÷ 당기완성품환산량
= 환산량 단위당 원가	= 환산량 단위당 원가

3-3 원가배분과정

평균법과 선입선출법의 원가배분하는 과정은 상이하다. 평균법에서는 전기에 투입한 기초재공품 원가와 당기투입원가의 합계액을 완성품원가와 기말재공품원가로 배분한다. 그러나 선입선출법에서는 기초재공품의 원가가 모두 완성품의 원가로 배분되며, 당기 투입원가가 당기 완성품과 기말재공품의 원가로 나뉘어 배분된다.

[평균법과 선입선출법의 원가배분]

구분	<평균법>	<선입선출법>
전기투입 기초재공품원가	┌ 완성품의 원가	완성품의 원가
당기투입원가	└ 기말재공품의 원가	┌ 완성품의 원가
		└ 기말재공품의 원가

오쌤 Talk

평균법과 선입선출법의 차이

둘의 차이는 결국 기초재공품이 가진 완성도의 차이이다. 평균법은 기초재공품이 진행해온 완성도를 당기에 완성했다고 보는 것이고, 선입선출법은 기초재공품이 가진 완성도를 그대로 인정해주고 당기에 착수한 완성도만 당기분으로 구분해서 본다. 그러므로 기초재공품 자체가 없다면, 평균법과 선입선출법의 원가배분은 동일해진다.

> 평균법 완성품환산량
> − 선입선출법 완성품환산량
> = 기초 재공품의 완성품환산량

💎 확인문제

06. ㈜한국의 제1공정의 기초재공품은 400개, 재료비와 가공비의 완성도는 각각 80%와 40%이다. 제1공정의 생산착수량은 1,600개이며, 당기에 1,800개가 완성되었다. 기말재공품의 재료비와 가공비 완성도는 각각 80%와 50%이다. 선입선출법과 평균법에 의한 재료비의 당기완성품환산량은?

	평균법	선입선출법
①	1,660	1,940
②	1,860	1,680
③	1,960	1,640
④	1,980	1,660

정답 ③

❹ 여러 공정이 존재하는 경우 종합원가계산

4-1 원가계산

기업이 둘 이상의 연속된 제조공정을 통하여 제품을 계산하는 경우, 앞 공정의 완성품은 중간제품의 형태로 다음 공정으로 대체된다. 이때, 앞공정의 완성품 원가는 다음 공정의 제조원가를 구성하게 되는데 이를 **전공정대체원가**라고 한다.

> 제1공정의 완성품 수량 = 제2공정의 당기착수량
> 제1공정의 완성품 원가 = 제2공정의 당기투입원가 중 전공정대체원가

4-2 원가의 흐름

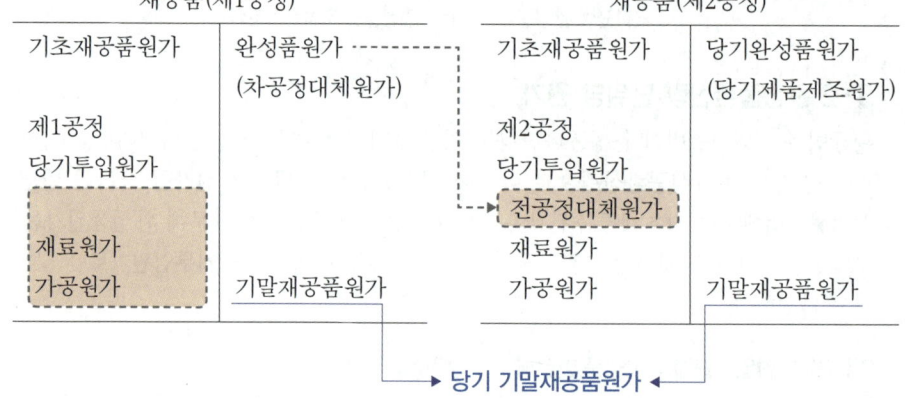

예제 4 여러 개의 제조공정이 존재하는 경우

종합원가계산을 채택하고 있는 ㈜한국의 당기의 제조활동과 원가자료는 다음과 같다.

> (1) 제품은 건조, 절삭, 마감 과정을 통해 완성된다.
> (2) 절삭공정의 물량과 원가자료
> - 기초재공품 300개 (완성도 20%)
> - 기초재공품의 원가: ₩600,000 (재료원가 ₩200,000, 가공원가 ₩400,000)
> - 당기완성품수량(차공정대체수량): 5,000개
> - 기말재공품수량: 800개 (완성도 50%)
> - 당기투입원가: ₩1,000,000(재료원가 ₩100,000, 가공원가 ₩600,000)
> (3) 재료는 공정 초에 전량 투입되며, 가공원가는 공정 전반에 걸쳐 균등하게 발생한다.

건조공정의 당기 완성품수량과 건조공정의 완성품 원가는 얼마인가?

풀이

(1) 건조공정의 당기 완성품 수량

재공품(건조공정)		재공품(절삭공정)			
당기완성품 5,500개		기초재공품	300개	당기완성품수량	5,000개
		당기착수량	5,500개	기말재공품	800개

∴ 건조공정 당기 완성품 수량 = 5,500개

(2) 건조공정의 완성품 원가

재공품(건조공정)		재공품(절삭공정)		
당기완성품 ₩300,000		기초재공품	₩600,000	
		전공정원가	₩300,000	
		당기재료 + 가공	₩700,000	
		당기투입원가	₩1,000,000	

∴ 건조공정 완성품 원가 ₩300,000

정답 완성품수량 5,500개, 완성품원가 ₩300,000

4 공손품 회계

❶ 공손품 및 정상품의 개념

공손품은 품질이 미달되는 불합격품을 말하며, 정상품(합격품)은 정상적인 판매가치를 지니는 생산물을 말한다. 정상품 여부에 대한 판단은 검사시점에 수행하며, 기말재공품이 검사시점을 통과했다면 재공품도 정상품에 포함된다.

❷ 정상공손과 비정상공손

정상공손은 정상품 생산을 위해 필연적으로 발생되는 계획된 공손으로 매기간 일정한 비율로 발생되어 예측가능하다. 특정 공정을 선택하면 어쩔 수 없이 발생하는 원가로서 정상품원가에 가산된다.

비정상공손은 능률적인 생산조건하에서는 발생하지 않을 것으로 예상되는 공손으로, 예측하지 못한 기계고장, 작업자 부주의 등으로 발생한다. 비정상공손은 통제가능한 공손이며 따라서 제품원가에 가산할 수 없고 발생한 기간에 비용으로 처리된다.

그런데 공손수량과 관련해서 평균법을 적용하나 선입선출법을 적용하나 정상공손과 비정상공손수량은 동일하게 계산된다. 왜냐하면 제품원가를 계산할 때는 먼저 수량을 파악한 후에 원가흐름의 가정에 따라 원가배부를 하기 때문이다. 즉, 원가흐름의 가정을 적용하기 전 단계에서 수량을 파악하므로 평균법, 선입선출법 중 어느 방법을 선택하느냐에 관계없이 정상공손수량과 비정상공손수량이 결정된다.

> 평균법에 의한 정상공손수량 = 선입선출법에 의한 정상공손수량

❸ 정상공손수량의 파악

정상공손수량은 다음 2가지 방법으로 파악할 수 있다.

3-1 검사시점 통과기준

당기 중 검사를 통과한 정상품에 정상공손허용률을 적용한다.

> 정상공손허용량 = 당기 중 검사를 통과한 정상품 × 정상공손허용률
> (= 당기 중 검사를 통과한 합격품, 양품)

3-2 검사시점 도달기준

당기 중 검사를 받은 수량에 정상공손허용률을 적용한다. 당기 중 검사를 받은 수량에는 공손수량도 포함되므로 정상공손수량을 산정할 때 공손수량분에 해당하는 것도 포함된다.

> 정상공손허용량 = 당기 중 검사를 받은 수량* × 정상공손허용률
> (= 당기 중 검사시점에 도달한 수량)
>
> *당기 중 검사를 받은 수량 = 당기 중 검사를 통과한 정상품 + 공손수량

오쌤 Talk
검사시점 통과기준과 도달기준의 차이

검사시점 통과기준과 도달기준의 차이는 공손수량을 포함하느냐의 차이이다. 즉, 공손품은 검사시점에 도달하지만 통과하지는 않기 때문에 정상공손수량을 계산할 때 통과기준은 공손품 수량을 빼고 통과한 정상품으로만 산정하지만 도달기준은 공손수량도 검사시점에 도달하기 때문에 정상공손수량을 계산할 때 포함하여야 한다.

오쌤 Talk
정상공손수량 계산

정상공손수량을 계산할 때, 검사시점을 도달(or 통과)했는지 확인해볼 대상은 다음 세 가지이다.
① 기초재공품
② 당기착수완성
③ 기말재공품
이들 각각이 당기에 검사시점을 도달(or 통과)했는지를 각각 따져본다.

예제 5 공손(1)

㈜한국은 종합원가계산을 적용하고 있으며, 당기 중 생산수량은 다음과 같다. (기초재공품 수량이 우선적으로 완성품이 된다.)

기초재공품	2,000개(완성도 20%)
당기착수량	9,000개
당기완성량	7,000개
기말재공품	3,000개(완성도 70%)

01 당기 중 공손수량은 몇 개인가?

02 검사를 공정의 10%, 50%, 100%에서 실시할 경우, 아래 상황에서 정상공손수량과 비정상공손수량을 계산하면 각각 얼마인가?

1) 당기 중 검사를 통과한 합격품의 10%까지 정상공손으로 허용

2) 당기 중 검사시점에 도달한 수량의 10%를 정상공손으로 허용

확인문제

07. 평균법을 이용한 종합원가계산을 적용하는 ㈜한국은 공손품의 검사를 공정의 50% 시점에서 수행하며, 검사시점을 통과한 수량의 10%를 정상공손으로 허용하고 있다. ㈜한국의 생산 관련 자료가 다음과 같을 때, 정상공손수량과 비정상공손수량을 바르게 연결한 것은? (단, 가공원가는 공정 전반에 걸쳐 균등하게 발생한다) 기출처 2023. 지방직 9급

- 기초재공품
  800단위(가공원가 완성도 80%)
- 당기착수량   4,200단위
- 당기완성량   3,500단위
- 기말재공품
  1,000단위(가공원가 완성도 60%)

	정상공손수량	비정상공손수량
①	350단위	150단위
②	370단위	130단위
③	420단위	80단위
④	450단위	50단위

정답 ②

 오쌤 Talk

정상공손수량 판단 방법

정상공손수량을 산출하기 위해서는 검사시점의 진행률을 기준으로 당해 검사를 받았는지를 판정한다. 예제 5 에서 공정의 50%시점에 검사를 실시한 것을 가정하여 보자면, 검사를 받을 수 있는 대상은 총 3그룹이다.
① 기초재공품(당해 완성)
② 당기착수 완성품
③ 기말재공품 (당해 미완성)
50% 검사시점을 기준으로 전기에 20%가 완성된 기초재공품은 당해 50% 구간을 통과하였을 것이므로 당해 검사를 받았다. 당기착수 완성품은 항상 당해 검사를 받고 완성품으로 통과한 수량이다. 기말재공품은 당기에 70% 완성되었으므로 당해 50% 검사시점을 거쳐서 정상품으로 인정받은 수량이다.

풀이

01 당기 중 공손 수량

재공품

기초재공품	2,000	완성품수량	7,000
		공손	?
당기착수량	9,000	기말재공품	3,000
	11,000		11,000

공손수량 = 2,000 + 9,000 − 7,000 − 3,000 = 1,000개

02 1) 검사를 통과한 합격품의 10%

합격품 수량을 각 시기별로 구하면 다음과 같다. 기초재공품은 20% 완성되어, 당기 공정 10%시점 검사 실시할 때에는 검사대상이 아니다. (전기 검사 대상)

	물량	10%시점	50%시점	100%시점
완성품(기초재공품)	2,000	–	2,000	2,000
완성품(당기착수)	5,000	5,000	5,000	5,000
기말재공품	3,000	3,000	3,000	–
합격품수량		8,000	10,000	7,000
정상공손허용량(합격품 10%)		800	1,000	700
비정상공손수량		200	0	300
전체공손수량		1,000	1,000	1,000

2) 검사시점에 도달한 수량의 10%

	물량	10%시점	50%시점	100%시점
완성품(기초재공품)	2,000	–	2,000	2,000
완성품(당기착수)	5,000	5,000	5,000	5,000
공손품	1,000	1,000	1,000	1,000
기말재공품	3,000	3,000	3,000	–
검사받을 수량		9,000	11,000	8,000
정상공손허용량(검사받을수량 10%)		900	1,100	800
정상공손수량		900	1,000	800
비정상공손수량		100	0	200
전체공손수량		1,000	1,000	1,000

정답 01 1,000개

02 1)

구분	10%	50%	100%
정상	800	1,000	700
비정상	200	-	300

2)

구분	10%	50%	100%
정상	900	1,000	800
비정상	100	-	200

예제 6 공손(2)

㈜한국은 자전거를 생산하고 있다. 공손품은 제품을 검사하는 시점에서 파악된다. 정상적인 공손품은 품질검사시점을 통과한 합격품의 10%의 비율로 가정한다. 월초재공품(완성도 50%) 300단위, 당월 생산착수량 1,200단위, 월말재공품 (완성도 60%) 250단위, 공손품 150단위이다. 품질검사가 생산공정의 40% 시점에서 실시되는 경우 정상공손품 수량은 몇 단위인가? (단, 생산의 흐름은 선입선출법을 가정한다.)

풀이
물량흐름을 파악하면 다음과 같다.

재공품

기초재공품	300	완성품수량	1,100
		공손	150
당기착수량	1,200	기말재공품	250
	1,500		1,500

기초재공품은 완성도가 검사시점보다 경과하여 전기에 검사가 실시되었으므로, 공손수량을 계산할 때 제외한다.
완성품 수량 중 당기착수 합격품 수량 = 1,100 - 300 = 800개
정상공손수량 = (800 + 250) × 10% = 105개이다.

정답 105개

오쌤 Talk
정상공손수량
① 기초재공품(당기완성)
: 전기 완성도가 50% 이므로 전기에 검사시점 40%를 지나왔다. 그러므로 당기에 검사시점을 통과한 수량은 아닌 것이다.
② 당기착수완성
: 항상 당기 검사시점을 통과한 수량에 해당한다. 당기에 0%부터 시작하여 검사시점 40%를 지나 100% 완성된 수량이다.
③ 기말 재공품
: 당기에 60%까지 완성이 되었다면, 당기 검사시점 40% 시점을 지나 정상품으로 판정을 받은 수량이다. 그러므로 당기 검사를 통과한 수량에 포함한다.

예제 7 공손(3)

㈜한국은 하나의 공정에서 단일 제품을 생산하며 선입선출법을 적용하여 완성품환산량을 계산한다. 직접재료 중 1/2은 공정 초에 투입되고 나머지는 가공이 50% 진행된 시점부터 공정의 종점까지 공정 진행에 따라 비례적으로 투입된다. 가공원가는 공정 전반에 걸쳐 균등하게 투입된다. 검사는 공정의 60% 시점에서 실시되며 일단 검사를 통과한 제품에 대해서는 더 이상 공손이 발생하지 않는 것으로 가정한다. 정상공손은 검사통과수량의 10%로 잡고 있다. 3월의 수량 관련 자료가 다음과 같을 때, 비정상공손수량 직접재료원가의 완성품환산량은? 기출처 2020. 지방직 9급

	수량(개)	가공원가완성도(%)
기초재공품	2,800	30%
완성량	10,000	
공손량	2,000	
기말재공품	3,000	70%

풀이
(1) 비정상공손수량
정상공손수량 = 당기 검사통과수량 × 10% = (기초 + 당기착수완성 + 기말) × 10%
= (2,800 + 7,200 + 3,000) × 10% = 1,300개
∴ 비정상공손수량 = 2,000개 - 1,300개 = 700개
(2) 비정상공손수량의 완성품환산량 = 700개 × 60% = 420개

정답 420개

OX 퀴즈

다음 문장의 경우 올바른 설명에는 ○, 틀린 설명에는 ×를 하고 틀린 설명은 수정하시오.

❶ 종합원가계산하에 평균법은 전기에 이미 착수된 기초재공품의 기완성도를 무시하고 기초재공품을 당기에 착수한 것처럼 가정한다. ( )

❷ 종합원가계산하에 선입선출법은 먼저 제조착수된 것이 먼저 완성된다고 가정하고 기초재공품원가는 완성품원가에 포함시키지 않는다. ( )

❸ 종합원가계산에서 평균법을 적용하나 선입선출법을 적용하나 정상공손수량과 비정상공손수량은 동일하게 계산된다. ( )

❹ 평균법과 선입선출법 모두 기초재공품원가와 당기투입원가를 더한 총원가를 배부대상원가로 인식한다. ( )

❺ 완성도는 완성품을 만들기 위해 투입해야 할 원가 대비 실제투입액의 비율이다. ( )

❻ 완성품환산량은 완성도가 다른 완성품과 미완성 재공품에 원가배부를 하기 위한 배부기준이 된다. ( )

❼ 종합원가계산은 작업별로 작업원가표에 원가를 집계한다. ( )

❽ 종합원가계산은 개별원가계산에 비해 정확성이 높은 방법이다. ( )

OX 풀이

❶ ○

❷ × 종합원가계산하에 선입선출법은 먼저 제조착수된 것이 먼저 완성된다고 가정하고 기초재공품원가는 완성품원가에 포함시킨다.

❸ ○

❹ × 선입선출법의 경우 당기투입원가만이 배부대상원가이다.

❺ ○

❻ ○

❼ × 개별 작업별로 작업원가표에 원가를 집계하는 것은 개별원가계산이다.

❽ × 종합원가계산은 개별적으로 원가를 추적하지 않기 때문에 상대적으로 정확성이 낮다.

실전훈련

01 다음 중 개별원가계산과 종합원가계산에 대한 설명으로 가장 옳지 않은 것은?

	구분	개별원가계산	종합원가계산
①	특징	제조과정을 통해 특정 제품이 다른 제품과 구분되어 가공됨	제품이 동일규격이기 때문에 제조과정을 통해 동일하게 가공됨
②	원가계산방법	완성품 환산량을 기준으로 제조공정별로 집계된 원가를 완성품과 기말 재공품에 인위적으로 배부	제조직접원가는 개별 작업에 직접 추적하고 제조간접원가는 제조간접원가 배부율을 이용하여 개별 작업에 배부
③	원가보고서	각 작업별로 보고서 작성	각 공정별로 보고서 작성
④	적용적합한 업종사례	특별주문에 의해 소량을 수작업으로 제작, 판매하는 시계 제조업	특정디자인을 대량 생산하는 기성의류 제조업

02 ㈜한국은 단일공정에서 단일제품을 제조하여 판매하고 있다. 종합원가계산제도를 택하며, 평균법에 의해 원가계산을 하고 있을 때 기말재공품의 완성도가 실제보다 적게 평가되었다면 다음에 각각 어떤 영향을 미치는가? (원가는 공정에 걸쳐 균등하게 발생한다.)

	완성품환산량	완성품환산량 단위당 원가	완성품 원가
①	과대평가	과소평가	과소평가
②	과대평가	과소평가	과대평가
③	과소평가	과대평가	과대평가
④	과소평가	과대평가	과소평가

 풀이

01 ② 원가계산방법 설명이 반대로 기술되었다. 제조 공정별로 집계하여 배부하는 방법은 종합원가계산이고, 개별 작업별로 직접 추적하고 제조간접원가만 배부하는 방식은 개별원가계산이다.

02 ③ 기말재공품 완성품환산량 = 기말재공품수량 × 완성도 이므로 완성도가 낮아지면 완성품환산량도 낮아진다.
완성품환산량단위당가 = 당기제조원가/완성품환산량 이므로, 완성품환산량이 낮게 평가되면, 단위당원가는 높아지게 된다.
완성품환산량 단위당 원가가 높아지게 되므로, 완성품제조원가도 높아지게 된다.

답 01 ② 02 ③

03 종합원가계산에 대한 설명으로 옳은 것은?   기출처 2013. 지방직 9급

① 평균법은 기초재공품의 제조가 당기 이전에 착수되었음에도 불구하고 당기에 착수된 것으로 가정한다.
② 선입선출법 또는 평균법을 사용할 수 있으며, 평균법이 실제 물량흐름에 보다 충실한 원가흐름이다.
③ 평균법은 기초재공품원가와 당기발생원가를 구분하지 않기 때문에 선입선출법보다 원가계산이 정확하다는 장점이 있다.
④ 선입선출법은 당기투입분을 우선적으로 가공하여 완성시킨 후 기초재공품을 완성한다고 가정한다.

04 ㈜한국은 평균법을 이용한 종합원가계산제도를 채택하고 있다. 원재료비는 공정 초기에 전량 투입되며, 가공비는 공정 전반에 걸쳐 균등하게 발생할 경우 완성품환산량은 원가요소별로 각각 얼마인가?

| 기초재공품 | 500개(완성도 70%) | 완성품 | 1,850개 |
| 착수량 | 1,650개 | 기말재공품 | 300개(완성도 40%) |

	재료비	가공비
①	1,650	1,620
②	1,650	1,970
③	2,150	1,620
④	2,150	1,970

풀이

03 ② 기초에 착수되어 진행되었던 제품이 먼저 완성이 되기 때문에 선입선출법이 실제 물량의 흐름에 충실한 원가의 흐름이다.
③ 선입선출법이 기초재공품의 원가와 당기발생원가를 구분하여 계산하므로 원가계산이 더 정확하다고 할 수 있다.
④ 선입선출법은 기초재공품을 우선적으로 가공하여 완성시킨 후 당기착수분을 완성한다고 가정한다.

04 완성품환산량은 다음과 같다.

	물량	재료비	가공비
완성품	1,850	1,850	1,850
기말재공품	300	300 × 100% = 300	300 × 40% = 120
		2,150	1,970

답 03 ① 04 ④

05

㈜한국은 평균법을 이용한 종합원가계산제도를 채택하고 있다. 재료는 공정 초기에 전량 투입되며, 가공원가는 공정 전반에 걸쳐 균등하게 발생할 경우 당기 완성품원가와 기말재공품원가는 각각 얼마인가?

기초재공품	100개(완성도40%)	완성품	800개
착수량	900개	기말재공품	200개(완성도20%)

	재료원가	가공원가
기초재공품원가	₩200,000	₩150,000
당기발생원가	₩800,000	₩606,000

	당기완성품 원가	기말재공품 원가
①	₩ 1,520,000	₩ 236,000
②	₩ 1,607,089	₩ 260,022
③	₩ 1,520,000	₩ 180,000
④	₩ 1,607,089	₩ 236,000

풀이

05 (1) 완성품환산량

	물량	재료원가	가공원가
완성품	800개	800개	800개
기말재공품	200개	200개 × 100% = 200개	200개 × 20% = 40개
		1,000개	840개

(2) 완성품환산량 단위당원가

	재료원가	가공원가
완성품환산량 단위당 원가	₩1,000,000 ÷ 1,000개 = ₩1,000	₩756,000 ÷ 840개 = ₩900

(3) 원가배부

	완성품원가	기말재공품원가
직접재료원가	₩1,000 × 800개 = ₩800,000	₩1,000 × 200개 = ₩200,000
가공비	₩900 × 800개 = ₩720,000	₩900 × 40개 = ₩36,000
합계	₩1,520,000	₩236,000

답 05 ①

06 종합원가계산제도를 채택하고 있는 갑회사의 기초재공품은 10개(완성도 50%), 당기착수량은 50개, 기말재공품은 20개(완성도 50%), 기초재공품원가는 ₩5,000, 당기투입원가는 ₩15,000이다. 재공품의 평가에는 평균법을 하고, 모든 원가는 공정 전체를 통하여 균등하게 발생한다. 기말 재공품의 원가는 얼마인가?

기출처 2014. 서울시 9급

① ₩2,500   ② ₩3,000   ③ ₩3,500   ④ ₩4,000   ⑤ ₩4,500

07 ㈜한국은 종합원가계산을 사용하며 선입선출법을 적용한다. 제품은 제1공정을 거쳐 제2공정에서 최종 완성되며, 제2공정 관련 자료는 다음과 같다.

	물량단위(개)	가공비완성도
기초재공품	500	30%
전공정대체량	5,500	
당기완성량	?	
기말재공품	200	30%

제2공정에서 직접재료가 가공비완성도 50% 시점에서 투입된다면, 직접재료비와 가공비 당기작업량의 완성품환산량은? (단, 가공비는 공정 전반에 걸쳐서 균일하게 발생하며, 제조공정의 공손·감손은 없다.)

기출처 2018. 국가직 9급

	직접재료비 완성품환산량(개)	가공비 완성품환산량(개)
①	5,300	5,300
②	5,800	5,650
③	5,800	5,710
④	5,800	5,800

풀이

06 (1) 당기완성품수량 = 기초재공품 + 당기착수 − 기말재공품 = 10 + 50 − 20 = 40

재공품				완성품환산량
기초재공품	10	당기완성	40	40
당기착수	50	기말재공품	20(50%)	10
	60		60	50

(2) 완성품환산량 단위당 원가 = (₩5,000 + ₩15,000)/50개 = @₩400/개
(3) 기말재공품원가 = 10단위 × ₩400/개 = ₩4,000

07 (1) 물량의 흐름 파악

재공품				완성품환산량	
				재료비	가공비
기초재공품	500	완성품			
		기초재공품	500(30%)	500	350
		당기착수완성품	5,300	5,300	5,300
전공정대체량	5,500	기말재공품	200(30%)	−	60
	6,000		6,000	5,800	5,710

답 06 ④   07 ③

08 ㈜한국은 종합원가계산을 적용하고 있으며, 물량흐름 원가관련 정보는 다음과 같다.

- 직접재료는 공정 초기에 전량 투입되며, 가공원가는 공정 전반에 걸쳐 균등하게 발생한다.
- 기초재공품: 1,000단위(가공원가 완성도 50%)
  당기착수량: 4,000단위, 당기완성품: 3,000단위
- 기말재공품 가공원가 완성도 50%
- 제조원가 내역

구분	직접재료원가	가공원가
기초재공품원가	₩4,000	₩14,000
당기발생원가	₩20,000	₩21,000

㈜한국의 선입선출법에 의한 완성품 원가는? (단, 공손 및 감손은 없다.)   기출처 2022. 국가직 9급

① ₩16,000　　② ₩18,350
③ ₩40,650　　④ ₩43,000

08 (1) 물량의 흐름

				직접재료	가공원가
기초	1,000	기초완성	1,000(50%)	-	500
당기착수량	4,000	당기착수완성	2,000	2,000	2,000
		기말	2,000(50%)	2,000	1,000
	5,000		5,000	4,000	3,500

(2) 완성품환산량 단위당원가
　직접재료 = ₩20,000/4,000단위 = ₩5/단위
　가공원가 = ₩21,000/3,500단위 = ₩6/단위
(3) 완성품의 원가 = 기초재공품의 원가 ₩18,000 + 2,000단위 × ₩5 + 2,500단위 × ₩6 = ₩43,000

답 08 ④

09 종합원가계산제도를 채택하는 ㈜한국은 선입선출법에 의해 제조원가를 평가하고 있다. 다음 자료에 의하여 당기제품제조원가를 계산하면 얼마인가? (단, 재료비는 공정초에 투입된다.)

- 기초재공품   200개(완성도 20%)
- 완성품   400개
- 기말재공품   100개(완성도 40%)
- 기초재공품원가   ₩5,000
- 직접재료비   ₩30,000
- 가공비   ₩48,000

① ₩62,800 ② ₩68,200
③ ₩78,200 ④ ₩83,000

풀이

09	물량	재료비	가공비
기초재공품	200(20%)	0	200 × 80% = 160
당기착수완성품	200	200	200
기말재공품	100(40%)	100 × 100% = 100	100 × 40% = 40
		300	400

재료비 완성품환산량 단위당 원가 ₩30,000 ÷ 300개 = ₩100/개
가공비 완성품환산량 단위당 원가 ₩48,000 ÷ 400개 = ₩120/개
당기제품제조원가 = 전기이월재공품원가 + 당기완성을 위한 투입원가
 = ₩5,000 + 200개 × ₩100 + 360개 × ₩120 = ₩68,200

답 09 ②

10 ㈜서울은 종합원가계산을 적용하고 있으며, 제품을 생산하기 위해 재료A와 재료B를 사용하고 있다. 재료 A는 공정 초기에 전량 투입되며, 재료 B는 공정의 60% 시점에서 일시에 전량 투입되고, 가공원가는 공정 전반에 걸쳐서 균등하게 발생한다. 당기 제품제조 활동과 관련한 자료가 <보기>와 같을 때, 선입선출법을 적용하여 계산한 완성품환산량은?

기출처 2018. 서울시 9급

〈보기〉

구분	물량
기초재공품	300개(완성도 20%)
당기착수	1,500개
당기완수	1,300개
기말재공품	500개(완성도 50%)

	재료원가 A	재료원가 B	가공원가
①	1,500개	1,300개	1,490개
②	1,500개	1,550개	1,490개
③	1,800개	1,300개	1,550개
④	1,800개	1,550개	1,550개

풀이

10 (1) 물량의 흐름 파악

재공품					완성품환산량		
					재료원가 A	재료원가 B	가공원가
기초재공품	300	당기완수	1,300				
		기초재공품	300(20%)		–	300	240*
		당기착수완성품	1,000		1,000	1,000	1,000
전공정대체량	1,500	기말재공품	500(50%)		500	–	250
	1,800		1,800		1,500	1,300	1,490

*300 × (1 − 20%) = 240

답 **10** ①

11 ㈜한국은 종합원가계산제도를 채택하고 있으며, 원가의 흐름으로 선입선출법을 적용하고 있다. 재료는 공정초기에 50%가 투입되고 나머지는 가공이 50% 진행된 시점부터 공정진행에 따라 비례적으로 투입된다. 다음의 5월 자료를 이용한 재료원가의 완성품환산량은? <small>기출처 2017. 지방직 9급</small>

- 기초재공품(공정의 완성도 70%) 2,000개
- 완성품 5,000개
- 당기투입 5,000개
- 기말재공품(공정의 완성도 40%) 2,000개

① 4,400개　② 4,600개　③ 4,800개　④ 5,000개

12 ㈜한국의 2013년 11월 생산자료는 다음과 같다. 원재료는 공정 초에 투입되며, 가공비의 경우 월초재공품은 70% 완성되고 월말재공품은 60% 완성되었다. 공손은 공정의 완료시점에서 발견되었다. ㈜한국이 평균법에 의한 종합원가계산을 할 때, 가공비의 당월 완성품환산량은? <small>기출처 2014. 국가직 9급</small>

- 11월 1일 월초재공품 2,500개
- 11월 착수량 12,000개
- 11월 30일 월말재공품 4,500개
- 완성 후 제품계정 대체 9,300개
- 비정상공손 500개

① 12,500개　② 12,700개　③ 13,200개　④ 14,500개

풀이

11

재공품				완성품환산량(직재)
기초재공품	2,000	완성품	5,000	
		기초	2,000(70%)	1,000 × 30%/50%*
당기투입	5,000	당기착수분	3,000	3,000
		기말재공품	2,000(50%)	1,000
	7,000		7,000	4,600

*70%를 진행하고 왔으니, 나머지 30%만 진행하였다. 이때 조건이 '공정초기에 50%를 투입하고 나머지 가공이 진행되는 지점에 비례해서 50%가 투입'되므로 1,000개는 전년도에 50%시점까지 진행했을 때 투입이 되었을 것이고, 나머지 1,000개는 50%를 전체 진행률로 환산했을 때 이 중 30%만큼 진행하였으므로 당해 진행 비율로 환산하면 30%/50% = 60%이다.

12 (1) 총 착수량 = 2,500 + 12,000 = 14,500개
(2) 가공비의 당월 완성품환산량 = 14,500 - 4,500 × (1 - 60%) = 12,700개

[참고]

재공품				가공비
기초재공품	2,500(70%)	완성품	9,300	9,300
		정상공손	200	200
당기착수량	12,000	비정상공손	500	500
		기말재공품	4,500(60%)	4,500 × 60% = 2,700
	14,500		14,500	12,700

답 11 ②　12 ②

13 ㈜한국은 단일제품을 대량으로 생산하고 있으며, 종합원가계산을 적용하고 있다. 원재료는 공정초기에 투입되고 가공원가는 공정전반에 걸쳐 균등하게 발생하는데, ㈜한국의 20X1년 4월의 생산자료는 다음과 같다.

• 기초재공품	100,000개(완성도 60%)	• 당기착수량	800,000개
• 당기완성량	600,000개	• 기말재공품	200,000개(완성도 80%)

㈜한국은 선입선출법을 적용하고 있으며, 생산공정에서 발생하는 공손품의 검사는 공정의 50%시점에서 이루어지며, 검사를 통과한 합격품의 10%를 정상공손으로 허용하고 있을 때 비정상공손수량은?

기출처 2021. 국가직 9급

① 10,000개　　② 30,000개　　③ 60,000개　　④ 70,000개

14 ㈜대한은 종합원가계산방법을 적용하고 있다. 직접재료는 공정 초기에 전량 투입되며, 전환원가는 공정 전반에 걸쳐서 균등하게 발생한다. 당기완성품환산량 단위당 원가는 직접재료원가 ₩60, 전환원가 ₩40이었다. 공정의 50% 시점에서 품질검사를 수행하며, 검사에 합격한 전체수량의 10%를 정상공손으로 처리하고 있다. ㈜대한의 물량흐름 자료가 다음과 같을 때, 정상공손원가는?

기출처 2016. 국가직 9급

• 기초재공품	1,000개(완성도 30 %)	• 당기완성량	2,600개
• 당기착수량	3,000개	• 공손수량	500개
		• 기말재공품	900개(완성도 60%)

① ₩17,500　　② ₩20,800　　③ ₩28,000　　④ ₩35,000

풀이

13 (1) 공손수량 = 기초재공품 + 당기착수량 - 당기완성량 - 기말재공품
　　　　= 100,000 + 800,000 - 600,000 - 200,000 = 100,000개
(2) 정상공손수량 = 당기검사를 통과한 합격품 × 10%
　　　　　　　 = (당기완성량 - 기초재공품 + 기말재공품) × 10%
　　　　　　　 = (600,000 - 100,000 + 200,000) × 10% = 700,000 × 10% = 70,000개
(3) 비정상공손수량 = 100,000 - 70,000 = 30,000개

14 (1) 물량의 흐름

재공품			
기초재공품	1,000(30%)	완성품	
		기초재공품	1,000(30%)
		당기착수완성품	1,600
당기착수	3,000	공손	500(50%)
		기말재공품	900(60%)
	4,000		4,000

(2) 정상공손수량
　합격한 수량(50% 검사시점) × 10% = (기초재공품 1,000 + 당기착수완성품 1,600 + 기말재공품 900) × 10% = 350개
(3) 원가배분
　정상공손의 원가 = 직접재료원가(공정초에 투입) 350개 × ₩60 + 전환원가(50%까지 가공) 350개 × 50% × ₩40
　　　　　　　　 = ₩28,000

답　13 ②　14 ③

15 ㈜한국은 종합원가계산을 적용하고 있으며, 물량흐름 정보는 다음과 같다.

> ○ 직접재료는 공정 초기에 전량 투입되며, 가공원가는 공정 전반에 걸쳐 균등하게 발생한다.
> ○ 기초재공품　　　　　　　　200단위(가공원가 완성도 30%)
> ○ 당기착수량　　　　　　　　1,800단위
> ○ 당기완성량　　　　　　　　1,500단위
> ○ 기말재공품　　　　　　　　500단위(가공원가 완성도 60%)

㈜한국의 완성품환산량에 대한 설명으로 옳은 것은? (단, 공손 및 감손은 없다.) 〈기출처 2024. 지방직 9급〉

① 가중평균법에 의한 직접재료원가 완성품환산량은 1,800단위이다.
② 가중평균법에 의한 가공원가 완성품환산량은 1,600단위이다.
③ 선입선출법에 의한 직접재료원가 완성품환산량은 1,800단위이다.
④ 선입선출법에 의한 가공원가 완성품환산량은 1,660단위이다.

풀이

15 (1) 가중평균법

재공품				완성품환산량	
				직접재료	가공원가
기초	200(30%)	당기완성	1,500	1,500	1,500
당기착수	1,800	기말	500(60%)	500	300
				2,000	1,800

(2) 선입선출법

재공품				완성품환산량	
				직접재료	가공원가
기초	200(30%)	당기완성	1,500		
		기초	200	-	140
		당기	1,300	1,300	1,300
당기착수	1,800	기말	500(60%)	500	300
				1,800	1,740

답 15 ③

16 종합원가계산을 이용하는 ㈜한국의 공정 X와 관련한 자료는 다음과 같다.

수 량	
종류	수량
기초재공품	6,000단위(완성도 40%)
당기착수	54,000단위
당기완성품	55,000단위
기말재공품	5,000단위(완성도 80%)

재료는 공정착수시점에서 투입되며 가공비는 공정 전반에 걸쳐 균등하게 발생된다고 할 때 평균법으로 계산한 완성품환산량은 선입선출법으로 계산한 완성품환산량보다 얼마나 더 큰가?

	완성품 환산량 차이	
	재료비	가공비
①	0단위	4,800단위
②	6,000단위	1,200단위
③	6,000단위	2,400단위
④	6,000단위	4,800단위

🌷 풀이

16 평균법과 선입선출법의 차이는 기초재공품의 완성도를 무시하느냐, 인정하느냐에 있다.
　　재료비의 경우 평균법은 기초재공품 6,000개에 대한 것을 당기에 투입된 것으로 보나, 선입선출법은 공정착수시점인 전기에 투입된 것으로 보아 0개로 인식한다. 이에 따라 평균법이 6,000개가 많다.
　　가공비의 경우에도 평균법은 모두 당기 투입으로 보아 기초재공품 6,000개로 인식하나, 선입선출법에 의할 경우 당기에 60%를 투입하여 완성한 것으로 보아 3,600개를 인식한다. 이에 따라 평균법이 2,400개가 많다.

[참고]
(1) 물량흐름 파악

재공품			
기초재공품	6,000	완성품수량	55,000
당기착수량	54,000	기말재공품	5,000
	60,000		60,000

(2) 원가요소별 당기완성품환산량 계산
　㉠ 평균법에 의한 완성품 환산량

	재료비	가공비
완성품	55,000	55,000
기말재공품	5,000 × 100% = 5,000	5,000 × 80% = 4,000
	60,000	59,000

　㉡ 선입선출법에 의한 완성품 환산량

		재료비	가공비
완성품	기초재공품	0	6,000 × 60% = 3,600
	당기착수완성품	49,000	49,000
기말재공품	기말재공품	5,000 × 100% = 5,000	5,000 × 80% = 4,000
		54,000	56,600

재료비 완성품환산량 차이 = 60,000 - 54,000 = 6,000단위
가공비 완성품환산량 차이 = 59,000 - 56,600 = 2,400단위

답 16 ③

17 ㈜한국은 평균법을 적용한 종합원가계산으로 제품원가를 계산하고 있다. 다음 자료를 이용한 ㈜한국의 기말재공품 수량은?

기출처 2023. 국가직 9급

- 기말재공품의 완성품환산량 단위당 원가: ₩200
- 기말재공품의 생산 완성도: 60 %
- 기말재공품의 가공원가: ₩60,000
- 가공원가는 생산 완성도에 따라 균등하게 투입되고 있음
- 기초재공품과 공손 및 감손은 없음

① 300개 ② 400개
③ 500개 ④ 600개

18 기초재공품의 가공원가는 ₩500,000이고 당기발생 가공원가는 ₩4,500,000, 당기 완성품 가공원가는 ₩4,800,000이다. 기초재공품의 수량은 800단위, 당기 완성수량은 4,800단위일 때 가중평균법을 적용하는 경우 기말재공품의 가공원가 완성품환산량은 몇 단위인가?

① 200단위 ② 300단위
③ 400단위 ④ 500단위

풀이

17 (1) 기말재공품의 가공원가 ₩60,000 = 기말재공품의 완성품환산량 × 완성품환산량단위당원가 ₩200
∴ 기말재공품의 완성품환산량 300단위
(2) 기말재공품 완성품 환산량 300단위 = 기말재공품 수량 × 완성도 60%
∴ 기말재공품 수량 = 500단위

18 당기 완성품 가공원가는 ₩4,800,000이고, 평균법에 의할 경우 당기 완성품수량 = 당기 완성품환산량이므로,
당기 완성품 단위당 가공원가 = ₩4,800,000 ÷ 4,800단위 = ₩1,000/단위
당기 가공비 전체완성품환산량 × 단위당 가공원가 = 기초재공품 가공원가 + 당기발생 가공원가
당기 가공비 전체완성품환산량 = (₩500,000 + ₩4,500,000) ÷ ₩1,000 = 5,000단위
기말재공품 가공비 완성품환산량 = 당기 가공비 전체완성품환산량 - 당기 완성품환산량
= 5,000단위 - 4,800단위 = 200단위

답 17 ③ 18 ①

19 ㈜한국은 종합원가계산을 채택하고 있으며, 기말재공품 평가는 선입선출법에 의한다. 모든 원가는 완성도에 비례하여 발생하고 있다. 완성품환산량이 3,680개일 때 기초재공품의 완성도는 몇%인가?

• 기초재공품	800개
• 착수수량	3,600개
• 완성품	3,200개
• 기말재공품수량	1,200개(완성도 60%)

① 20%   ② 30%
③ 60%   ④ 70%

 풀이

19 기초재공품의 완성도를 A라고 하면,

	물량	환산량
기초재공품	800	800 × (1-A)
당기착수완성품	2,400	2,400
기말재공품	1,200(60%)	720
		3,680

800 × (1 - A) + 2,400 + 720 = 3,680 ∴ A = 30%
그러므로 기초재공품의 완성도는 30%이다.

답 19 ②

20 ㈜한국은 종합원가계산제도를 채택하고 있으며, 가중평균법을 적용하고 있다. 다음의 자료를 이용한 완성품원가는?

기출처 2024. 국가직 9급

> ○ 기초 재공품 수량: 300단위(완성도: 직접재료원가 100%, 가공원가 50%)
> ○ 기초 재공품 원가: 직접재료원가 ₩5,000, 가공원가 ₩4,000
> ○ 당기 착수량: 2,200단위
> ○ 당기 투입원가: 직접재료원가 ₩20,000, 가공원가 ₩40,000
> ○ 기말 재공품 수량: 500단위(완성도: 직접재료원가 100%, 가공원가 40%)
> ○ 직접재료는 생산 착수 시에 투입되며, 가공원가는 공정 전반에 걸쳐 균일하게 발생한다.

① ₩60,000 ② ₩62,000
③ ₩64,000 ④ ₩65,000

20 평균법은 전기에 이미 착수한 기초재공품의 기완성도를 무시하고 기초재공품 생산을 당기에 착수한 것으로 가정한다. 따라서 전기에 투입된 기초재공품원가와 당기투입된 당기총제조원가를 동일하게 취급하여 이를 합한 총원가를 완성품과 기말재공품에 배부하는 방법이다.

(1) 당기 투입원가
· 재료원가 = ₩5,000 + ₩20,000 = ₩25,000
· 가공원가 = ₩4,000 + ₩40,000 = ₩44,000

(2) 완성품환산량

재공품				완성품환산량	
				재료원가	가공원가
기초	300	당기 완성	2,000	2,000	2,000
당기 착수	2,200	기말	500(40%)	500	200
	2,500		2,500	2,500	2,200

(3) 단위당 재료원가 = ₩25,000/2,500단위 = ₩10/단위
단위당 가공원가 = ₩44,000/2,200단위 = ₩20/단위

(4) 완성품 원가 = 2,000단위 × (₩10 + ₩20) = ₩60,000

답 **20** ①

05 활동기준원가계산

Teacher's Map

❶ 활동기준원가계산의 의의
활동기준원가는 활동별 원가동인에 의해 제조간접원가 배부율을 구하고 제품 원가를 배부한다.

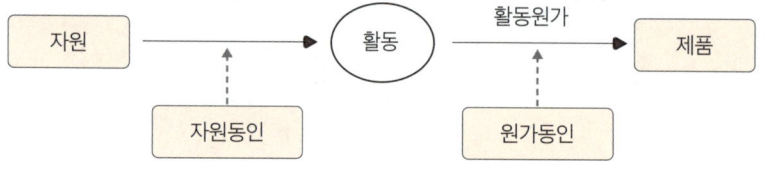

$$활동중심점별\ 제조간접원가배부율 = \frac{활동중심점별\ 원가}{활동중심점별\ 원가동인수}$$

제품 배부 제조간접원가 = 각 제품 원가동인수 × 활동중심점별 제조간접원가배부율

❷ 활동기준 원가의 도입배경
① 제조간접원가의 중요성 대두
② 다품종 소량생산체제로의 전환
③ 전통적 제조원가에서 연구개발, 설계, 마케팅, 유통원가 등으로 제품원가개념의 확대
④ 조업도와 관련 없는 제조간접원가 비중이 증가하여 새로운 배부기준의 필요성 대두
⑤ 제품원가정보 수집 기술의 발달

❸ 활동수준의 구분

구분	개념	예시
제품단위수준활동	제품 1단위 생산될 때마다 이루어지는 활동	전력사용이나 기계작업시간 등에 의해 원가가 유발되는 활동, 전수검사에 의한 품질검사활동, 절삭활동, 조립활동 등
뱃치수준활동	제품의 묶음별로 이루어지는 활동	작업준비활동, 표본검사활동, 재료처리활동, 선적활동, 구매주문활동, 재료이동활동 등
제품유지수준활동	제품의 종류별로 이루어지는 활동	공정설계, 공정설계변경, 제품개량, 수선유지활동, 광고활동, 신제품개발활동 등
설비유지수준활동	공장의 일반적인 제조공정을 유지하기 위한 활동	공장설비의 관리, 조경작업, 공장설비감가상각, 안전관리, 냉난방활동 등

1 활동기준원가계산의 의의

❶ 활동기준원가계산의 개념
활동기준원가계산은 기존의 생산량과 관련된 배부기준(직접노동시간, 기계시간, 생산량 등) 대신 **원가의 발생을 유발하는 원가동인을 활동을 중심으로 규명하여 활동을 기준으로 제조간접원가를 배부하는 계산방법**을 말한다.

❷ 활동기준원가의 도입 배경

① 생산기술의 발전 및 공장자동화 등으로 직접원가의 중요성이 감소하고 **제조간접원가의 중요성이 증가**하여 전통적 방식에 의할 경우 원가 왜곡현상이 발생하여, 정확한 원가계산을 위해 필요성이 대두되었다.
② 소품종 대량생산체제에서 **다품종 소량생산체제로의 전환됨**에 따라 생산량 등 단순 배부 기준 대신 **다양한 배부기준이 필요**하게 되었다.
③ 제품원가 개념이 전통적인 제조원가에서 **연구개발, 설계, 마케팅, 유통원가 등으로 확대**되어 해당 활동에 대한 원가정보도 필요하게 되었다.
④ **조업도와 관련이 없는 제조간접원가가 많이 발생**하여 새로운 제조간접원가의 배부기준의 **필요성이 증대**되었다.
⑤ 컴퓨터 사용증대로 인한 제품원가정보 수집기술의 발달함에 따라 적은 비용으로 손쉽게 원가정보를 수집할 수 있게 되었다.

❸ 활동기준원가계산과 전통적 원가계산과의 차이

구분	전통적 원가계산	활동기준 원가계산
기본가정	• 각 제품이 자원을 소비함 • 제조간접원가는 생산량에 비례하여 발생함	• 활동은 자원을 소비하고 제품은 활동을 소비함 • 제조간접원가에는 생산량 이외의 다른 원가동인에 의하여 발생되는 원가들이 많이 포함되어 있음
원가흐름	원가 → 제조부문 → 제품	원가 → 활동 → 제품
원가대상	공장, 부문, 제품 또는 모든 서비스	활동, 제품 또는 서비스
제조간접원가 배부기준	• 생산량(단위수준)관련 배부기준 예) 직접노무원가, 직접노동시간, 기계시간 등	• 원가동인 • 비단위수준 원가동인도 많이 사용함 예) 작업준비횟수, 원재료 구매횟수, 검사횟수 등
제조간접원가 배부율	공장전체 또는 제조부문별 제조간접원가 배부율	활동별 제조간접원가 배부율
원가계산의 정확성	낮음	높음
시간과 비용	적게 발생	많이 발생

❹ 활동 수준의 구분

활동은 기업에서 특정 목적을 달성하기 위해 자원을 소비하는 작업을 말하는데 활동은 아래 4가지의 수준으로 구분된다.

4-1 제품단위수준활동

제품 1단위 생산(제품생산수량)될 때마다 이루어지는 활동을 말한다. 전력사용이나 기계작업시간 등에 의하여 원가가 유발되는 활동, 전수검사에 의한 품질검사 활동, 절삭활동, 조립활동 등을 예로 들 수 있다.

4-2 뱃치수준활동

제품의 묶음별(10개, 100개, 1주일 작업량 등)로 이루어지는 활동을 말한다. 작업준비활동, 표본검사활동, 재료처리활동, 선적활동, 구매주문활동, 재료이동활동 등을 예로 들 수 있다.

4-3 제품유지수준활동

제품생산라인, 공정, 엔지니어링과 관련된 활동 등 제품의 종류별로 이루어지는 활동을 말한다. 공정설계, 공정설계변경, 제품개량, 수선유지활동, 광고활동, 신제품개발활동 등을 예로 들 수 있다.

4-4 설비유지수준활동

공장의 일반적인 제조공정을 유지하기 위하여 이루어지는 활동을 말한다. 공장설비의 관리, 조경작업, 공장설비감가상각, 안전관리, 냉난방활동 등을 예로 들 수 있다.

❺ 활동기준원가계산의 장단점

5-1 장점

(1) 제조간접원가를 활동별로 집계하고, 각 활동원가를 원가동인을 이용해 배부하므로 정확한 원가계산을 할 수 있으며, 해당 원가 분석을 통한 정확한 의사결정이 가능하다.
(2) 재무적 측정치 및 비재무적 측정치를 함께 제공하므로 공정한 성과평가가 가능하다.
(3) 비부가가치 활동을 제거함으로써 생산시간을 단축하고 원가를 절감할 수 있다.

5-2 단점

(1) 활동분석을 위한 시간과 비용이 많이 소요된다.
(2) 활동을 명확하게 구분할 수 있는 기준이 존재하지 않는다.
(3) 원가동인을 규명하기 어려운 활동원가의 경우 전통적 원가계산과 같이 배분할 수밖에 없다.

확인문제

01. 다음 중 활동기준원가계산 방법에 따른 활동의 구분으로 옳은 것은?

① 제품단위수준활동: 표본검사활동, 재료처리활동, 선적활동, 구매주문활동
② 뱃치수준활동: 공정설계, 공정설계변경, 제품개량, 수선유지활동
③ 제품유지수준활동: 절삭활동, 조립활동, 전수검사에 의한 품질검사활동
④ 설비유지수준활동: 공장설비의 관리, 조경작업, 공장설비감가상각비, 안전관리

정답 ④

확인문제

02. 활동기준원가계산(ABC)에 대한 다음의 설명 중 가장 옳지 않은 것은?
_{기출처 2015. 서울시 9급}

① 공정의 자동화로 인한 제조간접원가의 비중이 커지고 합리적인 원가배부기준을 마련하기 위한 필요에 의해 도입되었다.
② 발생하는 원가의 대부분이 하나의 원가동인에 의해 설명이 되는 경우에는 ABC의 도입효과가 크게 나타날 수 없다.
③ 활동별로 원가를 계산하는 ABC를 활용함으로써 재무제표 정보의 정확성과 신속한 작성이 가능해지게 되었다.
④ ABC의 원가정보를 활용함으로써 보다 적정한 가격결정을 할 수 있다.

정답 ③

② 활동기준원가계산 방법

❶ 활동기준원가계산방법의 원가계산 절차

Step1: 활동분석
제품을 완성하거나 서비스를 제공하는 데 필요한 기업의 활동을 파악한다.

Step2: 활동중심의 설정
자원의 소비형태가 동일하고 동일한 원가동인을 사용할 수 있는 활동들을 통합하여 활동중심점으로 설정한다. 활동중심점은 활동원가를 분리하고 보고하는 단위를 말한다.

Step3: 활동중심점별로 원가집계
토지, 노동, 설비와 같은 활동 수행을 위한 경제요소의 원가인 자원원가를 자원동인을 이용하여 활동중심점에 배분한다. 자원동인은 활동에 의해 소비되는 자원의 양을 측정하기 위한 기준이다. 예를 들어, 건물감가상각비나 임차료는 각 활동의 점유면적이 자원동인의 예가 된다.

Step4: 활동중심점별로 원가동인의 선정
활동중심점별로 집계된 원가를 각 제품에 배부하기 위해 원가동인을 선정한다. 원가동인은 활동의 소비와 높은 상관관계를 가져야 하고, 논리적으로 인과관계가 있어야 한다.

Step5: 활동중심점별 제조간접원가 배부율 계산
Step3의 활동중심점별 원가를 Step4의 원가동인수로 나누어 제조간접원가 배부율을 계산한다.

$$\text{활동중심점별 제조간접원가 배부율} = \frac{\text{[Step3] 활동중심점별 원가}}{\text{[Step4] 활동중심점별 원가동인수}}$$

Step6: 활동중심점별 제조간접원가를 제품에 배부
다음의 식으로 제조간접원가를 제품에 배부한다.

$$\text{제품 배부 제조간접원가} = \text{각 제품 원가동인수} \times \text{활동중심점별 제조간접원가 배부율}$$

예제 1 활동기준원가계산

㈜한국은 제조간접원가를 활동별로 집계하였으며, 활동분석을 통해 규명한 원가 동인은 다음과 같다.

	활동별원가	원가동인	원가동인수
생산준비활동	₩10,000	생산준비횟수	50회
조립작업활동	₩50,000	기계시간	200시간
품질검사활동	₩12,000	검사시간	40시간

현재 제품 A와 B를 생산하고 있으며, 제품의 생산 관련 자료는 다음과 같다.

	제품A	제품B
생산량	100	200
직접재료원가	₩20,000	₩30,000
직접노무원가	₩40,000	₩80,000
직접노무시간	200시간	400시간
생산준비횟수	20회	30회
기계시간	120시간	80시간
검사시간	20시간	20시간

01 전통적 원가계산방식에 의해 직접노무시간을 기준으로 제조간접원가를 배부할 경우 다음은 각각 얼마인가?

(1) 제조간접원가 배부율

(2) 각 제품의 단위당 원가

02 활동기준원가계산 방식에 의해 제조간접원가를 배부할 경우 다음은 각각 얼마인가?

(1) 활동별 제조간접원가배부율

(2) 각 제품의 단위당 원가

[풀이]

01 직접노무시간 기준 제조간접원가 배부

(1) 제조간접원가 총액은 ₩72,000이고, 총 직접노무시간은 600시간이다.
∴ 제조간접원가 배부율 = 72,000 ÷ 600시간 = ₩120/시간

(2) 각 제품의 원가를 집계하면 아래와 같다.

	제품A	제품B
직접재료원가	₩20,000	₩30,000
직접노무원가	₩40,000	₩80,000
제조간접원가	200시간 × ₩120 = ₩24,000	400시간 × ₩120 = ₩48,000
합계	₩84,000	₩158,000
단위당원가	₩84,000 ÷ 100 = ₩840	₩158,000 ÷ 200 = ₩790

02 활동기준원가계산 적용 시

(1) 활동별로 제조간접원가 배부율을 구하면 다음과 같다.
생산준비활동: ₩10,000 ÷ 50회 = ₩200
조립작업활동: ₩50,000 ÷ 200시간 = ₩250
품질검사활동: ₩12,000 ÷ 40시간 = ₩300

(2) 각 제품의 원가를 집계하면 아래와 같다.

	제품A	제품B
직접재료원가	₩20,000	₩30,000
직접노무원가	₩40,000	₩80,000
생산준비활동	20회 × ₩200 = ₩4,000	30회 × ₩200 = ₩6,000
조립작업활동	120시간 × ₩250 = ₩30,000	80시간 × ₩250 = ₩20,000
품질검사활동	20시간 × ₩300 = ₩6,000	20시간 × ₩300 = ₩6,000
합계	₩100,000	₩142,000
단위당원가	₩100,000 ÷ 100단위 = ₩1,000	₩142,000 ÷ 200단위 = ₩710

정답 **01** (1) ₩120/시간 (2) 제품A ₩840, 제품B ₩790
02 (1) 생산준비활동 ₩200, 조립작업활동 ₩250, 품질검사활동 ₩300
(2) 제품A ₩1,000 제품B ₩710

확인문제

03. ㈜한국은 가공원가에 대해 활동기준원가계산을 적용하고 있다. 회사의 생산활동, 활동별 배부기준, 가공원가 배부율은 다음과 같다.

생산 활동	활동별 배부 기준	가공원가 배부율	
기계 작업	기계작업시간	기계작업시간당	₩10
조립 작업	부품수	부품 1개당	₩6

당기에 완성된 제품은 총 100단위이고, 총직접재료원가는 ₩6,000이다. 제품 1단위를 생산하기 위해서는 4시간의 기계작업시간이 소요되고 5개 부품이 필요하다. 당기에 생산된 제품 100단위를 단위당 ₩200에 모두 판매가 가능하다고 할 때, 매출총이익은?

기출처 2020. 지방직 9급

① ₩7,000   ② ₩9,000
③ ₩11,000 ④ ₩13,000

정답 ①

OX 퀴즈

다음 문장의 경우 올바른 설명에는 O, 틀린 설명에는 ×를 하고 틀린 설명은 수정하시오.

① 활동기준원가계산은 다품종소량생산체제에서 소품종대량생산체제로 전환하면서 도입되었다. (　　)

② 생산기술의 발전 및 공장자동화 등으로 제조간접원가보다는 직접원가의 중요성이 증가하여 정확한 원가계산을 위해 활동기준원가계산이 등장하게 되었다. (　　)

③ 제품원가 개념이 전통적인 제조원가에서 연구개발, 설계, 마케팅, 유통원가 등으로 확대되어 활동에 대한 원가정보가 필요하게 됨으로써 활동기준원가계산이 도입되었다. (　　)

④ 작업준비활동이나 표본검사활동, 재료처리활동 등은 제품 단위수준의 활동으로 구분한다. (　　)

⑤ 공정설계, 제품개량, 수선유지활동, 광고활동, 신제품개발활동은 설비유지수준 활동으로 구분된다. (　　)

⑥ 활동기준원가계산은 각 활동의 원가동인을 이용해 배부함으로써 정확한 원가계산을 할 수 있다는 장점이 있지만, 재무적 측정치만을 제공함으로써 공정한 성과평가가 어렵다는 단점이 있다. (　　)

OX 풀이

❶ ✕ 활동기준원가계산은 소품종대량생산체제에서 다품종소량생산체제로 전환하면서 도입되었다.

❷ ✕ 생산기술의 발전 및 공장자동화 등으로 직접원가의 중요성이 감소하고 제조간접원가의 중요성이 증가하여 전통적 방식에 의할 경우 원가 왜곡현상이 발생하게 되므로 정확한 원가계산을 위해 활동기준 원가계산이 등장하게 된 것이다.

❸ ○

❹ ✕ 제품 단위수준의 활동은 제품 1단위가 생산될 때마다 이루어지는 활동을 의미한다. 작업준비활동이나 표본검사활동, 재료처리활동 등은 제품의 묶음별로 이루어지는 활동으로 뱃치수준 활동으로 구분된다.

❺ ✕ 설비유지수준활동은 공장의 일반적인 제조공정을 유지하기 위하여 이루어지는 활동이다. 설비유지수준의 활동은 공장설비의 관리, 조경작업, 공장설비 감가상각, 안전관리, 냉난방활동 등을 포함한다. 공정설계, 제품개량, 수선유지활동, 광고활동, 신제품개발활동은 제품유지수준의 활동으로 제품의 종류별로 이루어지는 활동이다.

❻ ✕ 활동기준원가계산은 재무적 측정치와 비재무적 측정치를 함께 제공하므로 공정한 성과평가가 가능하다는 장점이 있다.

실전훈련

01 다음의 활동기준원가계산(ABC)과 관련된 설명 중 가장 옳지 않은 것은?

① 직접노무원가와 같은 직접원가의 증가로 인해 새로운 원가 배부기준이 필요하게 되었다.
② 각 활동별로 적절한 배부기준을 사용하여 원가를 배부하기 때문에 종전에는 제품별로 추적 불가능하던 제조간접원가도 개별제품에 추적가능한 직접원가로 인식되어져 원가계산이 보다 정확해진다.
③ 활동기준원가계산은 활동에 대한 정보를 제공함으로써 원가정보뿐만 아니라 관리회계 목적의 정보도 제공할 수 있다.
④ 활동분석과 원가동인의 파악에 소요되는 비용과 시간이 크다는 단점이 존재한다.

02 ㈜한국은 제품 A와 제품 B를 생산하고 있으며, 최근 최고경영자는 활동기준원가계산제도의 도입을 검토하고 있다. 활동기준원가계산관점에서 분석한 결과가 다음과 같을 때, 옳지 않은 것은?

기출처 2017. 국가직 9급

활동	제조간접원가	원가동인	제품 A	제품 B
제품설계	₩400	부품 수	2개	2개
생산준비	₩600	준비횟수	1회	5회

① 제품설계활동의 원가동인은 부품 수, 생산준비활동의 원가동인은 준비횟수이다.
② 활동기준원가계산하에서 제품 A에 배부되는 제조간접원가는 ₩300, 제품 B에 배부되는 제조간접원가는 ₩700이다.
③ 만약 ㈜한국의 제품종류가 더 다양해지고 각 제품별 생산수량이 줄어든다면 활동기준원가계산제도를 도입할 실익이 없다.
④ 기존의 제품별 원가와 이익수치가 비현실적이어서 원가계산의 왜곡이 의심되는 상황이면 활동기준원가계산제도의 도입을 적극 고려해볼 수 있다.

풀이

01 ① 제조간접원가의 증가로 인해 새로운 원가배분기준이 필요하게 되었다.
02 ③ 활동기준 원가의 도입배경은 소품종다량생산체제에서 다품종소량생산체제로의 변화이다.
제품의 종류가 더 다양해지고 각 제품별 생산수량이 줄어들기 때문에 활동기준원가계산방법이 각광받는 것이다.

답 01 ① 02 ③

03 활동기준원가계산(ABC)을 사용하는 ㈜한국의 제조간접원가는 다음의 2가지 활동으로 구분되어 발생한다.

작업활동	원가동인	연간원가동인수	연간가공원가총액
조립	직접작업시간	5,000시간	₩1,000,000
포장	제품수량	10,000개	₩1,000,000

조립 및 포장활동의 원가는 모두 변동원가이다. 제품 한 단위당 필요한 직접작업시간은 1시간이고, 제품 단위당 필요한 기계시간은 2시간이며, 당기 발생 기계시간은 10,000시간이다. 다음 중 옳은 것은?

① 활동기준원가계산에 의할 경우 제품의 단위당 제조간접원가는 ₩400이다.
② 전통적 원가계산방식을 적용한다고 가정하여 기계시간으로 제조간접원가를 배분할 경우, 제품의 단위당 제조간접원가는 ₩300이다.
③ 전통적 원가계산방식을 적용한다고 가정하여 기계시간으로 제조간접원가를 배분할 경우, 활동기준원가계산에 의한 제품의 단위당 제조간접원가와 동일하다.
④ 당기 생산량이 200개인 경우, 활동기준원가계산에 의할 때 당기총제조간접원가는 ₩60,000이다.

03 (1) 활동기준원가계산에 의할 경우
제조간접원가배부율

조립	₩200/시간	₩1,000,000/5,000시간
포장	₩100/개	₩1,000,000/10,000개

제품 1개당 제조간접원가 = ₩200 + ₩100 = ₩300
제품 1개당 필요한 직접작업시간이 1시간이므로, 1개당 필요한 조립비용은 ₩200이다.
당기 생산량이 200개일 경우, 당기총제조간접원가는 200개 × ₩300 = ₩60,000이다.

(2) 전통적 원가계산방식에 의할 경우
제조간접원가 = (₩1,000,000 + ₩1,000,000) ÷ 10,000시간 = ₩200/시간
제품1개당 제조간접원가 = ₩200 × 2시간 = ₩400

답 03 ④

04 ㈜한국은 보급형과 고급형 두 가지 모델의 제품을 생산·판매하고, 제조간접원가 배부를 위해 활동기준원가계산을 적용한다. ㈜한국은 당기에 보급형 800개, 고급형 100개를 생산·판매하였으며, 제조원가 산정을 위한 자료는 다음과 같다. ㈜한국의 고급형 모델의 단위당 제조원가는? (단, 기초재고와 기말재고는 없다.)

기출처 2019. 지방직 9급

구분		보급형	고급형
직접재료원가		₩32,000	₩5,000
직접노무원가		₩24,000	₩3,500
제조간접원가	작업준비	₩6,000	
	제품검사	₩9,000	
	합계	₩15,000	

활동	원가동인	활동사용량		
		보급형	고급형	계
작업준비	준비횟수	20회	10회	30회
제품검사	검사시간	100시간	100시간	200시간

① ₩100 ② ₩120 ③ ₩135 ④ ₩150

04 (1) 제조간접원가
총제조간접원가(₩15,000)를 활동기준에 따라 안분하여 고급형 모델에 배분할 제조간접원가를 구한다.
고급형 모델에 안분할 제조간접원가 = 작업준비분(₩2,000) + 제품검사분(₩4,500) = ₩6,500
작업준비원가 = ₩6,000 × 10회/30회 = ₩2,000
제품검사원가 = ₩9,000 × 100시간/200시간 = ₩4,500
∴ 제조간접원가 = ₩2,000 + ₩4,500 = ₩6,500
(2) 고급형 모델 제조원가 = 직접재료원가(₩5,000) + 직접노무원가(₩3,500) + 제조간접원가(₩6,500) = ₩15,000
∴ 고급형 모델 단위당 제조원가 = ₩15,000 ÷ 100개 = @ ₩150

답 04 ④

05 ㈜한국은 활동기준원가계산제도를 채택하고 있으며, 제조 활동과 관련된 자료는 다음과 같다.

활동	원가동인	최대활동량	총원가
제품준비	제품준비 횟수	100회	₩200,000
기계이용	기계작업 시간	200시간	₩600,000
검사	검사수행 횟수	200회	₩400,000

제조제품 중 하나인 제품 A와 관련된 자료가 다음과 같은 경우, 제품 A의 총원가는?

기출처 2025. 국가직 9급

기초원가	제품준비 횟수	기계작업 시간	검사수행 횟수
₩200,000	20회	20시간	10회

① ₩110,000
② ₩125,000
③ ₩140,000
④ ₩210,000

 풀이

05 (1) 제품준비 횟수 당 원가 = ₩200,000/100회 = ₩2,000/회
(2) 기계작업 시간 당 원가 = ₩600,000/200시간 = ₩3,000/시간
(3) 검사수행 횟수 당 원가 = ₩400,000/200회 = ₩2,000/회
∴ 제품 A의 총원가 = 기초원가 ₩20,000 + 제품준비 ₩2,000 × 20회 + 기계작업 ₩3,000 × 20시간 + 검사수행 ₩2,000 × 10회 = ₩140,000

답 05 ③

06 결합원가의 배분

Teacher's Map

❶ 개념

결합원가	동일한 원재료로부터 동일한 제조공정을 거쳐 동시에 생산되는 두 종류의 서로 다른 제품이 분리되기 직전까지 발생한 원가
결합제품	하나의 공정에서 동일한 재료를 투입하여 산출되어 나오는 제품
연산품	결합제품 중에서 상대적으로 판매가치가 비교적 큰 제품
부산물	결합제품 중 상대적으로 판매가치가 작은 제품

❷ 결합원가의 배분 방법

구분	방법
물량기준법	• 물리적인 특성(중량, 수량, 크기, 부피 등)을 기준으로 결합원가 배부 • 제품의 판매가격 정보가 없어도 적용 가능
분리점판매가치법	• 연산품의 분리점에서의 상대적인 판매가치를 기준으로 결합원가 배부 • 판매량이 아닌 생산량을 이용하여 배부 • 분리점에서 모든 제품이 판매될 경우 제품별 매출총이익률은 일치하게 됨 • 분리점에서 판매가치를 알 수 없는 경우 적용 불가함
순실현가치법	• 분리점에서 판매가치를 알 수 없는 경우 개별제품의 최종판매가치에서 추가가공원가를 차감한 순실현 가치를 기준으로 결합원가 배부 • 중간제품의 판매가격을 알 수 없는 경우에도 적용 가능함
균등이익률법	• 기업전체의 매출총이익률이 개별 제품의 매출총이익률과 같도록 결합원가를 배분

1 결합원가의 의의

❶ 결합제품

하나의 공정에 동일한 원재료를 투입하여 여러 개의 제품이 생산되는 경우가 있을 수 있다. 예를 들어, 원유의 가공을 통해 일반우유와 치즈와 분유 등의 여러가지 제품이 산출되어 나올 때 이를 결합제품(joint products)이라고 한다. 이때 **결합제품 중에서 상대적으로 판매가치가 비교적 큰 제품을 연산품**이라고 하고, **상대적으로 판매가치가 작은 제품은 부산물**이라고 한다.

[결합원가의 적용]

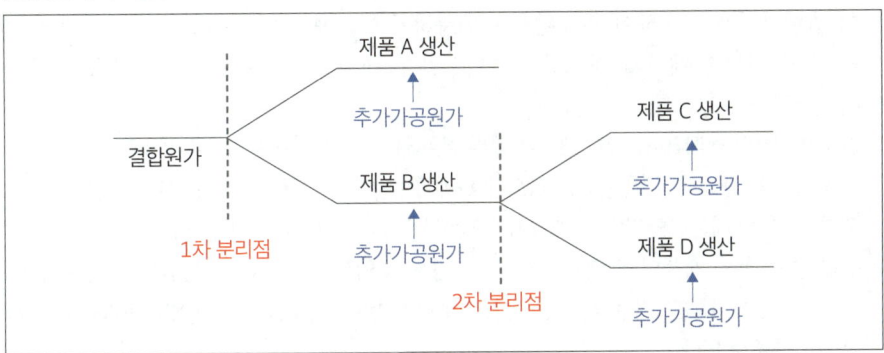

❷ 부산물 회계처리

결합제품의 생산과정에서 상대적으로 판매가치가 낮고 중요하지 않은 제품이 생산될 수 있는데, 이를 부산물이라고 한다. 상대적으로 가치가 중요하지 않은 부산물의 경우에는 결합원가를 배분하지 않는다. 대신에 부산물을 판매해서 생기는 순실현가능가치를 결합원가에서 차감하거나, 판매시점에 잡이익으로 인식한다.

❷ 결합원가의 배분

결합원가와 연산품 간의 명백한 인과관계를 파악하기 어려우므로, 인위적인 방법으로 **결합원가를 연산품에 배분**해야 한다.

❶ 물량기준법

물량기준법은 연산품에 공통되는 **물리적 특성**인 중량, 수량, 크기, 부피 등을 기준으로 **결합원가를 배분**하는 방법이다.

제품의 판매가격 정보가 없어도 적용 가능한 방법이다. 그러므로 물량기준법은 원가에 이익을 가산하여 판매가격을 정하는 원가가산결정방식에 이용할 수 있다. 즉, 다른 방법들이 판매가격을 이용하여 결합원가를 배분하기 때문에 판매가격이 먼저 결정되어야 하는 것에 비해 판매가격 정보없이 결합원가를 배분하고 배분된 결합원가를 바탕으로 판매가격을 산정한다.

물리적 기준이 판매가치와 상관관계가 없을 경우에는 개별제품의 수익성을 제대로 나타내지 못할 수 있다. 즉, 물리적인 산출량은 많으나 판매가치가 낮은 제품의 경우, 물량기준법으로 결합원가를 많이 배분받았지만 판매가치가 낮아서 수익성이 낮게 산출되는 반면에 물리적인 산출량이 적은 제품의 판매가치가 높은 경우 수익성이 과다하게 산출되는 경우가 있을 수 있다. 판매가치를 고려하지 않은 원가의 배분이므로 개별 제품의 수익성을 반영할 수 없다는 단점이 있을 수 있다.

📎 **확인문제**

01. ㈜한국은 5,000리터의 원재료를 가공하여 하나의 분리점에서 A, B, C 세 개의 제품을 분리한 후 추가 가공하여 제품을 생산하고 있다. 분리점에서 A, B, C는 각각 1,500리터, 500리터, 2,000리터 생산된다. A, B, C 제품 생산을 위해 투입된 결합원가는 ₩4,000,000이다. 분리점의 판매가치는 A가 ₩8,000,000 B가 ₩6,000,000 C는 ₩4,000,000이다. 결합원가를 물량기준법으로 배분하고 있을 때, B에 배분되는 결합원가는 얼마인가?

① ₩500,000
② ₩1,000,000
③ ₩1,500,000
④ ₩2,000,000

정답 ①

예제 1 물량기준법

㈜한국은 우유를 가공하여 일반우유와 탈지우유를 만들고, 추가가공을 거쳐 일반우유로부터 치즈를, 탈지우유로부터 탈지분유를 생산한다. 당기에 우유 100리터를 투입하여 일반우유 40리터와 탈지우유 50리터를 생산하였다. 일반우유 40리터에 추가가공원가 ₩40,000을 투입하여 치즈 40개를, 탈지우유 50리터에 추가가공원가 ₩60,000을 투입하여 탈지분유 60통을 만들었다. 일반우유와 탈지우유로 분리되는 분리점까지 발생된 원가는 ₩180,000이다.
제품별 판매가격은 다음과 같으며, 기초 및 기말재고는 없고 당기 생산제품은 모두 판매되었다고 가정한다.

- 일반우유   ₩2,500/리터   • 치즈   ₩3,000/개
- 탈지우유   ₩4,000/리터   • 탈지분유   ₩5,000/통

01 물량기준법에 의해 결합원가를 연산품에 배분하면 각각 얼마인가?

02 물량기준법에 의해 치즈와 탈지분유의 총제조원가 및 단위당 제조원가를 구하면 각각 얼마인가?

풀이

01 결합원가 배분

우유의 물리적 특성인 부피에 따라 결합원가를 연산품인 일반우유(40리터)와 탈지우유(50리터)에 배분한다.

일반우유 배분되는 결합원가 = ₩180,000 × 40 ÷ 90 = ₩80,000
탈지우유 배분되는 결합원가 = ₩180,000 × 50 ÷ 90 = ₩100,000

02 총제조원가 및 단위당 제조원가

	총제조원가	단위당 제조원가
치즈	₩80,000 + ₩40,000 = ₩120,000	₩120,000 ÷ 40개 = ₩3,000
탈지분유	₩100,000 + ₩60,000 = ₩160,000	₩160,000 ÷ 60통 = ₩2,667

정답 **01** 일반우유 ₩80,000 탈지우유 ₩100,000

02

구분	총제조원가	단위당 제조원가
치즈	₩120,000	₩3,000
탈지분유	₩160,000	₩2,667

확인문제

02. ㈜한국은 화학재료 4,000kg을 투입해서 정제공정을 거쳐 3:2의 비율로 연산품 A와 B를 생산하며, 분리점 이전에 발생한 결합원가는 다음과 같다.

구분	금액
직접재료원가	₩250,000
직접노무원가	₩120,000
제조간접원가	₩130,000
합계	₩500,000

결합제품의 kg당 판매가격은 연산품 A가 ₩40/kg이고, 연산품 B가 ₩60/kg이다. 분리점에서의 판매가치법에 따라 결합원가를 배분할 경우, 연산품 B에 배부되는 결합원가는? 기출처 2022. 국가직 9급

① ₩250,000   ② ₩350,000
③ ₩450,000   ④ ₩550,000

정답 ①

❷ 분리점 판매가치법

분리점에서의 판매가치법은 연산품의 분리점에서 상대적 판매가치를 기준으로 결합원가를 배분하는 방법이다. 결합원가는 판매량이 아닌 생산량과 상관관계를 가지고 발생하므로, 분리점의 판매가치를 계산할 때에는 생산량을 이용해야 한다. 이 방법은 수익비용 대응을 위해 판매가치가 높은 제품에 비례하여 많은 원가를 배분하는 방법이다. 이 방법을 사용하면 결합원가가 분리점에서의 판매가치에 비례해서 배분되므로 분리점에서 모든 제품이 판매될 경우 매출액에 비례해서 매출원가가 배분된 경우와 같으므로 제품별 매출총이익률은 일치하게 된다. 그러나 분리점에서의 판매가치를 알 수 없는 경우 적용하지 못한다는 단점이 있다.

> 분리점에서의 판매가치(총판매가치) = 분리점 생산량 × 분리점 판매가격

예제 2 분리점 판매가치법

㈜한국은 우유를 가공하여 일반우유와 탈지우유를 만들고, 추가가공을 거쳐 일반우유로부터 치즈를, 탈지우유로부터 탈지분유를 생산한다. 당기에 우유 100리터를 투입하여 일반우유 40리터와 탈지우유 50리터를 생산하였다. 일반우유 40리터에 추가가공원가 ₩40,000을 투입하여 치즈 40개를, 탈지우유 50리터에 추가가공원가 ₩60,000을 투입하여 탈지분유 60통을 만들었다. 일반우유와 탈지우유로 분리되는 분리점까지 발생된 원가는 ₩180,000이다.
제품별 판매가격은 다음과 같으며, 기초 및 기말재고는 없고 당기 생산제품은 모두 판매되었다고 가정한다.

• 일반우유	₩2,500/리터	• 치즈	₩3,000/개
• 탈지우유	₩4,000/리터	• 탈지분유	₩5,000/통

01 분리점 판매가치법에 의해 결합원가를 연산품에 배분하면 각각 얼마인가?

02 분리점에서 모든 제품이 팔렸다고 가정했을 때, 각 제품별 매출총이익률을 산정하면 얼마인가?

03 분리점 판매가치법에 의해 치즈와 탈지분유의 총제조원가 및 단위당 제조원가를 구하면 각각 얼마인가?

[풀이]
01 결합원가 배분
일반우유와 탈지우유의 생산량의 판매가치에 따라 제조원가를 배분한다.
일반우유 판매가치 = 40리터 × ₩2,500 = ₩100,000
탈지우유 판매가치 = 50리터 × ₩4,000 = ₩200,000
일반우유 배분원가 = ₩180,000 × ₩100,000/₩300,000 = ₩60,000
탈지우유 배분원가 = ₩180,000 × ₩200,000/₩300,000 = ₩120,000

02 매출총이익률

구분	매출액	매출원가(결합원가배분액)	매출총이익	매출총이익률
일반우유	₩100,000 (= 40리터 × ₩2,500)	₩60,000	₩40,000	40% (= ₩40,000/₩100,000)
탈지우유	₩200,000 (= 50리터 × ₩4,000)	₩120,000	₩80,000	40% (= ₩80,000/₩200,000)

03 총제조원가 및 단위당 제조원가

	총제조원가	단위당 제조원가
치즈	₩60,000 + ₩40,000 = ₩100,000	₩100,000 ÷ 40개 = ₩2,500
탈지분유	₩120,000 + ₩60,000 = ₩180,000	₩180,000 ÷ 60통 = ₩3,000

정답　01 일반우유 ₩60,000　탈지우유 ₩120,000
　　　02 일반우유 40%　탈지우유 40%
　　　03

구분	총제조원가	단위당 제조원가
치즈	₩100,000	₩2,500
탈지분유	₩180,000	₩3,000

오쌤 Talk

순실현가능가치법
① 순실현가능가치를 계산할 때, 판매량이 아닌 생산량을 이용해야 함 (즉, 생산된 물량이 전부 팔린다는 가정하에 순실현가치를 산정하고 이를 기준으로 결합원가 배분)
② 제품의 최종 제조원가를 구해야 한다면, 배부받은 결합원가뿐만 아니라 추가가공원가까지 가산해야 함

확인문제

03. ㈜한국은 당기에 1,000리터의 원유를 투입하여 분리점에서 A, B, C로 분리되었으며, A, B, C를 각각 추가가공하여 완제품을 생산하였다. A, B, C를 생산하기 위한 결합원가가 ₩1,000,000이라고 할 때 순실현가치법에 따라 배부한다면, 제품 C에 배부될 결합원가는 얼마인가?

제품	A	B	C
생산량	100	200	300
추가가공비	₩60,000	₩140,000	₩100,000
판매비	₩40,000	₩60,000	₩100,000
판매단가(개당)	₩3,000	₩5,000	₩4,000

① ₩300,000　② ₩400,000
③ ₩500,000　④ ₩600,000

정답 ③

❸ 순실현가치법

순실현가치법은 분리점에서의 판매가치를 알 수 없는 경우 개별제품의 최종판매가치에서 추가가공원가를 차감한 순실현가치를 기준으로 결합원가를 배분한다. 결합원가 배분할 때 연산품의 수익성이 고려되고 중간제품의 판매가격을 알 수 없는 경우에도 적용된다. 그러나, 이 방법은 결합공정에서 발생하는 결합원가만이 이익을 창출하고 추가공정에서 발생하는 추가원가는 이익창출에 공헌하지 못한다고 본다. 그러므로 추가가공을 인정하지 않는 결과가 되어 수익·비용대응에 적절하지 못한 결과가 생길 수도 있다.

또한 순실현가치가 (-)인 제품은 원가부담능력이 없다고 보고 결합원가를 배분하지 않는다.

분리점에서의 순실현가치 = 최종판매가치 - 추가가공원가 - 판매비

예제 3 순실현가치법

㈜한국은 우유를 가공하여 일반우유와 탈지우유를 만들고, 추가가공을 거쳐 일반우유로부터 치즈를, 탈지우유로부터 탈지분유를 생산한다. 당기에 우유 100리터를 투입하여 일반우유 40리터와 탈지우유 50리터를 생산하였다. 일반우유 40리터에 추가가공원가 ₩40,000을 투입하여 치즈 40개를, 탈지우유 50리터에 추가가공원가 ₩60,000을 투입하여 탈지분유 60통을 만들었다. 일반우유와 탈지우유로 분리되는 분리점까지 발생된 원가는 ₩180,000이다.
제품별 판매가격은 다음과 같으며, 기초 및 기말재고는 없고 당기 생산제품은 모두 판매되었다고 가정한다.

- 일반우유   ₩2,500/리터
- 탈지우유   ₩4,000/리터
- 치즈   ₩3,000/개
- 탈지분유   ₩5,000/통

01 순실현가치법에 의해 결합원가를 연산품에 배분하면 각각 얼마인가?

02 순실현가치법에 의해 치즈와 탈지분유의 총제조원가 및 단위당 제조원가를 구하면 각각 얼마인가?

풀이

01 결합원가 배분

일반우유와 탈지우유의 생산량의 순실현가치에 따라 제조원가를 배분한다.
일반우유 순실현가치 = 40개 × ₩3,000 − ₩40,000 = ₩80,000
탈지우유 순실현가치 = 60통 × ₩5,000 − ₩60,000 = ₩240,000
일반우유 배분원가 = ₩180,000 × ₩80,000/₩320,000 = ₩45,000
탈지우유 배분원가 = ₩180,000 × ₩240,000/₩320,000 = ₩135,000

02 총제조원가 및 단위당 제조원가

	총제조원가	단위당 제조원가
치즈	₩45,000 + ₩40,000 = ₩85,000	₩85,000 ÷ 40개 = ₩2,125
탈지분유	₩135,000 + ₩60,000 = ₩195,000	₩195,000 ÷ 60통 = ₩3,250

정답 01 일반우유 ₩45,000 탈지우유 ₩135,000

02

구분	총제조원가	단위당 제조원가
치즈	₩85,000	₩2,125
탈지분유	₩195,000	₩3,250

오쌤 Talk

순실현가치법과 균등이익률법 비교

순실현가치법	① 결합원가 배부 → ② (추가가공원가) 제조원가 산출
균등이익률법	① 제조원가산출(균등이익률 산정) → ② 결합원가 배부

순실현가치법은 순실현가치를 산출하여 결합원가를 배부한 후 추가가공원가를 가산하여 제조원가를 산출한다. 그러나 균등이익률법은 제조원가를 먼저 산정하여 균등이익률을 산출한 다음, 균등이익률(결국은 균등원가율을 이용)에 따라 결합원가를 배부한다.

❹ 균등이익률법

균등이익률법은 기업전체의 매출총이익률이 개별 제품의 매출총이익률이 되도록 결합원가를 배분하는 방법이다. 균등이익률법은 결합원가와 분리점 이후의 추가가공원가 모두 수익창출에 이바지한다고 보고 기업 전체의 이익률에 맞추어 원가를 배분하는 방법이다. 이때 개별 제품의 매출총이익률을 맞추기 위해 추가가공원가가 많이 발생되는 제품에는 적은 결합원가가 배분될 수도 있고, 경우에 따라서는 (-) 결합원가가 배분될 수도 있다.

기업전체의 매출총이익률과 개별제품의 매출총이익률을 일치시킨다는 의미는 바꾸어 기업전체의 매출원가율과 개별제품의 매출원가율을 일치시킨다는 의미와 동일하다. 그러므로 균등이익률법은 다음과 같은 과정으로 산출한다.

① 1단계: 기업전체 매출원가율 계산

$$\text{기업전체 매출원가율} = \frac{\text{기업전체 매출원가}(= \text{결합원가} + \text{총추가원가 가공원가})}{\text{기업전체 최종판매가액}}$$

② 2단계: 개별제품의 매출원가 계산

개별제품 매출원가 = 개별제품의 최종판매가격 × 기업전체 매출원가율

③ 3단계: 개별제품에 결합원가 배분

결합원가 배분액 = 개별제품의 매출원가 - 추가가공원가

예제 4 균등이익률법

㈜한국은 20X1년에 결합원가 ₩9,000,000을 투입하여 제품 A 1,000개와 제품 B 2,000개를 생산하였으며, 제품 A와 B의 최종 완성과정에서 ₩3,000,000과 ₩6,000,000의 추가가공원가가 발생하였다. 제품 A와 B의 판매가격은 단위당 ₩8,000과 ₩6,000이다. ㈜한국이 균등이익률법에 의하여 결합원가를 배분한다고 할 때, 제품 A와 B 각각에 배분되는 결합원가는 얼마인가?

[풀이]

(1) 기업전체 매출원가율 = $\dfrac{\text{기업전체 매출원가(결합원가 + 총추가가공원가)}}{\text{기업전체최종판매가액}}$

= $\dfrac{(₩9,000,000 + ₩3,000,000 + ₩6,000,000)}{(1,000개 \times ₩8,000 + 2,000개 \times ₩6,000)}$

= 90%

(2) 결합원가배분

제품	최종판매가액	매출원가(총제조원가)	− 추가가공원가	= 결합원가 배분액
A	₩8,000,000	₩8,000,000 × 90% = ₩7,200,000	− ₩3,000,000	= ₩4,200,000
B	₩12,000,000	₩12,000,000 × 90% = ₩10,800,000	− ₩6,000,000	= ₩4,800,000
계	₩20,000,000	₩18,000,000		= ₩9,000,000

정답 A ₩4,200,000 B ₩4,800,000

확인문제

04. ㈜한국은 당기에 제1공정에서 결합원가 ₩120,000을 투입하여 결합제품 A, B, C를 생산하였다. A와 B는 분리점에서 각각 ₩100,000과 ₩80,000에 판매 가능하며, C는 분리점에서 판매 불가능하므로 추가가공원가 ₩60,000을 투입하여 ₩120,000에 판매한다. ㈜한국이 균등이익률법으로 결합원가를 배부할 경우, C에 배부될 결합원가는?

기출처 2022. 지방직 9급

① ₩12,000
② ₩48,000
③ ₩60,000
④ ₩72,000

정답 ①

OX 퀴즈

다음 문장의 경우 올바른 설명에는 ○, 틀린 설명에는 ×를 하고 틀린 설명은 수정하시오.

① 결합원가의 배분 시 순실현가치법에서는 분리점에서의 순실현가치를 계산할 때 최종판매가격에서 추가가공원가를 차감하되, 판매비는 차감하지 않는다. ( )

② 분리점에서의 판매가치법에 의할 경우 분리점에서 제품이 모두 판매된다고 가정하면, 매출총이익률은 제품별로 동일하다. ( )

③ 분리점에서의 판매가치를 알 수 없는 경우에는 순실현가치법보다는 판매가치법을 사용해야 한다. ( )

④ 물량기준법은 개별제품의 물리적단위와 판매가치에 상관관계가 존재할 경우 유용한 방법이다. ( )

⑤ 판매가치를 알 수 없는 경우에도 물량기준법에 의한 결합원가 배분은 가능하다. ( )

⑥ 균등이익률법은 기업전체의 영업이익률이 개별제품의 영업이익률과 동일하도록 결합원가를 배부하는 방법이다. ( )

⑦ 부산물은 상대적으로 판매가치가 낮고 중요하지 않은 제품으로 결합원가를 배부하지 않고 부산물을 판매해서 생기는 순실현가능가치를 결합원가에서 차감하거나, 판매시점에 잡이익으로 인식한다. ( )

OX 풀이

❶ ✕ 결합원가의 배분 시 순실현가치법에서는 분리점에서의 순실현가치를 계산할 때 최종판매가격에서 추가가공원가와 판매비를 차감한다.

❷ ○

❸ ✕ 판매가치법은 분리점에서의 판매가치에 따라 원가를 배분하므로, 판매가치를 알 수 없는 경우에는 사용할 수 없다.

❹ ○

❺ ○

❻ ✕ 균등이익률법은 기업전체의 매출총이익률이 개별제품의 매출총이익률과 동일하도록 결합원가를 배부하는 방법이다.

❼ ○

실전훈련

01 연산품을 분리점 이후에 추가 가공할 것인지 여부를 결정할 때 의사결정에 영향을 끼치지 않는 원가는 무엇인가?

① 추가가공을 위해 투입할 원가
② 분리점에서의 판매가치
③ 결합원가
④ 추가가공 후 판매가치

02 A와 B 두 종류의 결합제품을 생산하고 두 제품이 모두 분리 후 즉시 판매 가능하다. 결합원가의 배분을 순실현가치법에 의하고 있다. 회사가 제품 A의 판매가격을 10% 인상하면 다음 중 어떤 결과가 발생하는가?

① 제품 B에 배분되는 결합원가가 증가한다.
② 제품 A의 매출총이익률이 제품 B보다 커진다.
③ 제품 B의 판매량이 증가한다.
④ 제품 A에 배분되는 결합원가가 증가한다.

풀이

01 ③ 결합원가는 이미 발생한 원가로 추가가공 여부에는 영향을 끼치지 않는 매몰원가이다.
02 ④ A제품의 판매가치가 증가하면, A제품의 순실현가치가 커지므로 이에 따라 결합원가 배분액도 증가하게 된다. 판매량이나 매출총이익률 등은 현재 정보로는 알 수 없다.

답 01 ③ 02 ④

03

㈜서울은 사과를 가공해서 사과주스원액과 사과비누원액을 생산한 후, 추가가공을 거쳐 사과주스와 사과비누를 생산하고 있다. 20X1년 1월 사과 1,000kg을 투입(분리점까지 발생원가: ₩3,000,000)하여 사과주스원액 500L와 사과비누원액 500L가 생산되었다. 사과주스원액 500L는 추가원가 ₩500,000으로 사과주스 2,000개가 생산되었으며, 사과비누원액 500L는 추가원가 ₩700,000으로 사과비누 2,000개가 생산되었다. 제품별 판매가격은 <보기>와 같다. 기초 및 기말재고자산은 없으며 생산된 제품은 모두 판매되었다. 분리점에서의 판매가치법(sales value at split-off method) 을 이용하여 결합원가를 배분할 경우 사과주스의 매출총이익은?

기출처 2018. 서울시 7급

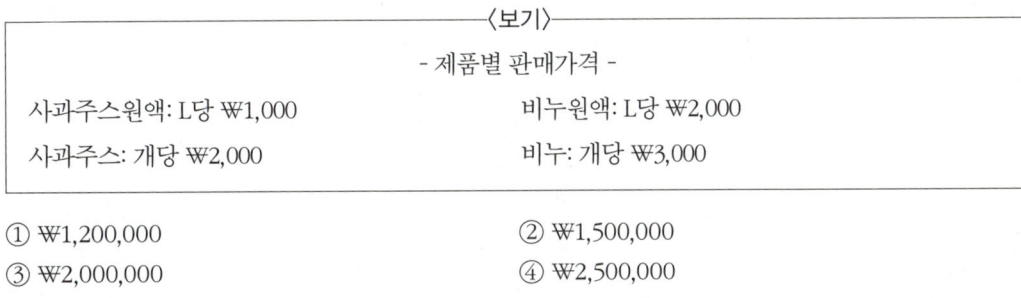

① ₩1,200,000
② ₩1,500,000
③ ₩2,000,000
④ ₩2,500,000

풀이

03 (1) 흐름도

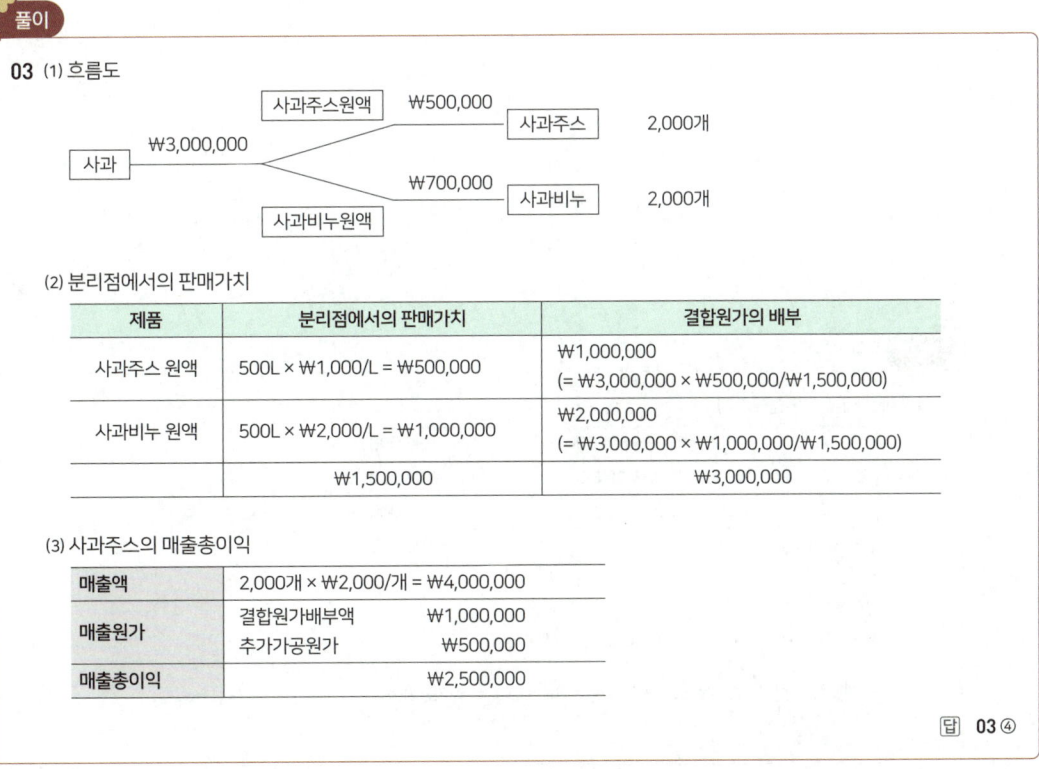

(2) 분리점에서의 판매가치

제품	분리점에서의 판매가치	결합원가의 배부
사과주스 원액	500L × ₩1,000/L = ₩500,000	₩1,000,000 (= ₩3,000,000 × ₩500,000/₩1,500,000)
사과비누 원액	500L × ₩2,000/L = ₩1,000,000	₩2,000,000 (= ₩3,000,000 × ₩1,000,000/₩1,500,000)
	₩1,500,000	₩3,000,000

(3) 사과주스의 매출총이익

매출액	2,000개 × ₩2,000/개 = ₩4,000,000
매출원가	결합원가배부액　₩1,000,000 추가가공원가　　₩500,000
매출총이익	₩2,500,000

답 03 ④

04 다음은 제품A~C에 대한 자료이다. 이 중에서 제품A에 대한 설명으로 옳지 않은 것은? (단, 결합원가 ₩70,000의 배분은 순실현가치기준법을 사용한다.)

기출처 2015. 국가직 9급

제품	생산량	각 연산품 추가가공비	단위당 공정가치
A	100kg	₩15,000	₩500
B	150kg	₩8,000	₩300
C	200kg	₩12,000	₩200

① 매출액은 ₩50,000이다
② 순실현가치는 ₩35,000이다.
③ 단위당 제조원가는 ₩245이다.
④ 결합원가의 배분액은 ₩24,500이다.

 풀이

04 (1) 각 제품의 순실현가치

A	₩500 × 100 - ₩15,000	₩35,000
B	₩300 × 150 - ₩8,000	₩37,000
C	₩200 × 200 - ₩12,000	₩28,000
합계		₩100,000

(2) 결합원가배부
  A: ₩70,000 × ₩35,000/₩100,000 = ₩24,500

(3) 단위당 제조원가= (₩24,500 + ₩15,000)/100kg = ₩395/kg

답 **04** ③

05 ㈜한국은 원재료를 가공하여 연산품 A와 B를 생산하고 있다. 당기에 원재료 600개를 투입하여 A를 360개, B를 240개 생산하였으며, 원가 발생 현황은 다음과 같다.

직접재료원가	₩8,000
직접노무원가	₩2,400
제조간접원가	₩1,600

분리점에서 연산품 A와 B의 판매가는 각각 ₩40과 ₩20이다. A의 경우 추가가공비를 투입하여 추가가공할 경우 최종적으로 ₩50에 판매가 가능하다. 추가가공을 하는 것이 회사에 이익이려면 추가가공비가 얼마 미만이여야 하는가?

① ₩3,200
② ₩3,600
③ ₩4,000
④ ₩4,400

06 ㈜한국제철은 A공정과 추가공정을 거쳐 두 종류의 철강을 생산하고 있다. A공정 다음에 추가공정 B를 거치면 고급 철강제품 '갑'이 생산되고, A공정 다음에 추가공정 C를 거치면 보통 철강제품 '을'이 생산된다. 20X1년 1월 중 A공정의 제조원가는 ₩800,000이고, 추가공정 B의 제조원가는 ₩600,000이고, 추가공정 C의 제조원가는 ₩200,000이다. ㈜국민제철은 1월 중에 고급 철강제품 '갑'을 400톤 생산해 톤당 ₩5,000에 판매하였고, 보통 철강제품 '을'을 200톤 생산해 톤당 ₩4,000에 판매하였다. A공정의 제조원가(결합원가)를 순실현가치법에 의해 배분하면, 고급 철강제품 '갑'의 1월 중 단위당 제조원가는 얼마인가?

① ₩2,400
② ₩2,500
③ ₩2,800
④ ₩2,900

05 추가가공을 할 경우 추가로 얻는 수익이 (₩50 - ₩40) × 360 = ₩3,600이다. 그러므로 추가가공비는 ₩3,600미만이어야 추가가공으로 인한 이익이 발생한다.

06

제품	생산량	판매단가	총판매가치	추가가공비	순실현가치	배분비율	결합원가배분	총원가
갑	400	₩5,000	₩2,000,000	₩600,000	₩1,400,000	14/20	₩560,000	₩1,160,000
을	200	₩4,000	₩800,000	₩200,000	₩600,000	6/20	₩240,000	₩440,000
합계					₩2,000,000	20/20	₩800,000	

갑의 단위당 원가 = ₩1,160,000 ÷ 400단위 = ₩2,900

답 05 ② 06 ④

07 ㈜한국은 결합제품 A, B를 생산하고 있으며, 결합원가는 분리점에서의 상대적 순실현가치를 기준으로 배분한다. ㈜한국의 20X1년 원가자료는 다음과 같다.

제품	제품 A	제품 B
생산량	2,000단위	5,000단위
단위당 추가가공원가	₩100	₩80
추가가공 후 단위당 판매가격	₩400	₩160
결합원가	₩350,000	

기초와 기말제품재고는 없다고 가정할 때, 20X1년도 제품 A와 제품 B의 매출총이익은?

기출처 2019. 국가직 9급

	제품 A	제품 B
①	₩325,000	₩325,000
②	₩390,000	₩260,000
③	₩425,000	₩225,000
④	₩500,000	₩150,000

07	구분	제품 A	제품 B
	단위당 순실현가능액 (= 추가가공 후 단위당 판매가격 – 단위당 추가가공원가)	₩400 - ₩100 = ₩300	₩160 - ₩80 = ₩80
	순실현가능액	₩300 × 2,000단위 = ₩600,000	₩80 × 5,000단위 = ₩400,000
	비율	60%	40%
	결합원가배분	₩350,000 × 60% = ₩210,000	₩350,000 × 40% = ₩140,000
	추가가공원가	₩100 × 2,000단위 = ₩200,000	₩80 × 5,000단위 = ₩400,000
	매출원가	₩410,000	₩540,000
	매출액	2,000단위 × ₩400 = ₩800,000	5,000단위 × ₩160 = ₩800,000
	매출총이익(= 매출액 – 매출원가)	₩800,000 - ₩410,000 = ₩390,000	₩800,000 - ₩540,000 = ₩260,000

[참고] 결합원가만 순실현가치의 비율로 배분하고, 제시된 지문의 매출총이익이 모두 다르므로, 제품 A만 계산해도 답을 찾을 수 있다.

답 07 ②

08 ㈜한국의 당기 결합원가는 ₩500,000이며, 순실현가치법에 의해 배부된다. 연산품 A와 B는 추가가공 후에 판매하기로 하였다. A제품을 판매할 경우 회사의 이익은 얼마인가?

제품	A	B
생산량	200	150
추가가공비	₩200,000	₩150,000
판매비	₩100,000	₩50,000
분리점 판매가치	₩800,000	₩450,000
최종 판매가치	₩1,200,000	₩800,000

① ₩450,000 ② ₩500,000
③ ₩550,000 ④ ₩600,000

09 ㈜한국은 5,000리터의 원재료를 가공하여 하나의 분리점에서 갑, 을, 병 세 개의 제품을 분리한 후 추가가공하여 제품을 생산하고 있다. 갑, 을, 병 제품 생산을 위해 투입된 결합원가는 ₩4,000,000이다. 추가가공원가는 갑은 ₩4,000,000, 을은 ₩3,000,000, 병은 ₩1,000,000이 투입되고, 판매가치는 갑이 ₩8,000,000, 을이 ₩6,000,000, 병은 ₩4,000,000이다. 결합원가를 순실현가치 기준으로 배분하고 있을 때 갑, 을, 병 중 이익률이 가장 높은 제품은 무엇인가?

① 갑 ② 을 ③ 병 ④ 갑과 을

08 분리점 판매가치는 순실현가치법에서는 이용하지 않는 정보이다.
A의 순실현가치 = ₩1,200,000 - ₩200,000 - ₩100,000 = ₩900,000
B의 순실현가치 = ₩800,000 - ₩150,000 - ₩50,000 = ₩600,000
A에 배분될 결합원가 = ₩500,000 × (₩900,000 ÷ ₩1,500,000) = ₩300,000
A의 영업이익 = ₩1,200,000 - ₩300,000 - ₩200,000 - ₩100,000 = ₩600,000

09

제품	총판매가치	추가가공원가	순실현가치	배분비율	결합원가배분	총원가
갑	₩8,000,000	₩4,000,000	₩4,000,000	4/10	₩1,600,000	₩5,600,000
을	₩6,000,000	₩3,000,000	₩3,000,000	3/10	₩1,200,000	₩4,200,000
병	₩4,000,000	₩1,000,000	₩3,000,000	3/10	₩1,200,000	₩2,200,000
합계			₩10,000,000	10/10	₩4,000,000	

위에 의할 때 이익률은 다음과 같이 계산된다.

제품	이익률
갑	(₩8,000,000 - ₩5,600,000) ÷ ₩8,000,000 = 30%
을	(₩6,000,000 - ₩4,200,000) ÷ ₩6,000,000 = 30%
병	(₩4,000,000 - ₩2,200,000) ÷ ₩4,000,000 = 45%

답 08 ④ 09 ③

10 ㈜한국은 단일의 공정을 거쳐 A, B 두 종류의 결합제품을 생산하고 있으며, 사업 첫 해인 당기에 발행한 결합원가는 ₩200이다. 다음의 자료를 이용하여 결합원가를 균등이익률법으로 배부할 경우 제품 A와 B에 배부될 결합원가로 옳은 것은?

기출처 2017. 국가직 9급

구분	추가가공 후 최종가치(매출액)	추가가공원가
제품 A	₩100	₩50
제품 B	₩300	₩50

	제품 A	제품 B
①	₩175	₩25
②	₩150	₩50
③	₩50	₩150
④	₩25	₩175

10 (1) 기업전체 매출원가율 = (결합원가 + 추가가공원가)/최종매출액
= (₩200 + ₩50 + ₩50)/(₩100 + ₩300) = 75%
(2) 제품A의 매출원가 = 제품A의 매출액 × 매출원가율 = ₩100 × 75% = ₩75
∴ 제품A의 결합원가배부액 = ₩75 - ₩50 = ₩25
(3) 제품B의 매출원가 = 제품B의 매출액 × 매출원가율 = ₩300 × 75% = ₩225
∴ 제품B의 결합원가배부액 = ₩225 - ₩50 = ₩175

답 **10** ④

11 ㈜한국은 연산품 X와 Y를 추가 가공 후 판매하고 있으며, 순실현가치법을 적용하여 결합원가를 배부한다. Y에 배부된 결합원가가 ₩3,000이라면, X에 배부된 결합원가는?

기출처 2024. 국가직 7급

연산품	생산량	단위당 추가 가공원가	단위당 최종 판매가격
X	200단위	₩50	₩400
Y	300단위	₩100	₩200

① ₩3,500 ② ₩5,000
③ ₩7,000 ④ ₩10,000

 풀이

11 (1) Y의 순실현가치 = ₩200 × 300단위 - ₩100 × 300단위 = ₩30,000
(2) X의 순실현가치 = ₩400 × 200단위 - ₩50 × 200단위 = ₩70,000
(3) 전체 결합원가 = Y에 배부된 결합원가 ₩3,000 × (₩30,000 + ₩70,000)/₩30,000 = ₩10,000
∴ X에 배부된 결합원가 = ₩10,000 × 70% = ₩7,000

답 11 ③

07 변동원가계산

Teacher's Map

❶ 전부원가계산, 변동원가계산, 초변동원가계산

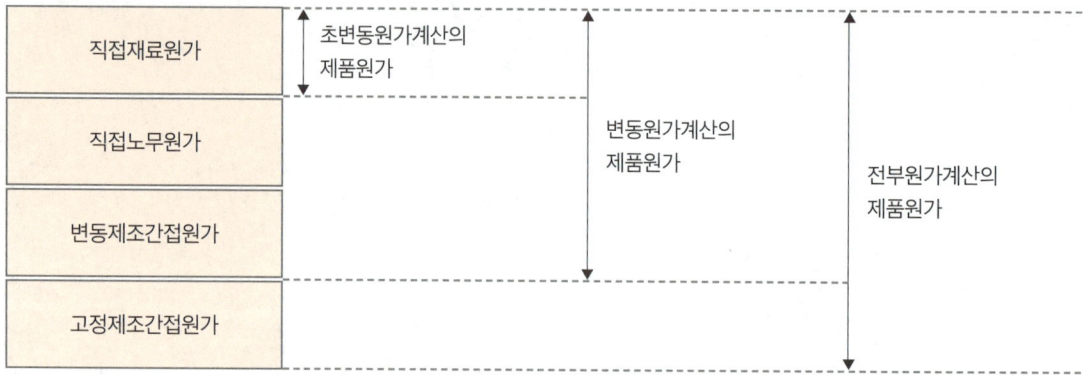

❷ 전부원가계산과 변동원가계산의 이익 비교

상황	재고변화	비용 처리되는 고정제조간접원가	이익
생산량 > 판매량 (기초재고수량 < 기말재고수량)	증가	전부 < 변동	전부 > 변동
생산량 = 판매량 (기초재고수량 = 기말재고수량)	불변	전부 = 변동	전부 = 변동
생산량 < 판매량 (기초재고수량 > 기말재고수량)	감소	전부 > 변동	전부 < 변동

❸ 초변동원가계산과 변동원가계산, 변동원가계산과 전부원가계산

	초변동원가계산의 이익	XXX
(+)	기말재고자산에 포함된 변동가공원가	XXX
(−)	기초재고자산에 포함된 변동가공원가	(XXX)
	변동원가계산의 이익	XXX
(+)	기말재고자산에 포함된 고정제조간접원가	XXX
(−)	기초재고자산에 포함된 고정제조간접원가	(XXX)
	전부원가계산의 이익	XXX

1 제품원가와 기간원가

❶ 제품원가와 기간원가의 구분

제품의 원가는 제품원가계산 과정에서 재고자산에 할당되는 원가로, 재무제표에 재고자산으로 계상되었다가 제품이 판매될 때 매출원가라는 비용계정으로 대체된다. 반면에 기간원가는 제품의 생산과 관계없이 발생되므로 발생된 기간에 비용으로 처리되는 원가이다.

즉, **제품원가는 제품이 판매될 때 비용으로 처리되고, 기간원가는 발생 즉시 비용으로 처리되므**로 제품의 원가를 어디까지 인정하느냐에 따라 당기비용으로 인식되는 금액이 달라지고, 이익이 달라지게 된다.

❷ 전부원가, 변동원가, 초변동원가

제품원가를 구성하는 요소에 따라 전부원가계산, 변동원가계산, 초변동원가계산으로 구분할 수 있다.

2-1 전부원가계산

전부원가계산은 직접재료원가, 직접노무원가, 변동제조간접원가, 고정제조간접원가 등 **모든 제조원가를 제품원가에 포함시키는 방법**으로, 외부보고용 재무제표 작성 시에는 이 방법에 따라 계산하여야 한다.

2-2 변동원가계산

변동원가계산(공헌이익법)은 고정제조간접원가를 제품의 생산과 직접 관련이 없다고 보아, **직접재료원가, 직접노무원가, 변동제조간접원가 등 변동제조원가만을 제품원가에 포함시키는 방법**이다. 따라서 **고정제조간접원가도 판매비, 관리비와 함께 기간원가로 처리**된다. 이 방법은 주로 내부 의사결정 및 성과평가 등에 사용된다.

2-3 초변동원가계산

초변동원가계산은 **직접재료원가만을 제품원가에 포함시키고 나머지 원가는 모두 기간원가로 처리**한다. 직접노무원가나 변동제조간접원가도 고정원가 성격을 지닌다고 보고 있다.

[제품원가 구성요소에 따른 분류]

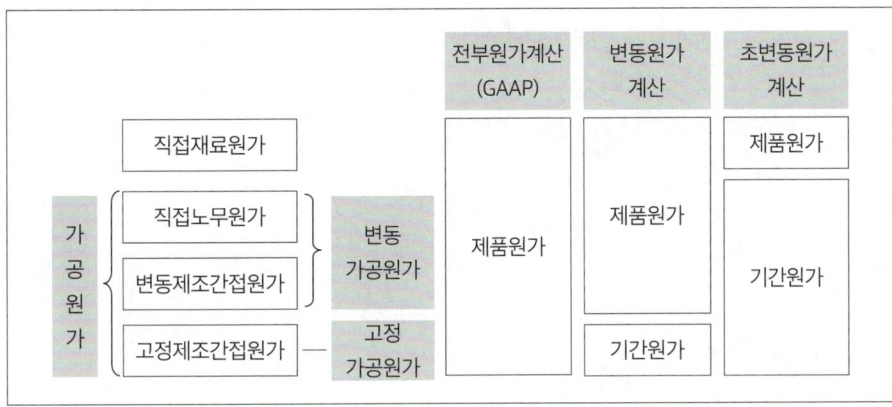

> **확인문제**
>
> **01.** 전부원가계산, 변동원가계산 및 초변동원가계산에 대한 설명으로 옳지 않은 것은?
> ① 초변동원가계산에서는 직접재료원가만 제품의 원가에 포함한다.
> ② 변동원가계산은 변동제조원가만을 재고가능원가로 간주하므로 직접재료원가, 변동가공원가를 제품원가에 포함한다.
> ③ 변동원가계산의 영업이익은 일반적으로 생산량과 판매량에 의해 영향을 받는다.
> ④ 변동원가계산에서는 원가를 형태에 따라 구분하여 변동원가와 고정원가로 분류한다.
>
> 정답 ③

② 변동원가계산과 전부원가계산

❶ 변동원가

변동원가계산이란 제조원가를 변동원가와 고정원가로 구분하여 변동원가만을 제품의 원가에 포함시키고, 고정원가는 조업도와 관계없이 기간원가로 처리하는 방법이다. 즉, 변동원가계산은 다음과 같이 직접원가에 해당하는 원가만을 제품원가에 포함시키기 때문에 직접원가계산이라고도 한다.

[변동원가계산의 흐름]

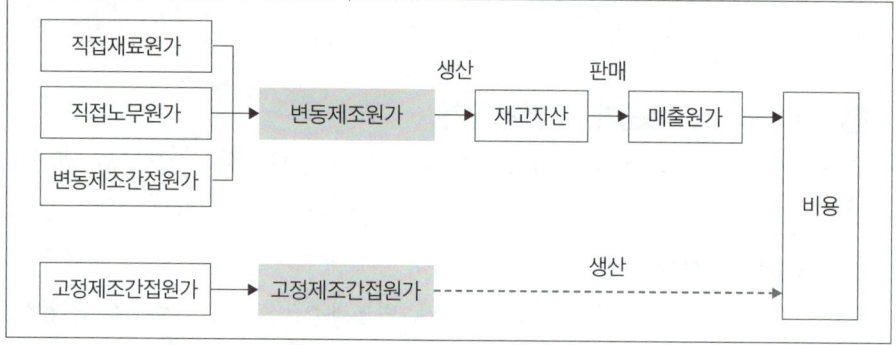

❷ 전부원가

전부원가계산(absorption costing)이란 직접재료원가, 직접노무원가, 변동제조간접원가는 물론 고정제조간접원가까지도 제조와 관련되었다면 모든 원가를 제품원가로 보는 방법이다.

[전부원가계산의 흐름]

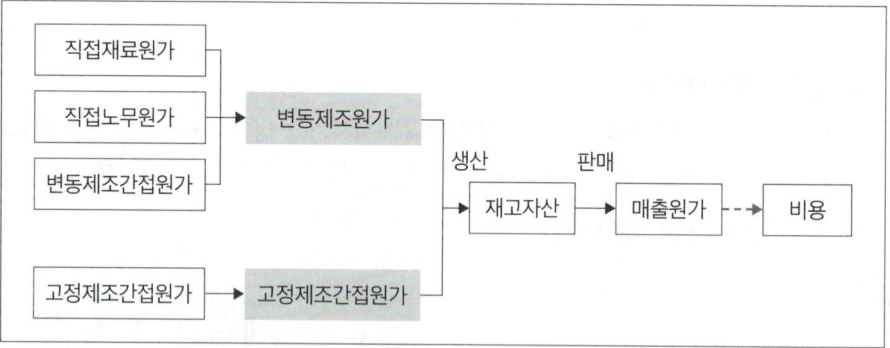

확인문제

02. 변동원가계산과 관련된 다음의 설명 중 옳지 않은 것은?

  기출처 2014. 서울시 9급

① 변동제조간접원가는 매출원가에 포함된다.
② 공헌이익에 대한 정보를 제공하므로 단기의사결정과 성과평가에 유용하다.
③ 외부보고 및 조세목적을 위해서 일반적으로 인정되는 방법이다.
④ 고정제조간접원가는 매출원가에 포함되지 않는다.

정답 ③

확인문제 최신

03. 변동원가계산에 대한 설명으로 옳지 않은 것은? 기출처 2024. 국가직 9급

① 의사결정을 위한 내부보고목적으로 사용할 때 장점이 있다.
② 변동제조원가와 변동판매관리비 등 조업도에 따라 변동하는 원가는 제품원가로 분류한다.
③ 전부원가계산에 비해 제품원가를 과소평가하게 된다.
④ 고정제조간접원가는 기간비용 처리되므로 수익·비용대응의 원칙에 어긋난다.

정답 ②

❸ 변동원가계산과 전부원가계산의 손익계산서

3-1 손익계산서 비교

변동원가계산은 원가행태에 따라 비용을 분류하므로, 변동원가계산의 손익계산서에서는 비용을 **변동원가와 고정원가로 구분**하여 표시한다. 매출액에서 변동제조원가 및 변동판매관리비를 차감한 값을 **공헌이익**이라고 하는데, 이는 **고정원가를 회수하고 이익에 공헌할 수 있는 금액**을 의미한다.

[전부원가계산과 변동원가계산 손익계산서]

I. 매출액		XXX	I. 매출액			XXX
II. 매출원가[1*]			II. 변동원가			
기초제품재고액	XXX		1. 변동매출원가[2*]			
당기제품제조원가	XXX		기초제품재고액	XXX		
기말제품재고액	(XXX)	XXX	당기제품제조원가	XXX		
III. 매출총이익		XXX	기말제품재고액	(XXX)		
IV. 판매비와관리비			변동매출원가		XXX	
1. 변동판매관리비	XXX		2. 변동판매관리비		XXX	(XXX)
2. 고정판매관리비	XXX	(XXX)	III. 공헌이익			XXX
V. 영업이익		XXX	IV. 고정원가			
			1. 고정제조간접원가		XXX	
			2. 고정판매관리비		XXX	(XXX)
			V. 영업이익			XXX

3-2 변동원가계산에서의 이익과 기말재고자산

변동원가계산의 이익을 계산할 경우, 다음과 같은 식을 이용한다.

$$\text{변동원가계산의 이익} = (\text{판매가격} - \text{단위당 변동원가}) \times \text{판매량} - \text{총고정원가}$$

그러므로 생산량과 판매량의 정보가 각각 주어질 경우 생산량의 정보는 의미가 없다. 판매량의 정보를 통해 변동원가계산의 이익을 산정한다. 또한 총고정원가는 고정제조간접원가와 고정판매비와관리비를 합한 총계를 대입한다.

변동원가계산에서의 기말재고는 다음과 같이 산출된다.

$$\text{변동원가계산의 기말재고자산} = (\text{단위당 직접재료원가} + \text{단위당 직접노무원가} + \text{단위당 변동제조간접원가}) \times \text{기말재고수량}$$

1* 변동제조원가와 고정제조간접원가가 포함되어 있음
2* 변동제조원가만 포함되어 있음

 확인문제 최신

04. 20X1년에 영업을 시작한 ㈜한국의 당해 연도 생산·판매와 관련된 자료가 다음과 같을 때, 변동원가계산에 의한 영업이익은? 기출처 2023. 지방직 9급

○ 생산수량	5,000단위
○ 판매수량	4,000단위
○ 단위당 판매가격	₩2,000
○ 단위당 직접재료원가	₩500
○ 단위당 직접노무원가	₩400
○ 단위당 변동제조간접원가	₩300
○ 단위당 변동판매관리비	₩200
○ 총고정제조간접원가	₩350,000
○ 총고정판매관리비	₩150,000

① ₩1,620,000   ② ₩1,900,000
③ ₩1,970,000   ④ ₩2,500,000

정답 ②

 오쌤 Talk

전부원가계산과 변동원가계산의 비교

전부원가계산에서는 제품의 제조원가와 판매비와관리비로 구분한다. 그러나 변동원가계산에서는 제조원가와 판매비와관리비를 모두 합쳐서 변동원가와 고정원가로 구분한다. 그러므로 당기 변동원가에는 제품의 제조원가에 해당하는 변동원가와 판매비와관리비에 해당하는 변동원가가 합산되어 보고되고, 고정원가에는 제조원가에 해당하는 고정원가와 판매비와관리비에 해당하는 고정원가가 합산되어 보고된다.

예제 1 전부원가계산과 변동원가계산

㈜한국은 당기에 10,000개의 제품을 생산하였다. 제품단위당 변동제조원가는 ₩200이고, 당기 발생 총 고정제조간접원가는 ₩5,000,000이다. 회사의 기초제품은 5,000개이고 당기 중 12,000개를 단위당 ₩1,500에 판매하였다. 판매비와관리비로 판매가격의 10%를 지출하였고, 고정 판매비 및 관리비가 ₩1,500,000 발생하였다. 기초제품이 단위당 원가가 당기 제품과 동일하다고 가정할 때 다음을 각각 구하면 얼마인가?

01 전부원가계산방법에 의한 영업이익

02 변동원가계산방법에 의한 공헌이익 및 영업이익

[풀이]

01 전부원가계산방법에 의한 영업이익

I. 매출액	₩18,000,000	12,000개 × ₩1,500 = ₩18,000,000
II. 매출원가	₩8,400,000	전부원가계산에 의할 경우 모든 제조원가는 매출원가이다. 제품 물량흐름은 다음과 같다. 제품 기초제품 5,000 | 판매 12,000 당기완성 10,000 | 기말제품 3,000 ────── ────── 15,000 | 15,000 단위당 고정제조간접원가 = ₩5,000,000 ÷ 10,000개 = ₩500/개 단위당 변동제조원가는 ₩200/개 이므로, 단위당 총제조원가는 ₩700/개이다. ∴ 매출원가 = 단위당원가 × 판매량 = ₩700 × 12,000개 = ₩8,400,000
III. 매출총이익(= I − II)	₩9,600,000	
IV. 판매비와관리비	₩3,300,000	① 변동판매관리비 = 매출액 × 10% = ₩18,000,000 × 10% = ₩1,800,000 ② 고정판매관리비 = ₩1,500,000 ∴ 총 발생 판매관리비는 ₩3,300,000
V. 영업이익(= III − IV)	₩6,300,000	

02 변동원가계산방법에 의한 영업이익

I. 매출액	₩18,000,000	12,000개 × ₩1,500 = ₩18,000,000
II. 변동원가		
1. 변동매출원가	₩2,400,000	변동원가계산에서는 변동제조원가만을 매출원가로 인식하므로, 제품단위당 매출원가는 ₩200이 된다. ∴ 변동매출원가 = 단위당원가 × 판매량 = ₩200 × 12,000개 = ₩2,400,000
2. 변동판매비와관리비	₩1,800,000	변동판매관리비는 매출액의 10%이므로, 전부원가계산과 동일하다. ∴ 변동판매관리비 = 매출액 × 10% = ₩18,000,000 × 10% = ₩1,800,000
III. 공헌이익(= I − II)	₩13,800,000	
IV. 고정원가	₩6,500,000	전부원가계산은 단위당 고정제조간접원가를 계산하는 반면, 변동원가계산에서는 전액 기간비용으로 처리한다. ∴ 고정원가 = 고정제조간접원가 + 고정판매관리비 = ₩5,000,000 + ₩1,500,000 = ₩6,500,000
V. 영업이익(= III − IV)	₩7,300,000	

정답 **01** ₩6,300,000
     02 공헌이익 ₩13,800,000, 영업이익 ₩7,300,000

05. ㈜한국은 2015년에 영업을 시작하였으며, 당해 연도의 생산 및 판매와 관련된 자료는 다음과 같다. ㈜한국이 실제원가계산에 의한 전부원가계산방법과 변동원가계산방법을 사용할 경우, 영업이익이 더 높은 방법과 두 방법 간 영업이익의 차이는? 기출처 2016. 지방직 9급

○ 제품생산량	1,000개
○ 고정제조간접원가	₩1,000,000
○ 기말 재공품은 없음	
○ 제품판매량	800개
○ 고정판매비와관리비	₩1,100,000

영업이익이 더 높은 방법	영업이익의 차이
① 전부원가계산	₩ 200,000
② 변동원가계산	₩ 200,000
③ 전부원가계산	₩ 220,000
④ 변동원가계산	₩ 220,000

정답 ①

❹ 이익차이의 조정

4-1 초변동원가계산과 변동원가계산, 변동원가계산과 전부원가계산

초변동원가계산의 이익	XXX
(+) 기말 재고자산에 포함된 변동가공원가*	XXX
(-) 기초 재고자산에 포함된 변동가공원가*	XXX
변동원가계산의 이익	XXX
(+) 기말 재고자산에 포함된 고정제조간접원가**	XXX
(-) 기초 재고자산에 포함된 고정제조간접원가**	XXX
전부원가계산의 이익	XXX

4-2 초변동원가계산과 전부원가계산

초변동원가계산의 이익	XXX
(+) 기말 재고자산에 포함된 가공원가	XXX
(-) 기초 재고자산에 포함된 가공원가	XXX
전부원가계산의 이익	XXX

* 변동원가계산의 재공품과 제품에 포함된 변동가공원가(직접노무원가, 변동제조간접원가)
  재공품에 포함된 변동가공원가 = 재공품의 가공원가 완성품환산량 × 완성품환산량 단위당 변동가공원가

** 전부원가계산의 재공품과 제품에 포함된 고정제조간접원가
  재공품에 포함된 고정제조간접원가 = 재공품의 가공원가 완성품환산량 × 완성품환산량 단위당 고정제조간접원가

예제 2 이익차이의 조정

㈜한국은 20X1년 1월 1일에 설립된 회사이다. 20X1년도 1월 및 2월의 원가자료는 다음과 같다.

구분	1월	2월
최대생산가능량	1,000단위	1,200단위
생산량	800단위	1,000단위
판매량	500단위	1,100단위
변동제조원가(총액)	₩40,000	₩50,000
고정제조간접원가(총액)	₩20,000	₩30,000
변동판매관리비(총액)	₩1,500	₩5,500
고정판매관리비(총액)	₩2,000	₩2,000

㈜한국은 실제원가계산을 적용하고 있으며, 원가흐름가정은 선입선출법이다. 20X1년 2월의 전부원가계산에 의한 영업이익이 ₩10,000이면, 2월의 변동원가계산에 의한 영업이익은 얼마인가? (단, 기초 및 기말 재공품재고는 없다.)

풀이
(1) 1월분 재고의 단위당 고정제조간접원가 = ₩20,000/800단위 = ₩25/단위
(2) 2월분 재고의 단위당 고정제조간접원가 = ₩30,000/1,000단위 = ₩30/단위
(3) 2월의 재고 = 1월재고 + 생산량 − 판매량 = 300단위 + 1,000단위 − 1,100단위 = 200단위

변동원가 계산의 영업이익	《₩11,500》
(+) 2월 말 재고자산에 포함된 고정제조간접원가	200단위 × ₩30/단위 = ₩6,000
(−) 1월 말 재고자산에 포함된 고정제조간접원가	300단위 × ₩25/단위 = ₩7,500
전부원가 계산의 영업이익	₩10,000

정답 ₩11,500

❺ 전부원가계산과 변동원가계산의 이익 비교

아래의 경우는 매년 단위당 고정제조간접원가가 동일한 경우에 정확히 성립하고, 그렇지 않은 경우에는 성립하지 않을 수도 있다.

5-1 생산량 > 판매량인 경우

생산량이 판매량보다 많은 경우에는 비용 처리되는 고정제조간접원가가 변동원가계산 하에서 더 많으므로 전부원가계산 손익계산서상의 이익이 변동원가계산 손익계산서상의 이익보다 많다.

당기 제품제조원가 중 고정제조간접원가가 ₩20,000이고, 단위당 고정제조간접원가는 매년 ₩200으로 동일하다고 가정하고, T계정을 통해 생산량이 판매량보다 많은 경우를 설명하면 다음과 같다.

제품

기초제품	20개	판매량	80개
당기생산량	100개	기말제품	40개
	120개		120개

전부원가계산에 의할 경우 80개 × ₩200 = ₩16,000만큼 비용(매출원가)처리되나, 변동원가계산에 의할 경우 고정제조간접원가는 기간원가이므로 당기 발생 총액 ₩20,000이 모두 비용 처리된다. 차액 ₩4,000은 전부원가계산상 기말제품가액에 가산되어 있다.

5-2 생산량 = 판매량인 경우

생산량과 판매량이 같은 경우, 전부원가계산 및 변동원가계산에서 고정제조간접원가가 전액 비용 처리되므로 전부원가계산 손익계산서상의 이익과 변동원가계산 손익계산서상의 이익이 동일하다.

제품

기초제품	20개	판매량	100개
당기생산량	100개	기말제품	20개
	120개		120개

이 경우 전부원가계산에 의할 경우 100개 × ₩200 = ₩20,000이 모두 비용(매출원가)처리되어, 변동원가계산에 의할 경우의 비용과 일치하게 된다.

5-3 생산량 < 판매량인 경우

생산량 < 판매량인 경우, 비용 처리되는 고정제조간접원가가 전부원가계산 하에서 더 많으므로 전부원가계산 손익계산서상의 이익이 변동원가계산 손익계산서상의 이익보다 적다.

제품

기초제품	20개	판매량	120개
당기생산량	100개	기말제품	0개
	120개		120개

이 경우 전부원가계산에 의할 경우 120개 × ₩200 = ₩24,000이 모두 비용(매출원가)처리되어, 변동원가계산에서의 기간비용 ₩20,000보다 손익계산서상의 이익이 ₩4,000 적어진다.

❻ 각 원가계산방법들의 유용성과 한계

6-1 전부원가계산

유용성	① **외부보고목적 가능**: 기업회계기준에서 인정되므로, **외부보고목적으로 이용가능**하다. 또한 세법상으로도 인정된다. ② **제조간접원가의 구분이 불필요**: 제조간접원가를 변동제조간접원가와 고정제조간접원가로 구분할 필요가 없다. ③ **고정제조간접원가의 비중이 큰 경우 유용**: 대규모의 시설투자가 들어가게 됨으로써 고정제조간접원가의 비중이 높아지고 있다. 장기적인 관점에서는 고정제조간접원가도 회수가 되어야 하므로 고정제조간접원가를 기간 비용이 아닌 제조원가에 포함시키는 방법은 **가격결정이나 이익계획을 수립하는 데 유용**하다.
한계	① **생산량에 영향을 받음**: 전부원가계산의 순이익은 생산량에도 영향을 받는다. 즉, 생산량이 많을수록 고정제조간접원가의 단위당 단가가 낮아져서 판매량에 포함되어 매출원가로 인식되는 비용이 줄어들게 된다. 그러므로 경영자는 생산량을 증가시켜 **이익을 조작할 가능성이 있고, 바람직하지 않은 재고가 누적될 위험**이 있다. ② **고정제조간접원가의 배분**: 고정제조간접원가가 제품 원가에 포함되기 때문에 고정제조간접원가의 배부의 문제가 발생할 수 있다.

6-2 변동원가계산

유용성	① **생산량에 영향을 받지 않음**: 변동원가계산의 순이익은 생산량에 영향을 받지 않는다. 즉, 변동원가만 제조원가에 반영되고 고정제조간접원가는 기간비용으로 전액 비용처리하기 때문에 생산량과 무관하게 판매된 부분만 매출원가인 비용으로 인식될 것이다. 그러므로 바람직하지 않은 재고 누적의 가능성이 감소한다. ② **이익은 판매량에 따라 결정**: 원가행태에 따라 원가를 변동원가와 고정원가로 분류하므로 이익이 판매량에만 영향을 받으므로 계획을 수립하거나 의사를 결정하는 경우에 유용하게 사용된다. ③ **고정제조간접원가의 배분이 불필요**: 고정제조간접원가가 기간원가로 처리되므로 고정제조간접원가의 배부에 대한 문제가 발생하지 않는다.
한계	① **기업회계기준이 인정하지 않음**: 기업회계기준에서 인정하지 않으므로 외부보고목적으로 사용할 수 없고, 세법에서도 인정되지 않는다. ② **제조간접원가구분이 불가능**: 모든 비용을 변동원가와 고정원가로 구분한다는 것이 현실적으로 어렵다. ③ **고정제조간접원가의 비중이 큰 경우 부적합**: 고정제조간접원가의 비중이 높은 경우 장기적인 관점에서 고정제조간접원가가 회수되어야 재투자 관점에서 이익계획을 수립할 수 있으므로 고정제조간접원가를 전부 비용으로 처리하는 방법은 가격정책이나 이익계획을 오도할 수 있다.

확인문제

06. 변동원가계산의 유용성에 대한 다음의 설명 중 옳지 않은 것은?

기출처 2013. 회계사

① 변동원가계산 손익계산서에는 이익계획 및 의사결정 목적에 유용하도록 변동원가와 고정원가가 분리되고 공헌이익이 보고된다.
② 변동원가계산에서는 일반적으로 고정제조간접원가를 기간비용으로 처리한다.
③ 변동원가계산에서는 판매량과 생산량의 관계에 신경을 쓸 필요 없이 판매량에 기초해서 공헌이익을 계산한다.
④ 변동원가계산에 의해 가격을 결정하더라도 장기적으로 고정원가를 회수하지 못할 위험은 없다.
⑤ 제품의 재고수준을 높이거나 낮춤으로서 이익을 조작할 가능성은 없다.

정답 ④

오쌤 Talk

이익차이 조정

① '신설법인'이 주어지면, 기초재고자산이 없다는 의미이다. 즉, '기말재고 = 생산량 – 판매량'이다.
② 이익의 차이는 '한 단위당 고정제조간접원가 × 재고수량'으로 산출한다. 즉, 주어진 정보가 고정제조간접원가 총액이라면, 한 단위당 고정제조간접원가를 산출해야한다.

> 한 단위당 고정제조간접원가
> = 총고정제조간접원가/생산량

③ 기초재고가 있다면, 기초재고자산의 단위당 고정제조간접원가가 얼마인지 확인한다. 일반적으로 기말재고자산의 단위당 고정제조간접원가와 같다고 주어지지만, 다른 경우라면 전기 총고정제조간접원가와 전기 생산량을 통해 산출해와야 한다.

6-3 초변동원가계산

유용성	① **불필요한 재고의 방지**: 판매량이 동일한 상황에서 생산량이 증가할수록 초변동원가의 이익은 감소하게 된다. 그러므로 초변동원가계산이 바람직하지 않은 재고의 증가를 방지하는 데 가장 효과가 크다. ② **제조간접원가 구분 불필요**: 직접재료원가 외에는 기간원가로 처리하기 때문에 변동원가처럼 제조간접원가를 변동원가와 고정원가로 구분할 필요가 없다.
한계	① **기업회계기준이 인정하지 않음**: 기업회계기준에서 인정하지 않으므로 외부보고목적으로 사용할 수 없고, 세법에서도 인정되지 않는다. ② **재고의 가치를 부정**: 미래의 불확실성에 대비하고 규모의 경제를 달성하는 과정에서 발생하는 재고는 경제적인 면에서 긍정적인 점도 있는데 초변동원가계산은 이를 간과하고 있다. ③ **재고원가의 과소계상**: 재고원가에는 직접재료원가만 포함되어 재고의 원가가 낮으므로, 낮은 가격으로 제품을 판매할 가능성이 있다. 그러므로 장기적인 관점에서 가격정책과 이익계획을 오도할 수 있다.

OX 퀴즈

다음 문장의 경우 올바른 설명에는 O, 틀린 설명에는 ×를 하고 틀린 설명은 수정하시오.

① 전부원가계산과 변동원가계산의 차이점은 고정제조간접원가를 제품원가에 포함시키느냐에 있다.
(   )

② 변동원가계산하에서 고정제조간접원가는 발생된 시점에 전액 비용으로 처리하고 전부원가계산하에서는 제품이 판매된 시점에 비용처리한다.
(   )

③ 생산량이 판매량보다 많은 경우 변동원가계산은 전부원가계산보다 이익을 크게 계상하게 된다. (   )

④ 변동원가계산은 이익에 영향을 미치는 주요 요인은 판매량이며 생산량은 이익에 영향을 미치지 않는다.
(   )

⑤ 변동원가계산은 외부보고용 재무제표 작성 시에 적합한 원가계산 방법이다. (   )

⑥ 기초재고자산이 없고 당기 생산량과 판매량이 동일하다면 변동원가계산과 전부원가계산의 순이익은 같게 된다.
(   )

⑦ 초변동원가계산은 직접재료원가, 직접노무원가, 변동제조간접원가를 제품원가에 포함시켜 손익계산서를 작성한다.
(   )

⑧ 변동원가계산에서는 변동판매관리비가 매출원가에 포함된다. (   )

⑨ 변동원가계산에서 공헌이익은 매출액에서 발생 변동원가를 차감한 개념이다. (   )

OX 풀이

1 ○

2 ○

3 ✕ 생산량이 판매량보다 많은 경우 변동원가계산은 전부원가계산보다 이익을 작게 계상한다.

4 ○

5 ✕ 외부보고용 재무제표 작성 시에는 고정제조간접원가도 제품원가에 포함시켜야 한다. 변동원가계산은 고정제조간접원가를 제품원가에 포함시키지 않으므로 외부보고용으로 적합하지 않다.

6 ○

7 ✕ 초변동원가계산에서는 직접재료원가만이 제품의 제조원가를 구성한다.

8 ✕ 변동판매관리비는 매출원가를 구성하지 않는다.

9 ○

실전훈련

01 전부원가계산, 변동원가계산 및 초변동원가계산에 대한 설명으로 옳지 않은 것은?

① 원가계산과 관련된 표준은 변동원가계산에서는 사용될 수 없고 전부원가계산에서만 사용된다.
② 전부원가계산에서 계산된 영업이익은 판매량뿐만 아니라 생산량의 변화에도 영향을 받는다.
③ 변동원가계산에서는 고정제조간접원가를 기간원가로 인식하지만 전부원가계산에서는 고정제조간접원가를 제품원가로 인식한다.
④ 초변동원가계산은 판매가 수반되지 않은 상황에서 생산량이 많을수록 영업이익이 낮게 계산되므로 불필요한 재고의 누적을 방지하는 효과가 변동원가계산보다 크다.

02 전부원가계산과 변동원가계산에 대한 설명으로 옳지 않은 것은? (단, 주어진 내용 외의 다른 조건은 동일하다.)

기출처 2020. 국가직 9급

① 전부원가계산에서 판매량이 일정하다면 생산량이 증가할수록 영업이익은 증가한다.
② 전부원가계산은 외부보고 목적보다 단기의사결정과 성과평가에 유용하다.
③ 변동원가계산에서는 고정제조간접원가를 제품원가에 포함시키지 않는다.
④ 변동원가계산에서 생산량의 증감은 이익에 영향을 미치지 않는다.

 풀이

01 ① 표준은 변동원가계산, 초변동원가계산에서도 사용될 수 있다.
02 ② 외부보고 목적에 적합한 것은 전부원가계산이다. 단기의사결정과 성과평가에 유용한 방식은 변동원가계산이다.

답 01 ① 02 ②

03 ㈜한국과 ㈜민국은 판매비가 거의 발생하지 않는 유사한 제품을 생산한다. ㈜한국은 변동원가계산을 사용하고, ㈜민국은 전부원가계산을 사용하는 것 외의 다른 모든 조건이 동일하다면 다음 중 가장 옳은 것은?

① 생산량이 정상생산능력을 초과하는 경우 ㈜한국의 기말재고액이 ㈜민국의 기말재고액보다 클 것이다.
② 생산량이 판매량을 초과하는 경우 ㈜민국의 기말재고액은 ㈜한국의 기말재고액보다 클 것이다.
③ 생산량이 판매량을 초과하는 경우 ㈜한국의 기말재고액은 ㈜민국의 기말재고액보다 클 것이다.
④ 두 기업의 판매량이 일치하는 경우에는 ㈜한국의 순이익과 ㈜민국의 순이익이 같아지게 될 것이다.

04 ㈜한국은 변동원가계산과 전부원가계산 모두를 사용하여 보고서를 작성하고 있다. 전기와 당기의 제품 단위당 제조간접원가배부율은 동일하다. ㈜한국은 보고서를 작성할 때 변동원가계산하에서는 순이익이 발생하나, 전부원가계산하에서는 순손실이 발생했다면, 그 원인으로 가장 올바른 것은 무엇인가?

① 당기 중 판매량이 생산량보다 적다.
② 당기 중 판매량이 생산량보다 크다.
③ 당기의 생산량과 판매량이 동일하다.
④ 당기의 변동판매비와관리비가 많이 발생했다.

03 ② ㈜한국은 변동원가계산을 사용하므로 기말재고액에는 변동원가만 포함된다. ㈜민국은 전부원가계산을 사용하므로 기말재고액에는 변동원가와 고정원가가 모두 포함된다. 그러므로 재고가 남아있다면 어떠한 상황에서도 ㈜한국의 재고자산이 ㈜민국의 재고자산보다 크지 않다. 또한 판매량이 일치한다고 하더라도 ㈜한국은 고정제조간접원가를 전액 당기비용으로 인식하는 반면에 ㈜민국은 고정제조간접원가 중 판매된 부분만 비용(매출원가)으로 인식하므로 두 회사의 순이익은 재고가 남아 있는 한 달라진다.

04 ② 변동원가계산과 전부원가계산의 손익계산서 작성 시 차이점은 고정제조간접원가에 있다. 위의 경우는 전부원가계산하에서의 매출원가 처리된 고정제조간접원가가 더 많은 경우이므로, 판매량 > 생산량인 경우이다.

답 03 ② 04 ②

05 다음 변동원가계산과 전부원가계산의 차이점을 정리한 내용 중 가장 옳지 않은 것은?

	구분	변동원가계산	전부원가계산
①	기본목적	내부계획과 통제 등 경영관리	외부보고목적
②	제품원가	직접재료원가 + 직접노무원가 + 변동제조간접원가 + 변동판매비와관리비	직접재료원가 + 직접노무원가 + 변동제조간접원가 + 고정제조간접원가
③	보고양식	공헌이익접근법의 손익계산서	전통적 손익계산서
④	이익결정요인	판매량	생산량과 판매량

06 ㈜한국의 다음 자료를 이용한 변동제조원가발생액은? (단, 기초제품재고와 기초 및 기말 재공품재고는 없다.)

기출처 2021. 지방직 9급

- 당기 제품 생산량: 50,000개
- 당기 제품 판매량: 50,000개
- 변동매출원가: ₩900,000

① ₩600,000 ② ₩700,000
③ ₩800,000 ④ ₩900,000

05 ② 변동판매비와관리비는 변동원가계산의 제품원가 구성항목이 아니다.
06 주어진 조건에서 기초와 기말의 재고자산과 재공품재고가 없다고 하였으므로,
'당기총제조원가 = 매출원가'이다.
문제에서 변동매출원가만 주어져 있으면, '변동매출원가 = 변동제조원가발생액' 이므로, 변동제조원가발생액은 ₩900,000이다.

답 05 ② 06 ④

07 ㈜한국은 20X1년 초 영업을 개시하였으며, 제품 4,000단위를 생산하여 3,400단위를 판매하였다. 20X1년 원가 관련 자료가 다음과 같을 때 옳지 않은 것은?

기출처 2022. 국가직 7급

• 단위당 판매가격	₩150	• 단위당 변동판매비와관리비	₩5
• 단위당 직접재료원가	₩30	• 총고정제조간접원가	₩240,000
• 단위당 직접노무원가	₩18	• 총고정판매비와관리비	₩80,000
• 단위당 변동제조간접원가	₩14		

① 전부원가계산과 변동원가계산에 의한 영업이익(또는 영업손실)의 차이는 ₩36,000이다.
② 전부원가계산과 초변동원가계산에 의한 영업이익(또는 영업손실)의 차이는 ₩55,200이다.
③ 변동원가계산에 의한 기말재고액은 ₩37,200이다.
④ 초변동원가계산에 의한 기말재고액은 ₩28,800이다.

08 ㈜한국은 변동원가계산을 사용하여 ₩100,000의 순이익을 보고하였다. 기초 및 기말 재고자산은 각각 15,000단위와 19,000단위이다. 매 기간 고정제조간접원가배부율이 단위당 ₩3이었다면 전부 원가계산에 의한 순이익은? (단, 법인세는 무시한다.)

기출처 2014. 국가직 9급

① ₩88,000　　　　　　　　　② ₩145,000
③ ₩43,000　　　　　　　　　④ ₩112,000

풀이

07 (1) 기말재고자산 수량 = 생산수량 4,000단위 - 판매수량 3,400단위 = 600단위
(2) 전부원가계산과 변동원가계산의 영업이익의 차이
전부원가계산과 변동원가계산의 영업이익의 차이는 기말재고자산에 배부된 고정제조간접원가의 차이이다.
즉, 600단위 × ₩240,000/4,000단위 = ₩36,000
(3) 전부원가계산과 초변동원가계산에 의한 영업이익의 차이
전부원가계산과 초변동원가계산의 영업이익의 차이는 기말재고자산에 배부된 가공원가의 차이이다.
즉, 600단위 × (₩18 + ₩14 + ₩240,000/4,000단위) = ₩55,200
(4) 변동원가계산에 의한 기말재고자산은 직접재료원가와 직접노무원가와 변동제조원가를 포함한다.
∴ (₩30 + ₩18 + ₩14) × 600단위 = ₩37,200
(5) 초변동원가계산에 의한 기말재고자산은 직접재료원가만 포함한다.
∴ ₩30 × 600단위 = ₩18,000

08

변동원가계산에 의한 순이익	₩100,000
(+) 기말 재고자산의 고정제조간접원가	19,000단위 × @₩3
(-) 기초 재고자산의 고정제조간접원가	(15,000단위 × @₩3)
전부원가계산에 의한 순이익	<<₩112,000>>

답　07 ④　08 ④

09 ㈜단일 제품을 생산 및 판매하는 ㈜한국의 원가 자료가 다음과 같을 때, 전부원가계산하에서 20X3년의 영업이익은?

기출처 2024. 국가직 7급

○ 20X1년 고정제조간접원가: ₩300,000
○ 20X1년 전부원가계산하의 영업이익: ₩600,000
○ 20X1~20X3년 제품 현황

(단위: 개)

구분	20X1년	20X2년	20X3년
기초재고	0	20,000	10,000
당기 생산	60,000	30,000	50,000
당기 판매	40,000	40,000	40,000
기말재고	20,000	10,000	20,000

○ 20X1~20X3년 판매가격 및 원가의 변동 없음
○ 재공품은 없으며, 원가흐름은 선입선출법 적용

① ₩480,000 ② ₩500,000
③ ₩520,000 ④ ₩540,000

풀이

09 (1)
20X1년 변동원가계산하의 영업이익	<<₩500,000>>
(+) 기말재고자산의 고정제조간접원가	20,000개 × ₩300,000/60,000개 = ₩100,000
(-) 기초재고자산의 고정제조간접원가	0개 × ₩300,000/60,000개 = ₩0
20X1년 전부원가계산하의 영업이익	₩600,000

(2) 20X1~20X3년 기간의 판매량이 동일하기 때문에 20X1~20X3년 기간의 변동원가계산하의 영업이익은 동일

(3)
20X3년 변동원가계산하의 영업이익	₩500,000
(+) 기말재고자산의 고정제조간접원가	20,000개 × ₩300,000/50,000개 = ₩120,000
(-) 기초재고자산의 고정제조간접원가	10,000개 × ₩300,000/30,000개 = ₩100,000
20X3년 전부원가계산하의 영업이익	<<₩520,000>>

답 09 ③

10 ㈜한국은 20X1년에 사업을 개시하였다. 20X1년 변동원가계산에 의한 순이익이 ₩200,000일 때, 다음 자료를 이용하여 전부원가계산에 의한 순이익을 구하면?

구분	변동제조간접원가	고정제조간접원가
재공품	₩20,000	₩40,000
제품	₩60,000	₩60,000
매출원가	₩200,000	₩100,000

① ₩300,000 ② ₩430,000
③ ₩470,000 ④ ₩500,000

11 20X1년에 영업을 개시한 ㈜한국은 20X1년에의 생산 및 판매와 관련된 자료가 다음과 같을 때, 전부원가계산에 의한 영업이익과 변동원가계산에 의한 영업이익의 차이는?

- 제품생산량   20,000개
- 제품판매량   15,000개
- 기말제품재고   5,000개
- 기말재공품재고 0
- 기말원재료재고 0
- 제품단위당 고정제조간접원가 @₩500
- 제품단위당 변동제조간접원가 @₩100
- 제품단위당 직접재료원가   @₩300
- 제품단위당 직접노무원가   @₩100

① ₩200,000   ② ₩2,000,000
③ ₩2,500,000 ④ ₩3,000,000

풀이

10 기초재고가 없으므로, 전부원가에 의한 당기순이익은 기말재고 및 기말재공품에 포함된 고정제조간접원가만큼 변동원가에 의한 당기순이익보다 커지게 된다.
전부원가 당기순이익: ₩200,000 + ₩40,000 + ₩60,000 = ₩300,000

11 전부원가계산 영업이익과 변동원가계산 영업이익의 차이는 기말재고자산에 포함된 고정제조간접원가임.
영업이익 차이: ₩500 × 5,000단위 = ₩2,500,000

답 10 ① 11 ③

12

20X1년 초에 영업을 개시한 ㈜한국의 원가관련 자료는 다음과 같다.

- 생산량   10,000개
- 판매량   8,000개
- 단위당 변동제조원가   ₩110
- 단위당 변동판매관리비   ₩40
- 고정제조간접원가   ₩180,000
- 고정판매관리비   ₩85,000

제품의 단위당 판매가격이 ₩200인 경우에 ㈜한국의 20X1년 말 변동원가계산에 의한 영업이익과 기말제품 재고액은?

기출처 2019. 국가직 9급

	영업이익	기말제품 재고액
①	₩135,000	₩220,000
②	₩135,000	₩256,000
③	₩171,000	₩220,000
④	₩171,000	₩256,000

 풀이

12 (1) 변동원가계산에서의 영업이익

I. 매출액	8,000개 × ₩200	₩1,600,000
II. 변동원가		₩1,200,000
변동제조원가	8,000개 × ₩110	(₩880,000)
변동판매비와관리비	8,000개 × ₩40	(₩320,000)
III. 공헌이익(= I - II)		₩400,000
IV. 고정원가		₩265,000
고정제조간접원가	₩180,000	(₩180,000)
고정판매비와관리비	₩85,000	(₩85,000)
V. 영업이익(= III - IV)		₩135,000

(2) 기말제품 재고액

기말재고수량 = 생산량 10,000개 - 판매량 8,000개 = 재고 2,000개
기말재고자산의 원가 = 2,000개 × 단위당 변동제조원가 ₩110 = ₩220,000
(고정제조간접원가는 변동원가계산제도에서는 당기의 기간 비용으로 처리하므로 재고자산의 원가를 구성하지 않는다. 또한 판매비와관리비는 변동이든, 고정이든 제조원가를 구성하지 않으므로 기말재고자산의 원가로 인식되지 않는다.)

답 12 ①

13 ㈜한국 20X1년에 영업을 개시하였다. 제품의 단위당 판매가격은 ₩2,000, 단위당 직접재료원가는 ₩300, 단위당 직접노무원가는 ₩200, 단위당 변동제조간접원가는 ₩100, 단위당 고정제조간접원가는 ₩250이다. 당기 제품 생산은 총 2,000개를 하였는데, 전부원가계산과 변동원가계산으로 각각 영업이익을 계산하여 보니 전부원가계산 하의 영업이익이 ₩75,000만큼 크게 나왔다. 당기 제품의 판매량은 몇 개인가?

① 1,500개　　② 1,700개　　③ 1,900개　　④ 2,000개

14 전부원가계산에 의한 영업이익이 변동원가계산에 의한 영업이익보다 ₩10,000이 더 클 때, 다음의 자료를 이용한 당기 생산량은?

기출처 2021. 지방직 9급

구분	수량/금액
판매량	500개
고정 판매관리비	₩15,000
고정 제조간접원가(총액)	₩30,000
기초재고	없음

① 650개　　② 700개　　③ 750개　　④ 800개

15 20X1년 회계연도 말 ㈜한국은 영업이익 ₩40,000,000을 보고하였으며, 고정제조간접원가 배부율은 제품단위당 ₩30,000이었다. 만약 이 기업이 20X1년에 추가적으로 제품 100단위를 더 생산하였다면, 다음 중 옳은 것은?

① 판매량이 동일할 경우 영업이익은 ₩3,000,000증가한다.
② 판매량이 동일할 경우 생산량이 증가하였으므로 고정제조간접원가배부율이 감소하므로 영업이익은 증가한다.
③ 판매량이 동일할 경우 영업이익에 변화는 없다.
④ 추가로 100단위의 제품이 판매되었을 경우 영업이익은 동일하다.

풀이

13 전부원가계산과 변동원가계산 영업이익의 차이는 기초재고가 없을 때 기말재고에 포함된 고정제조간접원가이다. 따라서 다음과 같이 구한다.
　(1) (생산량-판매량) × 단위당 고정제조간접원가 = 영업이익 차이
　　∴ 판매량 = 2,000개 - (₩75,000 ÷ ₩250) = 1,700개

14 (1) 단위당 고정제조간접원가 = ₩30,000/a(생산량)
　(2) 기말고정제조간접원가 = a - 500개

변동원가 계산하의 이익	-
(+) 기말 재고자산에 포함된 고정제조간접원가	(+) ₩30,000/a × (a - 500개)
(-) 기초 재고자산에 포함된 고정제조간접원가	-
전부원가계산하의 이익	₩10,000

　(3) 이익차이　∴ a = 750개

15 ①, ②, ③ 추가로 제품을 100단위 생산하였을 경우, 판매량이 동일하다면 고정제조간접원가의 배부율이 낮아져서 영업이익은 증가한다. 다만, 정확히 얼마나 증가하였는지는 확인할 수 없다.
④ 추가로 제품이 판매되었다면 영업이익은 달라진다. 공헌이익만큼 증가할 것이다.

답　13 ②　14 ③　15 ②

PART 2

관리회계

01 원가추정
02 CVP 분석
03 표준원가
04 관련원가와 의사결정
05 자본예산
06 성과평가

01 원가추정

Teacher's Map

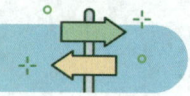

❶ 원가추정의 개념
회계자료 등을 이용하여 특정변수와 원가 사이의 관계를 규명하여 원가함수를 추정하고 미래원가를 예측

❷ 원가를 추정하기 위한 단계

1단계	조업도와 원가의 관계를 규명하여 원가함수를 추정
2단계	원가함수와 미래의 조업도를 이용하여 미래원가를 측정

❸ 전통적 원가함수
① 의의: 원가행태를 함수로 표시한 것으로 조업도의 변화에 따른 총원가의 변화를 나타냄

$$Y = a + b \cdot X$$
X: 조업도 Y: 추정된 총원가
a: 추정된 총 고정원가 b: 추정된 조업도 단위당 변동원가

② 가정
- 총원가의 변화는 조업도의 변화로 설명될 수 있음
- 관련범위 내에서 총원가가 조업도의 선형함수로 표시될 수 있음

❹ 원가함수의 추정(고저점법)
① 최고조업도와 최저조업도의 원가자료를 이용하여 원가함수를 추정
② 단위당 변동원가(b)와 총고정원가(a)의 추정

- 단위당 변동원가(b) = $\dfrac{\text{총원가차이}}{\text{조업도차이}}$ = $\dfrac{\text{최고조업도에서의 총원가} - \text{최저조업도에서의 총원가}}{\text{최고조업도} - \text{최저조업도}}$
- 총 고정원가(a) = 최고조업도에서의 총원가 - (단위당 변동원가 × 최고조업도)
  = 최저조업도에서의 총원가 - (단위당 변동원가 × 최저조업도)

❺ 학습곡선
특정작업을 반복적으로 수행하여 학습효과가 발생함으로써 단위당 노동시간(또는 단위당 노동원가)가 체계적으로 감소하는 비선형의 원가함수

1 원가추정의 의의 및 원가함수

❶ 원가추정 의의

원가에 대한 추정은 경영활동 계획의 수립과 통제 및 의사결정에 유용한 정보를 제공한다. 영업활동이 과거와 같이 계속된다고 가정하면 과거의 원가분석을 통한 미래원가 추정을 통하여 예산수립 및 의사결정에 이용될 수 있다.

원가추정은 회계자료를 이용하여 조업도에 따라 원가가 변화하는 관계를 규명하여 원가함수를 추정하고 원가함수를 이용하여 미래원가를 추정하는 것을 말한다. 미래에 발생하는 원가를 추정하기 위한 단계는 다음과 같다.

[1단계] 조업도와 원가 사이의 관계를 규명하여 원가함수를 추정
[2단계] 원가함수와 미래의 예상 조업도를 이용하여 미래원가를 추정

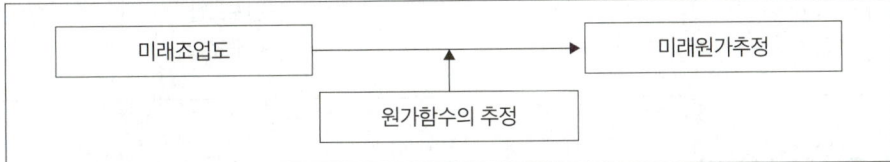

❷ 원가함수

원가함수는 원가의 발생에 영향을 미치는 요인을 파악하여 이를 수학적 함수로 표시한 것으로 일반적으로 조업도의 변화에 따른 총원가의 변화를 나타낸다. 실제로 원가발생에 영향을 미치는 요인은 여러 가지이고 복잡하지만 원가함수에서는 다음의 두 가지 가정하에 결정하므로 일차함수로 표현할 수 있다.

① 총원가는 하나의 조업도의 변화로 설명될 수 있다.
② 일정한 관련범위 내에서는 총원가가 조업도의 선형함수로 표시될 수 있다.

일반적으로 원가는 변동원가와 고정원가가 혼합되어 있으며 이를 표현하는 가장 일반적인 선형 원가함수식과 관련 그래프는 아래와 같다.

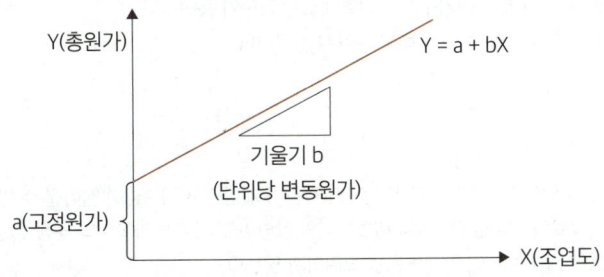

원가함수: $Y = a + b \cdot X$

X: 조업도
a: 추정된 총 고정원가
Y: 추정된 총원가
b: 추정된 조업도 단위당 변동원가

② 원가함수의 추정

원가함수를 추정하는 방법은 **계정분석법**이나 **고저점법**과 같은 단순한 방법부터 회귀 분석과 같은 복잡한 방법까지 다양한 방법이 존재하는데, 어떤 방법을 선택할 것인지는 원가계산으로부터 발생하는 비용(cost) 대비 효익(benefit)을 비교하여 결정하여야 한다.

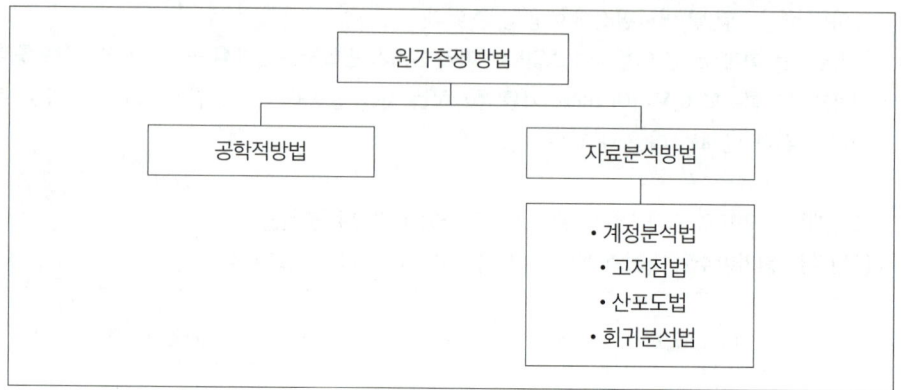

❶ 계정분석법

계정분석법(Account analysis method)은 분석자의 전문적인 판단에 따라 각 계정에 기록된 원가를 분석하여 원가함수를 추정하는 방법이다. 계정분석법에서는 **원가를 먼저 변동원가, 고정원가, 준변동원가로 분류하고 준변동원가를 다시 변동원가와 고정원가로 분류**한다. 총 고정원가와 총 변동원가를 파악한 후 총 고정원가는 a의 추정치로, 총 변동원가를 조업도 수준으로 나눈 값은 b의 추정치로 사용한다.

> ① 단위당 변동원가(b) = (변동원가로 분류된 총원가 + 준변동원가 중 변동원가 성격 총액) ÷ 조업도
> ② 총 고정원가(a) = 고정원가로 분류된 원가 + 준변동원가 중 고정원가 성격

[장점]

> 1) 필요한 자료를 얻기 쉽고 원가구조가 변화해도 수정하기 용이하다.
> 2) 신속하게 원가추정을 할 수 있고 비용이 적게 소요된다.

[단점]

> 1) 고정원가와 변동원가로 구분할 때 분석자의 주관이 개입되어 객관성이 떨어질 수 있다.
> 2) 사용한 과거자료의 비정상적이거나 비효율적인 상황이 그대로 원가함수의 추정에 반영될 수 있다.
> 3) 조업도 변동에 따른 원가함수의 변동을 고려하지 않는다.

확인문제

01. ㈜한국의 최근 2년간 생산량과 총제품제조원가는 다음과 같다. 2년간 고정원가와 단위당 변동원가는 변화가 없었다. 2013년도에 고정원가는 10% 증가하고 단위당 변동원가가 20% 감소하면, 생산량이 500개일 때 총제품제조원가는?

기출처 2014. 국가직 9급

연도	생산량	총제품제조원가
2011	100개	₩30,000
2012	300개	₩60,000

① ₩76,500　② ₩75,500
③ ₩94,500　④ ₩70,000

정답　①

예제 1 원가추정 – 계정분석법

㈜한국은 제품의 제조원가를 추정하기 위하여 계정분석법을 사용하기로 하고 20X1년의 자료를 분석한 결과 다음과 같은 결과를 확인하였다. 아래 자료를 바탕으로 다음의 질문에 답하시오.

직접재료원가	제품단위당 ₩10
직접노무원가	제품단위당 ₩5
변동 제조간접원가	제품단위당 ₩5
고정 제조간접원가	연간 ₩20,000

01 제시된 자료를 바탕으로 원가함수($Y = a + b \cdot X$)를 추정하시오.

02 20X2년의 제품생산 단위가 600개로 추정될 때, **01**에서 추정한 원가함수를 바탕으로 예상되는 20X2년의 제조원가는 얼마인가?

[풀이]

제시된 자료를 변동원가와 고정원가 성격으로 분류하여 원가함수를 완성한다. 조업도(X)의 기준은 제품생산단위이다.

01 단위당 변동원가(b): 단위당 직접재료원가 + 단위당 직접노무원가 + 단위당 변동제조간접원가
= ₩20
총 고정원가(a): 고정제조간접원가 = ₩20,000
따라서 원가함수는 다음과 같다.
Y = ₩20,000 + ₩20 × X

02 Y = ₩20,000 + ₩20 × 600개 = ₩32,000

정답 **01** Y = ₩20,000 + ₩20 × X
02 ₩32,000

오쌤 Talk

고저점법

고저점법을 통해 원가함수를 추정할 때는 원가 자료상에서 고점과 저점을 찾아야 한다. 이때, 고점과 저점은 원가가 아닌 조업도 기준의 고점과 저점을 찾는다는 사실에 주의해야한다. 즉, 최고조업도와 최저조업도의 원가자료를 직선으로 연결하여 원가함수를 추정한다.

❷ 고저점법

고저점법(High-low method)은 최고조업도와 최저조업도의 원가자료를 직선으로 연결하여 원가함수를 추정하는 방법이다. 가장 조업도가 높은 원가자료와 가장 조업도가 낮은 원가자료를 직선으로 연결하여 기울기를 단위당 변동원가(b)로 사용하고, Y절편을 고정원가(a)로 사용하는 방법이다.

① 단위당 변동원가(b) = $\dfrac{\text{총원가차이}}{\text{조업도차이}}$ = $\dfrac{\text{최고조업도에서의 총원가} - \text{최저조업도에서의 총원가}}{\text{최고조업도} - \text{최저조업도}}$

② 총 고정원가(a) = 최고조업도에서의 총원가 - (단위당 변동원가(b) × 최고조업도)
      = 최저조업도에서의 총원가 - (단위당 변동원가(b) × 최저조업도)

[장점]

1) 간편하며, 객관성이 높다.
2) 과거 자료가 많지 않아도 두 개 이상이면 원가함수를 추정할 수 있다.

[단점]

1) 비정상적인 상황하의 최고조업도 혹은 최저조업도의 자료가 이용되어 원가가 왜곡될 수 있다.
2) 원가함수가 조업도에 비선형이더라도 선형으로 표시된다.
3) 추정치 및 계수에 대한 신뢰구간을 제공하지 못한다.

📚 **확인문제**

02. 다음은 20X1년 ㈜한국의 기계가동시간과 제조간접원가에 대한 분기별 자료이다.

분기	기계가동시간	제조간접원가
1	5,000시간	₩256,000
2	4,000시간	₩225,000
3	6,500시간	₩285,000
4	6,000시간	₩258,000

㈜한국은 고저점법을 이용하여 원가를 추정하며, 제조간접원가의 원가동인은 기계가동시간이다. 20X2년 1분기 기계가동시간이 5,500시간으로 예상될 경우, 제조간접원가 추정 금액은?

기출처 2022. 국가직 9급

① ₩252,000   ② ₩258,500
③ ₩261,000   ④ ₩265,000

정답 ③

예제 2 원가추정 - 고저점법

㈜한국의 최근 6개월간 생산 및 원가에 대한 정보는 다음과 같다.

월	생산단위	총제조원가
1	100개	₩50,000
2	200개	₩40,000
3	400개	₩80,000
4	300개	₩90,000
5	200개	₩40,000
6	250개	₩35,000

고저점법을 사용하여 원가함수를 추정하였을 때, 500개를 생산할 때 발생할 것으로 추정되는 총제조원가는 얼마인가?

[풀이]

최고조업도는 3월 400개, 최저조업도는 1월 100개이다. (총제조원가 기준이 아닌 조업도 기준으로 최고 – 최저점을 찾는 것임에 주의)

(1) 단위당 변동원가 = (₩80,000 – ₩50,000) / (400개 – 100개) = ₩100/개
(2) 총고정원가 = ₩80,000 – ₩100 × 400개 = ₩40,000
(3) 500개 생산 시 추정 총 제조원가: ₩40,000 + ₩100 × 500개 = ₩90,000

정답 ₩90,000

3 학습곡선

특정 작업을 반복적으로 수행하면 학습효과가 발생하여 단위당 노동시간(또는 단위당 노동원가)이 체계적으로 감소하는데, 이러한 현상을 반영한 비선형의 원가함수를 학습곡선이라고 한다. 작업자가 같은 작업을 반복하게 되면 숙련도가 높아져서 생산 속도가 빨라지게 되고, 결국 작업시간이 감소되어 단위당 직접노무원가를 줄이게 되는 결과가 발생한다.

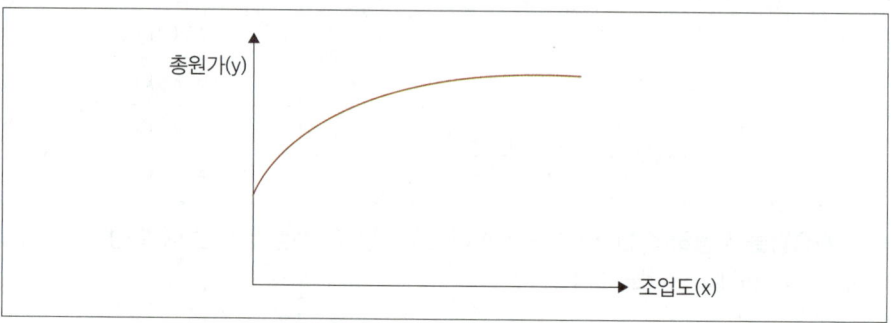

학습효과가 나타나는 형태는 일반적으로 <u>누적평균시간모형</u>을 많이 사용된다. 누적평균시간모형은 누적생산량이 2배가 될때마다 단위당 평균 노무시간이 '1-학습률'만큼 감소하게 된다.

예를들어, 최초 1단위를 생산하는데 발생하는 노무시간이 100시간이고 학습률이 80%라면, 생산량이 2배가 될 때마다 평균노무시간은 20%씩 감소한다.

누적생산량 (a)	단위당 누적평균시간(원가) (b)	총 누적시간 (a×b)
1	100	100
2	80	160
4	64	256
8	51.2	409.6

❶ 학습효과가 발생하는 원인
① 반복적인 생산으로 인한 노동 생산성의 향상
② 생산요소를 적재적소에 배치하는 경영자의 능력
③ 제품의 재설계 및 표준화
④ 제조공정의 개선 및 제조기술의 발달

❷ 학습곡선의 한계
① 생산설비의 자동화로 인하여 직접노동시간과 관련된 제조원가가 점차 감소하고 있다.
② 최근의 생산형태가 소품종 대량생산에서 다품종 소량생산형태로 이행됨에 따라 학습효과가 발생할 정도의 반복적인 생산이 이루어지지 않고 있다.
③ 종업원의 이직률 및 타부서의 전출의 증가로 학습효과를 기대하기가 어렵다.

예제 3 누적평균시간 학습모형

㈜메가버스는 최근에 신형 버스를 개발하였으며, 신형 버스의 생산과 관련된 자료는 다음과 같다.

> (1) 신형 버스 1대당 직접재료원가는 ₩500,000이다.
> (2) 직접노동시간당 임률은 ₩10,000이다.
> (3) 변동제조간접원가는 직접노동시간과 직접재료원가에 비례하여 발생하는데 관련 식은 다음과 같다.
>
> 변동제조간접원가 = ₩5,000 × 직접노동시간 + 0.5 × 직접재료원가
>
> (4) 신형 버스를 생산할 때 누적평균시간학습모형이 적용되며, 신형 버스를 처음 1대 생산할 때 발생한 직접노동시간은 100시간이었고, 학습률은 80%임을 가정한다.
> (5) 당기 1월 중 처음으로 2대, 2월 중에 추가로 2대의 신형 버스를 생산하였다.

당기 2월에 신형버스 2대를 생산하기 위하여 발생한 변동제조원가는 얼마인가?

풀이

(1) 직접노무시간

누적생산량	단위당 누적평균시간	총누적시간
1대	100시간	100시간
2대	80시간	160시간
4대	64시간	256시간

↳ 96시간

∴ 2월 중 생산한 추가 2대의 총누적직접노동시간 = 96시간

(2) 변동제조원가

직접재료원가	2대 × ₩500,000	₩1,000,000
직접노무원가	96시간 × ₩10,000	₩960,000
변동제조간접원가	₩5,000/시간 × 96시간 + ₩1,000,000 × 0.5	₩980,000
변동제조원가총계		₩2,940,000

정답 ₩2,940,000

OX 퀴즈

다음 문장의 경우 올바른 설명에는 O, 틀린 설명에는 ×를 하고 틀린 설명은 수정하시오.

1. 원가 함수는 일정한 가정하에 성립하며 관련범위 내에서만 타당하다. ( )

2. 계정분석법은 과거의 자료가 없어도 사용 가능한 원가추정 방법이다. ( )

3. 고저점법은 총원가가 가장 높을 때의 조업도와 총원가가 가장 낮을 때의 조업도를 기준으로 원가함수를 추정하는 방법이다. ( )

4. 고저점법은 계정분석법에 비해 객관성이 높은 원가추정 방법이다. ( )

5. 학습곡선은 특정 작업을 반복적으로 수행함으로써 단위당 노동시간이 체계적으로 감소하는 선형의 원가함수를 말한다. ( )

OX 풀이

❶ ○ 원가함수는 모든 조업도 수준이 아닌 일정한 조업도 범위(관련범위) 내에서만 선형으로 타당하다.

❷ × 계정분석법은 과거의 자료를 분석하여 원가를 추정하는 방법이다.

❸ × 고저점법은 총원가가 아닌 조업도가 가장 높을 때와 가장 낮을 때를 기준으로 원가를 추정하는 방법이다.

❹ ○ 계정분석법은 변동원가와 고정원가의 분류에 있어 평가자의 주관이 개입될 수 있는 방법이다.

❺ × 학습곡선은 선형이 아닌 비선형원가함수를 말한다.

실전훈련

01 ㈜한국의 월평균 기계운전시간(x)과 수도비(y)의 관계가 다음과 같이 추정된다.

$$y = 20,000 + 6x$$

추정 원가함수를 기초로 한 수도비에 대한 설명 중 가장 옳지 않은 것은? (단, ㈜한국의 월평균 조업도는 4,000 기계운전시간이다.)

① 수도비의 월평균 고정원가는 ₩20,000이다.
② 수도비의 변동원가는 기계운전시간당 ₩6이다.
③ 조업도가 5,000 기계운전시간일 때 추정 수도비는 ₩50,000이다.
④ 기계운전시간이 600시간 증가하면 수도비는 ₩9,000 증가한다.

02 다음은 제조업체인 ㈜한국의 20X1년도 수도광열비와 관련된 월간자료이다.

	최고	최저
작업시간	4,000시간	3,000시간
수도광열비	₩70,000	₩60,000

㈜한국의 20X1년도 총 작업시간은 40,000시간이었으며, 20X1년의 수도광열비 연간납부금액은 ₩800,000이었다. 이들 자료를 이용하여 고저점법에 의한 고정원가와 변동원가를 구하면 얼마인가?

	고정원가	변동원가
①	₩350,000	₩450,000
②	₩450,000	₩350,000
③	₩400,000	₩400,000
④	₩500,000	₩300,000

풀이

01 ③ 조업도가 5,000 기계운전시간일 경우 추정 총 수도비
  ₩20,000 + ₩6 × 5,000시간 = ₩50,000
 ④ 기계운전시간이 600시간 증가할 경우 수도비 증가액
  ₩6 × 600시간 = ₩3,600

02 (1) 단위당 변동원가: (₩70,000 - ₩60,000)/(4,000시간 - 3,000시간) = @₩10
 (2) 20X1년 변동원가: 40,000시간 × @₩10 = ₩400,000
 (3) 고정원가: ₩800,000 - ₩400,000 = ₩400,000

답 01 ④ 02 ③

03

㈜한국은 단일제품을 생산·판매하고 있으며 제품 1단위를 생산하는 데 11시간의 직접노무시간을 사용하고 있고, 제품 단위당 변동판매관리비는 ₩25이다. ㈜한국의 총제조원가에 대한 원가동인은 직접노무시간이고, 고저점법에 의하여 원가를 추정하고 있다. 제품의 총제조원가와 직접노무시간에 대한 자료는 다음과 같다.

구분	총제조원가	직접노무시간
1월	₩14,000	120시간
2월	₩17,000	100시간
3월	₩20,000	135시간
4월	₩19,000	150시간

㈜한국이 5월에 30단위의 제품을 단위당 ₩500에 판매한다면 총공헌이익은? 기출처 2020. 국가직 7급

① ₩850　　　　　　　　　　　　　② ₩1,050
③ ₩1,250　　　　　　　　　　　　　④ ₩1,450

03 (1) 고저점법에 의한 원가함수의 추정은 조업도의 고점과 저점을 선택하여 두 점을 통해 변동원가와 고정원가를 추정하여 원가함수를 만든다.
　　고점: 4월 (150시간, ₩19,000)
　　저점: 2월 (100시간, ₩17,000)
　　시간당 변동원가 = (₩19,000 - ₩17,000)/(150시간 - 100시간) = ₩40/시간
　　고정원가 = ₩17,000 - ₩40 × 100시간 = ₩13,000
　　∴ 원가함수: Y(총제조원가) = ₩40 × 직접노무시간 + ₩13,000
(2) 30단위의 제품의 직접노무시간 = 30단위 × 11시간 = 330시간
(3) 30단위 제품의 변동원가 = 330시간 × ₩40/시간 + 30단위 × ₩25/단위 = ₩13,950
(4) 총공헌이익 = 매출액 - 변동원가 = 30단위 × ₩500 - ₩13,950 = ₩1,050

답 03 ②

04 ㈜대한은 상품운반용 신제품 드론 1대를 생산하였다. 1대를 생산하는 데 소요되는 원가자료는 다음과 같다.

- 직접재료원가   ₩80,000
- 직접노무시간   100시간
- 직접노무원가   ₩1,000/직접노무시간
- 변동제조간접원가   ₩500/직접노무시간

직접노무시간에 대해 80% 누적평균시간 학습모형이 적용될 때, 드론 3대를 추가로 생산할 경우 발생할 제조원가는? (단, 추가생산 시 단위당 직접재료원가, 직접노무원가, 변동제조간접원가의 변동은 없으며, 고정제조간접원가는 발생하지 않는다) 기출처 2021. 국가직 7급

① ₩234,000   ② ₩318,000
③ ₩396,000   ④ ₩474,000

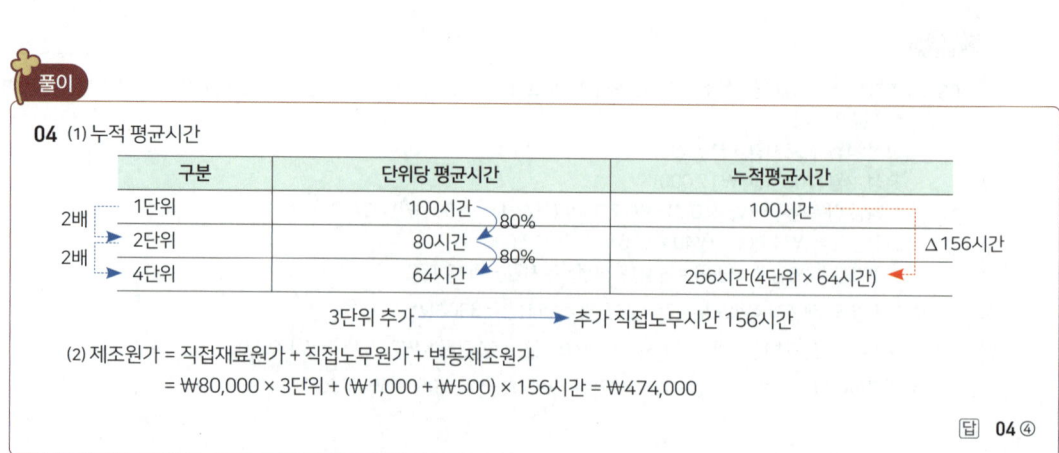

02 CVP 분석

Teacher's Map

❶ CVP 분석의 의의
원가(Cost) - 조업도(Volume) - 이익(Profit)의 상호관계를 분석하여 요소의 변동이 원가/수익/이익에 미치는 영향을 분석하는 기법.

❷ CVP 분석의 가정
① 원가와 수익의 행태는 결정되어 있고, 관련범위 내에서는 선형
② 모든 원가는 변동원가와 고정원가로 분리할 수 있음
③ 단일제품을 생산 → 단, 복수제품을 생산할 경우는 제품의 매출배합은 일정
④ 조업도만이 원가에 영향을 미치는 유일한 요인임
⑤ 재고량은 불변 → 생산량 = 판매량
⑥ 분석기간이 화폐의 시간가치가 중요하지 않을 정도로 단기간임
⑦ 발생주의에 의한 분석임
⑧ 모든 변수가 확실함

❸ CVP 분석의 기본개념

① 총수익	단위당 판매가격 × 판매량
② 총비용	고정원가 + 변동원가 = 단위당 변동원가 × 판매량 + 고정원가
③ 공헌이익	= 총수익 - 변동원가 (단위당 공헌이익 = 단위당 판매가 - 단위당 변동원가) = 총매출액 × 공헌이익률
④ 이익	= 공헌이익 - 고정원가

❹ 손익분기점: 이익이 '0'이 되는 판매량(매출액)

① 손익분기점 판매량	고정원가 ÷ 단위당 공헌이익
② 손익분기점 매출액	고정원가 ÷ 공헌이익률

❺ 안전한계: 현재의 조업도 수준이 손익분기점 조업도보다 어느 정도 떨어져 있는지를 나타낸 것

① 안전한계	안전한계 판매량(매출액) = 판매량(매출액) - 손익분기점 판매량(매출액)
② 안전한계율	$\dfrac{\text{안전한계 판매량(매출액)}}{\text{판매량(매출액)}} = \dfrac{\text{영업이익}}{\text{공헌이익}}$

1 CVP 분석(원가 – 조업도 – 이익분석)의 의의 및 기본가정

❶ CVP 분석의 의의

원가-조업도-이익분석(Cost-Volume-Profit analysis: CVP 분석)이란 원가, 조업도, 이익의 상호관계를 분석하여 각 요소의 변동이 기업의 원가, 수익, 이익에 미치는 영향을 분석하는 기법을 말하며 다음과 같은 경영 계획을 수립하는 데 활용한다.

- 수익과 비용을 일치시키는 판매량과 매출액은 얼마인가?
- 일정한 판매량에서 얻을 수 있는 이익은 얼마인가?
- 일정한 목표이익을 달성하는 데 필요한 판매량과 매출액은 얼마인가?
- 일정한 목표 이익을 달성하기 위하여 제품의 가격은 얼마로 할 것인가?
- 판매가격이나 비용이 변동될 경우 이익이나 손익분기점은 어떻게 영향을 받는가?

CVP 분석은 기업이 위와 같은 계획을 수립하거나 가격결정, 판매전략 수립, 특별주문 수락 의사결정, 자가제조 여부 의사결정 등 다양한 형태의 의사결정에 유용하게 사용될 수 있다.

❷ CVP 분석의 기본가정

CVP 분석을 위해서는 다음과 같은 몇 가지 제한된 가정이 필요하다.

- 조업도만이 수익과 원가에 영향을 미치는 유일한 요인이다.
- 모든 원가는 조업도의 변동에 정비례하는 변동원가와 조업도의 변동에 영향을 받지 않는 고정원가로 구분된다.
- 관련범위* 내에서 판매가격은 일정하다.
- 관련범위 내에서 단위당 변동원가는 일정하다.
- 관련범위 내에서 고정원가는 일정하다.
- 생산량은 모두 분석기간 내에 판매된다. (생산량 = 판매량)
- 두 가지 이상 제품을 판매할 경우 매출 배합은 일정하다.

* 일정 기간 달성 가능할 것으로 예상되는 최저조업도 - 최고조업도 사이의 범위

② CVP 분석의 기본 개념

```
           변동원가계산의 손익계산서
    A. 매출액                    ×××
    B. 변동원가                  (×××)
    C. 공헌이익(A-B)              ×××
    D. 고정원가                  (×××)
    E. 이익                      ×××
```

❶ 총수익(매출액, Total Revenue: TR)

매출액(S)은 판매가격에 판매량을 곱하여 계산한다.

$$총수익 = 단위당 판매가격(P) \times 판매량(Q)$$

제품 한 단위를 추가 판매하면 총수익은 단위당 판매가격만큼 증가한다.

❷ 총비용(Total Cost: TC)

변동원가와 고정원가로 나눌 수 있으며, 변동원가는 단위당 변동원가에 판매량을 곱하여 계산한다.

$$총비용 = 변동원가 (b^* \times Q) + 고정원가 (a^{**})$$

* 단위당 변동원가(b) = 단위당 변동제조원가(직접재료원가 + 직접노무원가 + 변동제조간접원가)
+ 단위당 변동 판매비와관리비

** 고정원가(a) = 고정제조간접원가 총액 + 고정판매비와관리비 총액

제품 한 단위를 추가로 판매하면 총 변동원가는 단위당 변동원가만큼 증가하고 전체 비용도 단위당 변동원가만큼 증가한다.

❸ 공헌이익(Contribution Margin: CM)

매출액에서 변동원가를 차감한 금액을 말한다. 이 금액이 증가함에 따라 점차 고정원가가 회수되어 이익의 증가에 공헌하게 된다. 공헌이익이 고정원가보다 클 때에는 이익이 발생하고 작을 때에는 손실이 발생하게 된다.

$$공헌이익 = 매출액(P \times Q) - 변동원가 (b \times Q)$$
$$= \underline{(단위당 판매가격 - 단위당 변동원가)} \times 판매량$$
$$\text{"단위당 공헌이익"}$$

📎 **확인문제**

01. 다른 요인이 동일하다고 하면 다음 중 공헌이익에 영향을 미치지 않는 경우는?
① 고정원가의 증가
② 변동원가의 감소
③ 판매량의 증가
④ 판매가격의 감소

정답 ①

위 식에서 표현된 바와 같이, 전체 공헌이익은 단위당 공헌이익에 판매량을 곱하여 구할 수도 있으며, 구한 총공헌이익을 총 고정원가와 비교하여 이익과 손실을 판단할 수 있다.

단위당 공헌이익은 제품 한 단위를 추가로 판매할 때 이익의 증가분을 의미한다.

❹ 공헌이익률(Contribution Margin Ratio)

공헌이익을 매출액으로 나누어 계산한 비율로, 공헌이익이 매출액의 몇 %를 차지하는지 나타낸다.

$$공헌이익률 = \frac{공헌이익}{매출액} = \frac{매출액 - 변동원가}{매출액}$$

$$= \frac{단위당\ 공헌이익 \times 판매량}{단위당\ 판매가격 \times 판매량} = \frac{단위당\ 공헌이익}{단위당\ 판매가격}$$

$$= \frac{단위당\ 판매가격 - 단위당\ 변동원가}{단위당\ 판매가격}$$

공헌이익이 매출액에서 변동원가를 뺀 개념이므로 공헌이익과 변동원가, 매출액 사이에는 다음과 같은 관계가 성립한다.

- 총 공헌이익 + 총 변동원가 = 총 매출액
- 단위당 공헌이익 + 단위당 변동원가 = 단위당 매출액
- 공헌이익률 + 변동원가율 = 1

공헌이익률은 매출액 ₩1이 발생할 때 얼마만큼 고정원가를 회수하고 이익 창출에 기여하는지를 나타내므로 제품의 수익성 분석에 어떠한 영향을 미치는지를 쉽게 파악할 수 있다. 단위당 공헌이익이 같다고 하더라도 공헌이익률이 높은 제품이 기업의 이익 창출에 좀 더 긍정적인 영향을 미치는 것으로 판단할 수 있다.

예제 1 공헌이익

㈜한국은 새로 개발한 제품을 생산하여 단위당 ₩2,000에 1,000단위를 판매할 예정이다. 신제품과 관련된 자료는 다음과 같다.

구분	단위당 변동원가(₩)	고정원가(₩)
직접재료원가	600	-
직접노무원가	400	-
제조간접원가	100	200,000
판매비와 관리비	300	150,000
계	1,400	350,000

01 단위당 공헌이익을 구하시오.

02 전체 공헌이익을 구하시오.

03 해당 제품의 판매로 인한 손익을 구하시오.

풀이

01 단위당 공헌이익 = 단위당 판매가 − 단위당 변동원가 = ₩2,000 − ₩1,400 = ₩600

02 전체 공헌이익 = 단위당 공헌이익 × 판매량 = ₩600 × 1,000단위 = ₩600,000

03 손익 = 총 공헌이익 − 총 고정원가 = ₩600,000 − ₩350,000 = ₩250,000

정답 **01** ₩600
　　　02 ₩600,000
　　　03 ₩250,000

예제 2 공헌이익률

㈜한국의 판매와 제조와 관련된 자료가 다음과 같을 때 공헌이익률은 얼마인가?

매출액	₩3,000,000
직접재료원가	₩500,000
직접노무원가	₩200,000
변동제조간접원가	₩150,000
고정제조간접원가	₩350,000
변동판매비와관리비	₩50,000
고정판매비와관리비	₩200,000

오쌤 Talk

단위당공헌이익률과 단위당공헌이익

문제에서 매출액을 기준으로 자료가 주어지면 단위당공헌이익률을 이용한다. 그러나 문제에서 수량을 기준으로 자료가 주어지면 단위당공헌이익을 이용한다.

[풀이]

공헌이익률 = $\dfrac{\text{총공헌이익}}{\text{총매출액}}$ = $\dfrac{\text{총매출액} - \text{총변동원가}}{\text{총매출액}}$ = $\dfrac{₩3,000,000 - ₩900,000^*}{₩3,000,000}$ = 70%

* 직접재료원가 + 직접노무원가 + 변동제조간접원가 + 변동판매비와관리비 = ₩900,000

정답 70%

예제 3 단위당 공헌이익

㈜한국은 단위당 판매가격이 ₩100인 제품을 생산 및 판매를 하고 있다. 당기의 판매 목표로 1만 개를 설정하였으며, 관련된 예산을 다음과 같이 수립하였다. ㈜한국의 총 공헌이익과 단위당 공헌이익은 얼마인가?

매출액		₩1,000,000
매출원가		
직접재료원가	₩240,000	
직접노무원가	₩200,000	
변동제조간접원가	₩150,000	
고정제조간접원가	₩210,000	(₩800,000)
매출총이익		₩200,000
판매비와관리비		
변동판매비와관리비	₩120,000	
고정판매비와관리비	₩40,000	(₩160,000)
영업이익		₩40,000

[풀이]

(1) 변동원가 = 직접재료원가 + 직접노무원가 + 변동제조간접원가 + 변동판매비와관리비 = ₩710,000
(2) 공헌이익 = ₩1,000,000 - ₩710,000 = ₩290,000
(3) 단위당 공헌이익 = ₩290,000 ÷ 10,000단위 = ₩29

정답 (1) 공헌이익: ₩290,000 (2) 단위당 공헌이익: ₩29

③ CVP 분석

❶ CVP 도표

원가 - 조업도 - 이익 도표(Cost-Volume-Profit graph)는 조업도의 변동에 따른 총 수익과 변동을 그림으로 나타낸 것으로 다음과 같다.

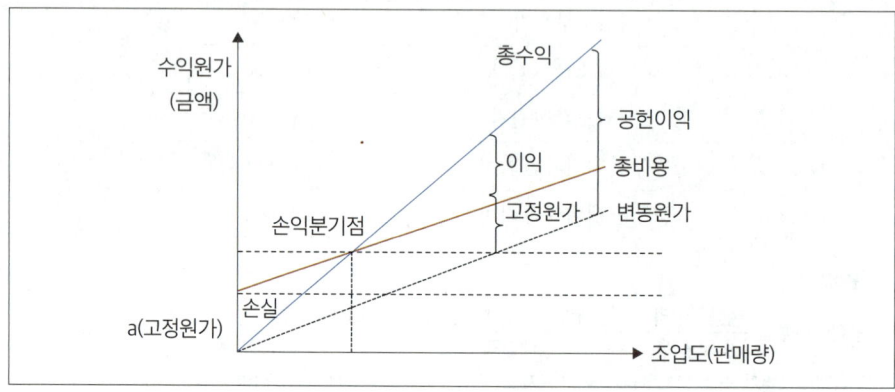

총수익선은 원점에서 출발하며 기울기가 단위당 판매가격인 직선이다. 변동원가 선은 원점에서 출발하고 기울기는 단위당 변동원가인 직선이다. 변동원가 선을 고정원가만큼 위로 이동시키면 총 비용선이 도출되며, 이 **총비용선과 총수익선이 만나는 지점을 손익분기점**(break even point)이라고 부른다.

❷ 손익분기점

손익분기점(Break even point)은 총수익과 총비용이 일치하여 손익이 0이 되는, 즉 '총수익 = 총비용'이 되는 판매량 또는 매출액을 말한다. 손익분기점보다 적은 판매량에서는 손실이 발생하고 손익분기점보다 많은 판매량에서는 이익이 발생한다.

2-1 손익분기점 판매량

손익분기점의 판매량은 다음과 같이 계산할 수 있다.

- 이익 = 총수익 - 총원가
  = (단위당 판매가격 × 판매량) − (총고정원가 + 단위당 변동원가 × 판매량)
      "총수익"   "총원가"
  = 판매량 × (단위당 판매가격 − 단위당 변동원가) − 총고정원가
              "단위당 공헌이익"
- 손익분기점에서는 이익이 "0"이므로, 이를 대입하면
  0 = 손익분기점 판매량 × 단위당 공헌이익 − 총고정원가

$$\therefore \text{손익분기점 판매량} = \frac{\text{총고정원가}}{\text{단위당 공헌이익}}$$

2-2 손익분기점 매출액

손익분기점 매출액은 다음과 같이 계산 가능하다.

- 이익 = 공헌이익률 × 매출액 - 총고정원가
- 손익분기점에서는 이익이 "0"이므로, 이를 대입하면
  0 = 공헌이익률 × 손익분기점매출액 - 총고정원가

$$\therefore \text{손익분기점 매출액} = \frac{\text{총고정원가}}{\text{공헌이익률}}$$

확인문제

02. 손익분기점 매출액이 ₩360이며 공헌이익률은 30%일 때, 목표이익 ₩84을 달성하기 위한 총매출액은?

기출처 2013. 지방직 9급

① ₩280 ② ₩480
③ ₩560 ④ ₩640

정답 ④

예제 4 손익분기점 판매량

㈜한국의 제품과 관련된 정보는 다음과 같을 때, 손익분기점 판매량은 얼마인가?

단위당 판매가격	₩5,000
단위당 변동원가	판매가격의 40%
총고정원가	₩3,000,000

풀이
(1) 단위당 공헌이익 = ₩5,000 - ₩5,000 × 40% = ₩3,000
(2) 손익분기점 판매량 = ₩3,000,000 ÷ ₩3,000 = 1,000(개)

정답 1,000개

오쌤 Talk

손익분기점 매출액

'손익분기점매출액 × 공헌이익률 = 고정원가'의 식을 활용하는 문제가 빈출된다. 손익분기점과 관련된 문제가 출제되면, 주어진 정보에서 해당 산식을 적용할 수 있는지를 꼭 확인해보고 접근한다.

예제 5 손익분기점 매출액

제품 A를 생산하고 있는 ㈜한국의 20X1년 자료는 다음과 같을 때, 손익분기점 매출액을 구하시오.

단위당 판매가격	₩300
단위당 변동원가	₩210
총고정원가	₩360,000

풀이
(1) 공헌이익률 = (₩300 - ₩210) ÷ ₩300 = 30%
(2) 손익분기점 매출액 = ₩360,000 ÷ 30% = ₩1,200,000

정답 ₩1,200,000

확인문제 [최신]

03. ㈜서울의 20X1년 손익분기점 매출액은 ₩9,000,000이고, 단위당 공헌이익률은 80%이다. 총비용 중 변동비와 고정비의 비율은 1 : 1.5이다. ㈜서울의 20X1년 총비용이 매출의 50%를 차지할 때 순이익은?

기출처 2023. 서울시 7급

① ₩6,000,000
② ₩8,000,000
③ ₩10,000,000
④ ₩12,000,000

정답 ④

❸ 목표이익 CVP 분석

기업은 손익분기점을 달성하는 데 그치지 않고 특정 목표이익(Target income)을 달성하는 데 필요한 판매량에 관심을 두고 있다. 원하는 목표이익을 달성하는 데 필요한 판매량과 매출액을 CVP 분석을 통하여 계산할 수 있다. 목표이익을 위한 판매량/매출액은 앞서 구한 손익분기점 판매량/매출액을 구하는 방법과 유사하게 구할 수 있으며 **이익에 "0" 대신에 목표이익 금액을 대입**하면 된다.

3-1 목표이익 달성을 위한 판매량

- 목표이익 = 판매량 × 단위당 공헌이익 - 총고정원가
- 목표이익 달성을 위한 판매량 = $\dfrac{\text{총고정원가} + \text{목표이익금액}}{\text{단위당 공헌이익}}$

3-2 목표이익 달성을 위한 매출액

- 목표이익 = 매출액 × 공헌이익률 - 총고정원가
- 목표이익 달성을 위한 매출액 = $\dfrac{\text{총고정원가} + \text{목표이익금액}}{\text{공헌이익률}}$

예제 6 목표이익 CVP 분석(1)

제품 A를 생산하고 있는 ㈜한국의 20X1년 자료는 다음과 같을 때, 목표이익 ₩900,000을 얻기 위한 판매량과 매출액을 구하시오. (법인세는 고려하지 않는다.)

단위당 판매가격	₩300
단위당 변동원가	₩210
총고정원가	₩360,000

풀이
(1) 단위당 공헌이익 = ₩300 - ₩210 = ₩90
　　목표이익을 달성하기 위한 판매량 = (₩360,000 + ₩900,000) ÷ ₩90 = 14,000개
(2) 공헌이익률 = ₩90 ÷ ₩300 = 30%
　　목표이익을 달성하기 위한 매출액 = (₩360,000 + ₩900,000) ÷ 30% = ₩4,200,000

정답 (1) 목표이익 달성을 위한 판매량: 14,000개
　　　　(2) 목표이익 달성을 위한 매출액: ₩4,200,000

확인문제 [최신]

04. ㈜한국은 새로운 경전철 사업을 구상하고 있다. 1회 이용당 변동원가는 ₩100이고, 1년간 경전철 운영의 고정원가는 ₩100,000이 발생할 것으로 추정된다. 향후 1년간 이용 횟수가 1,000회로 예상된다. ㈜한국이 목표이익을 ₩100,000으로 정할 경우 책정되어야 할 1회 이용요금은? 기출처 2023. 국가직 9급

① ₩300　② ₩500
③ ₩700　④ ₩900

정답 ①

예제 7 목표이익 CVP 분석(2)

㈜한국은 개당 판매단가 ₩100,000인 스마트폰을 생산 및 판매한다. 연간 총 고정원가는 ₩2,000,000이고 단위당 변동원가는 ₩80,000이다. 회사의 세전 목표이익이 ₩2,000,000일 때 목표이익을 얻기 위한 매출액과 판매량을 구하시오.

풀이
(1) 목표이익 판매량 = ₩4,000,000 ÷ (₩100,000 − ₩80,000) = 200개
(2) 목표이익 매출액 = ₩4,000,000 ÷ {(₩100,000 − ₩80,000) ÷ ₩100,000} = ₩20,000,000

정답 매출액 = ₩20,000,000, 판매량 = 200개

예제 8 목표이익 CVP 분석(3)

㈜한국은 제품 20,000개를 판매하여 ₩1,000,000의 세전 영업이익을 목표로 하고 있다. 이때 고정원가는 ₩4,000,000이고 공헌이익률은 40%이다. ㈜한국의 제품단위당 판매가격은 얼마인가? (단, 회사는 단일제품을 생산, 판매하며 판매가격은 연중 일정하다고 가정한다.)

풀이
(1) 목표이익을 위한 매출액 = (세전영업이익 + 고정원가) ÷ 공헌이익률
  = (₩1,000,000 + ₩4,000,000) ÷ 40% = ₩12,500,000
(2) 단위당 판매가격 = ₩12,500,000 ÷ 20,000개 = ₩625

정답 ₩625

④ 법인세를 고려한 CVP 분석

지금까지는 법인세를 고려하지 않았으나 실제 손익을 계획할 때에는 법인세 또한 의사결정에 반드시 고려되어야 하는 중요한 요소이다.

4-1 법인세 고려 시 손익분기점을 위한 CVP 분석

손익분기점에서는 이익이 0이 되어 법인세도 발생하지 않으므로 법인세를 고려한다고 하더라도 손익분기점은 동일하다. 즉, **법인세는 손익분기점 산출에 영향을 주지 않는다.**

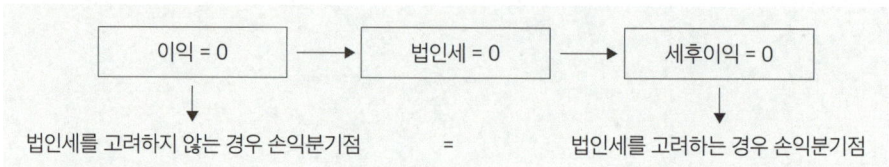

4-2 법인세 고려 시 목표이익을 위한 CVP 분석

세후 목표이익을 얻는 데 필요한 세전 이익을 계산하여 CVP 분석에 대입시켜 구할 수 있으며, 이를 식으로 표현하면 다음과 같다.

- 세후목표이익 = 세전이익 × (1 − 법인세율)
  = {판매량 × 단위당 공헌이익 − 총고정원가} × (1 − 법인세율)

- 세후목표이익 달성을 위한 판매량 = $\dfrac{\dfrac{세후목표이익}{1 - 법인세율} + 고정원가}{단위당\ 공헌이익}$

목표이익

목표이익은 세후이익이다. 세후이익은 세전이익으로 환산하여 접근해야 한다.

'세전이익 × (1 − 법인세율) = 세후이익'

위 산식을 통해 세전이익을 산출하고, 원래의 변동원가손익계산서 구조에 넣어 해결한다.

예제 9 법인세 하의 CVP 분석

㈜한국은 개당 판매단가 ₩100,000인 스마트폰을 생산 및 판매한다. 연간 총 고정원가는 ₩2,000,000이고 단위당 변동원가는 ₩80,000이다. 회사의 세후 목표이익이 ₩2,000,000이고, 법인세율은 60%일 때 목표이익을 얻기 위한 매출액과 판매량을 구하시오.

풀이
(1) 세전 이익 = ₩2,000,000 ÷ (1 − 60%) = ₩5,000,000
(2) 목표이익 판매량 = ₩7,000,000 ÷ (₩100,000 − ₩80,000) = 350개
(3) 목표이익 매출액 = ₩7,000,000 ÷ {(₩100,000 − ₩80,000) ÷ ₩100,000} = ₩35,000,000

정답 매출액 = ₩35,000,000, 판매량 = 350개

❺ 안전한계(Margin of Safety)

안전한계(Margin of Safety: M/S)는 실제 또는 예상판매량(매출액)이 손익분기점의 판매량(매출액)을 초과하는 판매량(매출액)을 의미한다. 따라서 매출액이 증가하면 안전한계도 증가한다. 손익분기점에 있을 때 안전한계는 0이 되고, 매출이 손익분기점에서 증가할수록 높아지게 된다. 식으로 나타내면 다음과 같다.

오쌤 Talk
안전한계

안전한계는 컵밥장사가 장사를 하면서 '안전하다고 느낀 구간'을 의미한다. 이때, '안전하다고 느낀 구간'이란 전체 매출액 중에서 손익분기점을 넘어선 매출 구간을 컵밥장사는 안전하다고 느꼈을 것이다. 즉, 안전한계는 매출액을 중심으로 손익분기점을 초과하는 매출액을 의미한다.

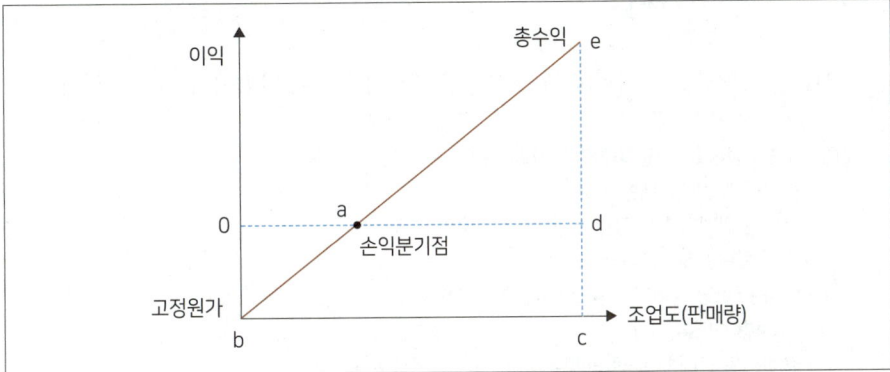

- 안전한계매출액(판매량) = 매출액(판매량) - 손익분기점매출액(판매량)

- 안전한계율 = $\dfrac{\text{매출액} - \text{손익분기점 매출액}}{\text{매출액}}$

  = $\dfrac{\text{판매량} - \text{손익분기점 판매량}}{\text{판매량}}$ = $\dfrac{ad}{bc}$

  = $\dfrac{\text{영업이익}}{\text{공헌이익}}$ = $\dfrac{ed}{ec}$

예제 10 안전한계

㈜한국의 당기 총매출액은 ₩5,000,000이며, 총고정원가는 ₩2,000,000, 공헌이익률은 80%일 때, 안전한계율은 얼마인가?

풀이
(1) 손익분기점 매출액 = ₩2,000,000 ÷ 80% = ₩2,500,000
(2) 안전한계율 = (₩5,000,000 - ₩2,500,000) ÷ ₩5,000,000 = 50%

정답 50%

❻ 복수 제품의 CVP

회사가 판매하는 제품이 단일제품이 아닌 두 개 이상의 **복수의 제품이라면 CVP의 분석은 set를 기준으로 분석**해야 한다. 이 경우 문제에서는 매출배합이 일정하다는 가정이 주어진다. 만약 매출액을 구성하는 비중이 일정하지 않고 변한다면 제품 배합에 따라 다양한 손익분기점이 존재할 수 있다. **매출배합이 일정하다는 가정하에 하나의 set로 취급하여 CVP문제를 해결해야 한다.**

각 제품의 판매량을 구하라고 하는 문제가 출제되었을 때 다음과 같이 접근한다.

> ① Set를 구성하고 Set당 공헌이익(결합공헌이익)을 계산한다.
>   - 판매량 배합(매출배합)으로 Set구성
>   - Set 1단위에 포함된 공헌이익(Set당 공헌이익) 계산
> ② 물음과 관련된 Set 판매량 계산
>   - 이익 = Set당 공헌이익 × Set 판매량 - 고정원가
> ③ 각 제품별 판매량 계산
>   - 각 제품별 판매량 = Set 판매량 × Set 내 각 제품별 수량

예제 11 복수제품의 CVP

㈜한국은 제품 A와 B를 생산, 판매하고 있으며 관련 자료는 다음과 같다.

구분	제품 A	제품 B	합계
판매수량	300개	700개	1,000개
총매출액	₩30,000	₩42,000	₩72,000
총변동원가	₩15,000	₩21,000	₩36,000
총고정원가			₩72,000

매출배합이 일정하다고 가정할 때 손익분기점을 달성하기 위한 두 제품의 판매수량을 각각 구하시오.

풀이
(1) 1 Set 구성: 제품 A 3개, 제품 B 7개
(2) Set 단위당 공헌이익 = 3개 × (₩30,000 − ₩15,000)/300개 + 7개 × (₩42,000 − ₩21,000)/700개
　　　　　　　　　　= ₩360
(3) 손익분기점 Set 판매량 = ₩72,000/₩360 = 200Set
(4) 손익분기점 달성을 위한 두 제품의 판매수량
　제품 A : 200Set × 3개/set = 600개
　제품 B : 200Set × 7개/set = 1,400개

정답 제품 A: 200Set × 3개/set = 600개,
　　　제품 B: 200Set × 7개/set = 1,400개

❼ 영업레버리지

회사의 매출액이 증가할 때 영업이익이 얼마나 증가하는지를 나타내는 척도가 영업레버리지이다. 예를 들어, 다음과 같은 매출액과 영업이익의 변화가 있다고 할 때 영업레버리지는 다음과 같다.

	매출액	₩100,000 → 10% 증가 →	₩110,000
(-)	변동원가	(₩50,000)	(₩55,000)
(-)	고정원가	(₩30,000)	(₩30,000)
	영업이익	₩20,000 → 25% 증가 →	₩25,000

그러므로 영업레버리지는 2.5(= 25%/10%)이다.

즉, 매출액이 10% 증가했을 때, 영업이익이 25% 증가하는 것은 고정원가 때문이다. 매출액이 증가할 때 변동원가는 같은 비율로 증가하지만 고정원가는 증가하지 않기 때문에 영업이익은 매출액의 증가보다 더 큰 비율로 증가하게 된다. 이처럼 **고정원가는 영업이익에 대해 일종의 지렛대 역할을 하기 때문에 영업레버리지**라고 한다.

$$\text{영업레버리지도} = \frac{\text{영업이익의 변화}}{\text{매출액의 변화}} = \frac{\text{공헌이익}}{\text{영업이익}}$$

예제 12 **영업레버리지**

㈜한국의 다음 자료를 이용한 영업레버리지도는? (단, 기말재고와 기초재고는 없다.)

기출처 2021. 지방직 9급

- 매출액: ₩1,000,000
- 공헌이익률: 30%
- 고정원가: ₩180,000

풀이
(1) 공헌이익 = 매출액 × 공헌이익률 = ₩1,000,000 × 30% = ₩300,000
(2) 영업이익 = 공헌이익 − 고정원가 = ₩300,000 − ₩180,000 = ₩120,000
(3) 영업레버리지도 = 공헌이익/영업이익 = ₩300,000/₩120,000 = 2.5

정답 2.5

확인문제 최신

05. 단일제품을 생산·판매하는 ㈜한국은 20X1년에 영업을 시작하여 당해 연도에 제품 200단위를 단위당 ₩1,000에 판매하였다. ㈜한국의 20X1년도 공헌이익률이 40%, 영업레버리지도가 5일 때, 손익분기점 판매량은?

기출처 2023. 지방직 9급

① 100단위
② 120단위
③ 140단위
④ 160단위

정답 ④

오쌤 Talk
고정원가와 영업레버리지도
총 비용 중에서 고정원가가 차지하는 정도가 클수록 매출액의 변화보다 영업이익 변화율이 커지므로 영업레버리지는 커진다.

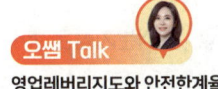

오쌤 Talk
영업레버리지도와 안전한계율

영업레버리지	안전한계율
공헌이익 / 영업이익	영업이익 / 공헌이익

OX 퀴즈

다음 문장의 경우 올바른 설명에는 O, 틀린 설명에는 ×를 하고 틀린 설명은 수정하시오.

① 두 가지 이상의 제품에 대한 CVP 분석 시, 조업도의 변화에 따라 매출 배합은 변화한다. (   )

② CVP 분석 시, 원가에 유일하게 영향을 미치는 요소는 조업도이다. (   )

③ 고정원가가 줄어들면 공헌이익이 증가한다. (   )

④ 판매 단위당 공헌이익이 동일한 제품이면 매출액 ₩1당 이익에 기여하는 정도가 동일하다. (   )

⑤ 손익분기점은 총수익과 총원가가 동일하여 이익이 0이 되는 판매량(매출액)이다. (   )

⑥ 법인세를 고려하게 되면 손익분기점 판매량은 법인세를 고려하지 않을 때에 비하여 증가한다. (   )

OX 풀이

1 ✕ CVP 분석에서는 조업도가 변화하더라도 매출배합은 일정하다고 가정한다.

2 ○

3 ✕ 공헌이익은 총 수익에서 총 변동원가를 제외한 것으로 고정원가와는 무관하다.

4 ✕ 단위당 공헌이익이 동일하더라도 공헌이익률이 다르면 동일 매출액이 이익에 기여하는 정도가 다르다.

5 ○

6 ✕ 손익분기점은 이익이 0인 지점이므로 법인세의 영향을 받지 않는다.

실전훈련

01 ㈜한국은 노량진에서 컵밥을 판매하고 있다. 컵밥은 개당 ₩1,000에 제조하여 ₩2,000에 판매하고, 매월 임대료 등 고정원가비용은 ₩500,000이다. ㈜한국은 최근 월 임대료 ₩200,000의 인상을 통보받았다. 또한 컵밥의 제조단가도 ₩1,200으로 인상되었다. ㈜한국은 종전과 같은 월 손익분기매출수량을 유지하기 위해 컵밥의 판매가격 조정을 고려하고 있다. 새로 조정될 컵밥 판매가격은?

① ₩1,500　　　　　　　　　② ₩2,000
③ ₩2,600　　　　　　　　　④ ₩3,000

02 ㈜한국이 판매하는 제품과 관련된 자료는 다음과 같다.

• 단위당 판매가격	₩1,000
• 단위당 변동원가	₩300
• 연간 총고정원가	₩100,000

기타수익과 비용은 없다고 가정할 때 연간순이익 ₩40,000을 달성하기 위한 연간제품판매량은?

① 250개　　　　　　　　　② 150개
③ 200개　　　　　　　　　④ 400개

03 ㈜한국은 대학축제에서 솜사탕을 판매하려고 한다. 솜사탕 제조과정에는 고정원가와 변동원가가 발생하는데 고정원가는 ₩50,000이며, 손익분기점 매출액은 ₩200,000이다. 만일 솜사탕의 예상 매출액이 ₩300,000이라면 ㈜한국이 솜사탕 판매로 얻게 될 이익은?

① ₩50,000　　　　　　　　② ₩30,000
③ ₩25,000　　　　　　　　④ ₩10,000

풀이

01 (1) 기존 손익분기점 판매량 = ₩500,000 ÷ (₩2,000 - ₩1,000) = 500개
(2) 500개 = (₩500,000 + ₩200,000) ÷ (새로운 단위당 판매가 - ₩1,200)
새로운 단위당 판매가 = ₩700,000 ÷ 500개 + ₩1,200 = ₩2,600

02 (1) 단위당 공헌이익 = ₩1,000 - ₩300 = ₩700
(2) 목표이익 = ₩40,000 = ₩700 × 목표이익 판매량 - ₩100,000
(3) 목표이익 판매량 = 200개

03 (1) 공헌이익률 = $\dfrac{\text{고정원가}}{\text{손익분기점 매출액}}$ = ₩50,000 ÷ ₩200,000 = 25%
(2) 이익 = ₩300,000(매출액) × 25%(공헌이익률) - ₩50,000(고정원가) = ₩25,000

답 01 ③　02 ③　03 ③

04 ㈜한국의 20X1년 영업활동에 대한 자료는 다음과 같다.

- 손익분기점 매출액　　　　　₩3,000,000
- 단위당 판매가격　　　　　　@₩100
- 단위당 변동원가　　　　　　@₩70

㈜한국의 20X1년도 영업이익이 ₩300,000일 경우, 동년도의 매출액은 얼마인가?

① ₩2,300,000　　　　　② ₩3,000,000
③ ₩3,600,000　　　　　④ ₩4,000,000

05 ㈜한국의 공헌이익률은 40%이고, 목표 영업이익은 매출액의 20%이다. 매출액을 S, 총고정원가를 F라 할 때, 목표 영업이익을 달성하기 위하여 요구되는 매출액은?

① 0.3/F　　　　　② F/0.3
③ F/0.2　　　　　④ 0.2/F

풀이

04 (1) 공헌이익률 = (₩100 − ₩70) ÷ ₩100 = 30%
　　(2) 고정원가 = ₩3,000,000 × 30% = ₩900,000
　　(3) 매출액 = (₩900,000 + ₩300,000) ÷ 30% = ₩4,000,000

05 목표영업이익을 위한 매출액(S) = $\dfrac{\text{고정원가} + \text{목표영업이익}}{\text{공헌이익률}} = \dfrac{F + 0.2S}{0.4}$

이를 정리하면, 0.4S = F + 0.2S
0.2S = F
∴ S = F/0.2

답　04 ④　05 ③

06 ㈜서울은 두 종류의 제품 A와 B를 생산하여 판매하며, 각 제품 매출액이 회사 총 매출액에서 차지하는 비중은 각각 50%이다. 매출액에 대한 변동비는 제품 A가 60%, 제품 B가 40%이다. 총고정비는 ₩100,000이며, 그 밖의 다른 비용은 없다. 총고정비가 20%만큼 증가한다고 가정할 때, ₩10,000의 순이익을 얻기 위하여 필요한 매출액은? (단, 세금효과는 고려하지 않는다.)

기출처 2020. 서울시 7급

① ₩130,000　　　　② ₩220,000
③ ₩240,000　　　　④ ₩260,000

07 ㈜한국의 20X1년 제품 단위당 변동원가는 ₩600, 연간 고정 원가는 ₩190,000이다. 국내시장에서 단위당 ₩1,000에 300개를 판매할 계획이며, 남은 제품은 해외시장에서 ₩950에 판매 가능하다. 20X1년 손익분기점 판매량은? (단, 해외시장에 판매하더라도 제품단위당 변동원가는 동일하며 해외판매는 국내수요에 영향을 주지 않는다.)

기출처 2018. 국가직 9급

① 1,100개　　　　② 1,050개
③ 950개　　　　　④ 500개

풀이

06 (1) 전체 매출액을 s라고 하면, 제품 A의 매출액은 s × 50% = 0.5s, 제품 B의 매출액은 s × 50% = 0.5s
(2) 제품A의 변동비가 매출액 대비 60%라면, 공헌이익률은 40%,
제품B의 변동비가 매출액 대비 40%라면, 공헌이익률은 60%

제품	제품A	제품B	전체
매출액	0.5s	0.5s	s
공헌이익	0.5s × 0.4 = 0.2s	0.5s × 0.6 = 0.3s	0.5s
고정원가 ₩100,000 + ₩100,000 × 20% = ₩120,000			₩120,000
영업이익			₩10,000

0.5s - ₩120,000 = ₩10,000
∴ s = 매출액 = ₩260,000

07 (1) 300개를 판매했을 경우의 공헌이익
= (단위당 판매가격 - 단위당 변동원가) × 300개
= (₩1,000 - ₩600) × 300개 = ₩120,000
(2) 손익분기점 판매를 위해 공헌이익 = 고정원가 = ₩190,000이어야 하므로
추가 판매를 통해 공헌이익 ₩70,000(= ₩190,000 - ₩120,000)을 달성해야 한다.
그러므로 해외시장 판매분의 공헌이익 = ₩70,000 = 단위당 공헌이익(₩950 - ₩600) × 판매수량
∴ 판매수량 = 200개이므로 손익분기점 판매량은 기존 300개 + 해외 200개 = 500개이다.

답　06 ④　07 ④

08 ㈜한국은 한 종류의 휴대전화기를 제조·판매한다. 휴대전화기의 단위당 판매가격은 ₩80이고, 단위당 변동원가는 ₩60, 고정원가는 ₩240,000이며, 관련범위는 18,000단위이다. 다음 중 옳지 않은 것은? (단, 세금은 고려하지 않음)

① 휴대전화기의 공헌이익률은 25%이다.
② 매출수량이 12,000단위이면 안전한계는 0이다.
③ 제품 단위당 변동원가가 ₩10 감소하면 손익분기점 판매량은 4,000단위가 감소한다.
④ 고정원가가 ₩192,000으로 감소하면 공헌이익률은 20% 증가한다.

09 ㈜한국은 단위당 판매가격이 ₩200인 제품을 판매하고 있다. 총고정원가는 ₩1,500, 단위당 변동원가는 ₩100이다. 법인세율은 40%일 경우 법인세차감후순이익 ₩1,200을 실현하는 데 필요한 매출액은?

① ₩7,000   ② ₩3,000
③ ₩2,000   ④ ₩1,000

풀이

08 ① 공헌이익률 = (₩80 − ₩60) ÷ ₩80 = 25%
② 손익분기점 판매량 = ₩240,000 ÷ (₩80 − ₩60) = 12,000단위
따라서 판매량이 12,000단위일 때 안전한계는 0임.
③ 새로운 손익분기점 판매량 = ₩240,000 ÷ {₩80 − (₩60 − ₩10)} = 8,000단위
따라서 12,000단위(기존) − 8,000단위(신규) = 4,000단위가 감소한다.
④ 공헌이익률은 고정원가와 관련이 없다.

09 (1) 목표 세전이익 = ₩1,200 ÷ (1 − 40%) = ₩2,000
(2) 공헌이익률 = (₩200 − ₩100) ÷ ₩200 = 50%
(3) 목표 매출액 = (₩2,000 + ₩1,500) ÷ 50% = ₩7,000

답 08 ④ 09 ①

10 단일제품 A를 제조하는 ㈜한국의 제품생산 및 판매와 관련된 자료는 다음과 같다.

• 총판매량	200개
• 총공헌이익	₩200,000
• 총고정원가	₩150,000

법인세율이 20%일 경우, 세후순이익 ₩120,000을 달성하기 위한 제품 A의 판매수량은? (단, 제품 A의 단위당 공헌이익은 동일하다.)

기출처 2020. 국가직 9급

① 120개 ② 150개
③ 270개 ④ 300개

11 ㈜한국의 20X1년 매출액이 ₩10,000,000, 총고정원가가 ₩2,000,000, 공헌이익률은 40%일 때 안전한계율은?

기출처 2024. 지방직 9급

① 30% ② 40%
③ 50% ④ 60%

풀이

10 (1) 세전이익 × (1 - 법인세율) = 세후순이익 = 세전이익 × (1 - 20%) = ₩120,000
∴ 세전이익 = ₩150,000
(2) 단위당 공헌이익 = 총공헌이익 / 총판매량 = ₩200,000 / 200개 = ₩1,000/개
(3) 판매수량을 a라고 하면,

공헌이익	단위당 공헌이익 × a = ₩1,000/개 × a
(-)고정원가	₩150,000
세전이익	₩150,000

∴ 판매수량 = a = 300개

11 (1) 공헌이익 = 매출액 × 공헌이익률 = ₩10,000,000 × 40% = ₩4,000,000
(2) 영업이익 = 공헌이익 - 고정원가 = ₩4,000,000 - ₩2,000,000 = ₩2,000,000
(3) 안전한계율 = 영업이익/공헌이익 = ₩2,000,000/₩4,000,000 = 50%

답 10 ④ 11 ③

12 ㈜한국의 20X1년도 고정비는 ₩600,000이고 손익분기점 매출액이 ₩1,500,000이며, 안전한계율이 40%일 경우, 영업이익은?

기출처 2021. 국가직 7급

① ₩0
② ₩200,000
③ ₩400,000
④ ₩1,000,000

13 ㈜한국의 20X1년 매출액은 ₩500,000, 총고정원가는 ₩100,000, 공헌이익률은 40%, 법인세율은 30%일 때, 옳지 않은 것은?

기출처 2024. 국가직 7급

① 총변동원가는 ₩300,000이다.
② 영업레버리지도는 2.5이다.
③ 세후이익은 ₩70,000이다.
④ 안전한계율은 50%이다.

풀이

12 (1) 공헌이익률 = 손익분기점매출액 / 고정비
   = ₩600,000/₩1,500,000 = 0.4

(2) 안전한계율이 40%일 경우, 전체 매출액 = 손익분기점 매출액/60%
   = ₩1,500,000/0.6 = ₩2,500,000
   [참고] 전체 매출액 × 손익분기점매출액비율(= 1 - 안전한계율) = 손익분기점매출액

(3) 변동원가손익계산서

매출액	₩2,500,000
공헌이익 (공헌이익율 40%)	₩1,000,000
고정비	(₩600,000)
영업이익	₩400,000

13

	매출액	₩500,000
(-)	변동원가	<<₩300,000>>
	공헌이익	₩500,000 × 40% = ₩200,000
(-)	고정원가	₩100,000
	영업이익	₩100,000

○ 영업레버리지도 = 공헌이익/영업이익 = ₩200,000/₩100,000 = 2
○ 안전한계율 = 영업이익/공헌이익 = ₩100,000/₩200,000 = 0.5 = 50%
○ 세후이익 = 영업이익 - 법인세 = ₩100,000 - ₩100,000 × 30% = ₩70,000

답 12 ③ 13 ②

14 ㈜서울은 당기에 생산한 제품을 전량 판매하고 있는데, 제품 단위당 변동원가는 ₩450이고 공헌이익률은 25%이다. 총고정원가는 생산량이 1,500단위 이하일 경우 ₩180,000이고, 1,500단위를 초과할 경우 ₩240,000이다. 목표이익 ₩60,000을 달성하기 위한 생산·판매량은? (단, 법인세는 없다.)

기출처 2019. 서울시 9급

① 1,200단위
② 1,400단위
③ 1,600단위
④ 2,000단위

풀이

14 (1) 　단위당 판매가격　　100%
　　　 - 단위당 변동원가　　 a%
　　　 = 단위당 공헌이익　　 25%
　　　 ∴ 변동원가율(a) = 75%

(2) 판매가격 × 변동원가율 75% = ₩450　　∴ 판매가격 = ₩600

(3) if, 생산량이 1,500단위를 초과한다면,
　　{(A개 × ₩600) × 25%(공헌이익률)} - ₩240,000(고정원가) = ₩60,000(목표이익)
　　A = 2,000단위 (A > 1,500단위)

[참고]
If, 생산량이 1,500단위 이하인 경우
{(A개 × ₩600) × 25%(공헌이익률)} - ₩180,000(고정원가) = ₩60,000(목표이익)
A = 1,600단위 (A > 1,500 단위)
∴ 조건을 만족하지 않음

답 14 ④

15 ㈜대한은 A 투자안과 B 투자안 중에서 원가구조가 이익에 미치는 영향을 고려하여 하나의 투자안을 선택하고자 한다. 두 투자안의 예상 판매량은 각 100단위이고, 매출액 등의 자료가 다음과 같을 때, 두 투자안에 대한 비교 설명으로 옳은 것은?

기출처 2016. 국가직 9급

구분	A 투자안	B 투자안
매출액	₩20,000	₩20,000
변동원가	₩12,000	₩10,000
고정원가	₩4,000	₩6,000
영업이익	₩4,000	₩4,000

① A 투자안의 변동원가율이 B 투자안의 변동원가율보다 작다.
② A 투자안의 단위당 공헌이익이 B 투자안의 단위당 공헌이익보다 크다.
③ A 투자안의 손익분기점 판매량이 B 투자안의 손익분기점 판매량보다 적다.
④ A 투자안의 안전한계는 B 투자안의 안전한계보다 작다.

15 ① A 변동원가율 = ₩12,000 / ₩20,000 = 60%
　　B 변동원가율 = ₩10,000 / ₩20,000 = 50%

② A 단위당 공헌이익 = (₩20,000 - ₩12,000) / 100단위 = ₩80/단위당
　B 단위당 공헌이익 = (₩20,000 - ₩10,000) / 100단위 = ₩100/단위당

③ A, B 둘 다 단위당 판매가격이 동일하므로,
　'손익분기점 매출액 × 공헌이익률= 고정원가'의 개념을 적용하여,
　손익분기점 매출액(고정원가/공헌이익률)의 크기를 비교하면
　A: ₩4,000 / 40% < B: ₩6,000 / 50%

④ A투자안의 손익분기점 판매량이 B투자안의 손익분기점 판매량보다 적으므로 A투자안의 안전한계가
　B투자안보다 크다. (안전한계 = 손익분기점을 초과한 매출액)

답 15 ③

16 ㈜한국은 제품 A와 B를 생산하여 제품 A 3단위와 제품 B 2단위를 하나의 묶음으로 판매하고 있다.

• 제품별 단위당 판매가격 및 변동원가

구분 \ 제품	A	B
단위당 판매가격	₩500	₩800
단위당 변동원가	₩300	₩700

• 고정제조간접원가 ₩600,000
• 고정판매비와관리비 ₩360,000

㈜한국의 손익분기점에서 제품 A와 B의 판매량은?

기출처 2022. 지방직 9급

	제품 A	제품 B
①	2,400단위	2,400단위
②	2,400단위	3,600단위
③	3,600단위	2,400단위
④	3,600단위	3,600단위

풀이

16 묶음 수를 P라고 가정할 때,
(1) 1묶음당 공헌이익 = A 단위당 공헌이익 × 3 + B 단위당 공헌이익 × 2
    = ₩200 × 3 + ₩100 × 2 = ₩800

(2) 손익분기점

손익분기점 공헌이익	₩800 × P
고정원가(= 고정제조간접원가 + 고정판매비와관리비)	₩960,000
손익분기점이익	₩0

∴ 묶음 수(P) = 1,200 묶음

(3) 손익분기점 판매수량
A = 1,200묶음 × 3단위/묶음 = 3,600단위, B =1,200묶음 × 2단위/묶음 = 2,400단위

답 16 ③

17 ㈜서울이 판매하고 있는 제품 A와 제품 B의 단위당 공헌이익은 각각 ₩10과 ₩20이다. 총고정비는 ₩6,000이며 그 밖의 다른 비용은 없다. 현재 제품 A와 제품 B의 판매수량비율은 2 : 1이나, 향후 1 : 2로 변경될 것으로 예측된다. 판매수량비율 변경에 따른 회사 전체의 손익분기점 판매수량 차이는?

기출처 2021. 서울시 7급

① 90개 감소 ② 90개 증가
③ 180개 감소 ④ 차이 없음

17 (1) 'A : B = 2:1' 인 경우
    묶음 판매수량을 a라고 하면, 묶음 당 공헌이익은 ₩10 × 2a + ₩20 × a 이고, 손익분기점이 되기 위해서는 공헌이익과 총고정원가가 같아야 한다.
    ∴ ₩10 × 2a + ₩20 × a = ₩6,000
       a=150 묶음
    판매수량 : A = 150묶음 × 2 = 300개, B = 150묶음 × 1 = 150개
    ∴ 450개

(2) 'A : B = 1 : 2' 인 경우
    묶음 판매수량을 b라고 하면, 묶음 당 공헌이익은 ₩10 × b + ₩20 × 2b 이고, 손익분기점이 되기 위해서는 공헌이익과 총고정원가가 같아야 한다.
    ∴ ₩10 × b + ₩20 × 2b = ₩6,000
       b = 120 묶음
    판매수량 : A = 120묶음 × 1 = 120개, B = 120묶음 × 2 = 240개
    ∴ 360개

(3) 손익분기점 판매수량의 차이 = 450개 - 360개 = 90개 (감소)

답 17 ①

18 ㈜한국은 A제품과 B 제품을 생산·판매하고 있다. 20X1년도 연간 고정원가 총액이 ₩3,000이고, 두 제품에 대한 자료가 다음과 같을 때 연간손익분기점에서 A제품의 판매수량은? (단, 매출배합은 항상 일정하게 유지된다)

기출처 2024. 국가직 9급

	A제품	B제품
판매단가	₩90	₩140
단위당변동원가	₩70	₩100
판매량	80개	20개

① 80개 ② 100개
③ 110개 ④ 120개

18 (1) A제품과 B제품의 판매비율 = 80개 : 20개 = 4 : 1
(2) 단위당 공헌이익
· A제품 = ₩90 - ₩70 = ₩20
· B제품 = ₩140 - ₩100 = ₩40
(3) 묶음 수를 P라고 하면, (₩20 × 4P + ₩40 × P) = ₩3,000
∴ P = 25묶음
∴ A제품 판매수량 = 25묶음 × 4 = 100개

답 18 ②

19 ㈜한국의 자료가 다음과 같을 때, 옳지 않은 것은? 기출처 2017. 지방직 9급(하반기)

• 상품 단위당 판매가격	₩100
• 당기총고정원가	₩500
• 법인세율	50%
• 당기 판매량	100개
• 공헌이익률	10%

① 세후이익은 ₩250이다.
② 손익분기점 매출액은 ₩5,000이다.
③ 안전한계는 ₩5,000이다.
④ 영업레버리지도는 3이다.

19 ① 세후이익

매출액	₩100 × 100개 = ₩10,000
변동원가	₩10,000 × 90% = ₩9,000
공헌이익	₩10,000 × 10% = ₩1,000
당기총고정원가	₩500
세전영업이익	₩500
법인세율	50%
법인세비용	₩250
세후이익	₩250

② 손익분기점 매출액을 S라고 하면,
　S × 공헌이익률 = 고정원가
　S × 10% = ₩500
　∴ 손익분기점 매출액(S) = ₩5,000
③ 안전한계 = 매출액 - 손익분기점 매출액 = ₩10,000 - ₩5,000 = ₩5,000
④ 영업레버리지도 = 공헌이익 / 영업이익 = ₩1,000 / ₩500 = 2

답 19 ④

03 표준원가

Teacher's Map

❶ 표준원가의 개요
직접재료원가, 직접노무원가, 변동제조간접원가, 고정제조간접원가에 대하여 미리 설정해 놓은 표준원가를 이용하여 제품원가 계산을 하는 원가계산방법

❷ 표준원가의 설정

> 표준원가 = 표준수량(SQ) × 표준가격(SP)

❸ 예산

고정예산	특정 조업도를 기준으로 사전에 편성된 예산으로, 실제 조업도가 특정 조업도와 달라도 변동되지 않음
변동예산	실제조업도의 변동에 따라 조정되어 편성되는 예산임 ① 변동예산에서 사용하는 조업도는 실제조업도임 ② 변동예산의 단위당 판매가격, 단위당 변동원가, 총고정원가는 고정예산상의 금액임

❹ 차이분석
실제성과 - 변동예산 - 고정예산 간의 차이를 분석하여 통제 및 성과평가에 활용

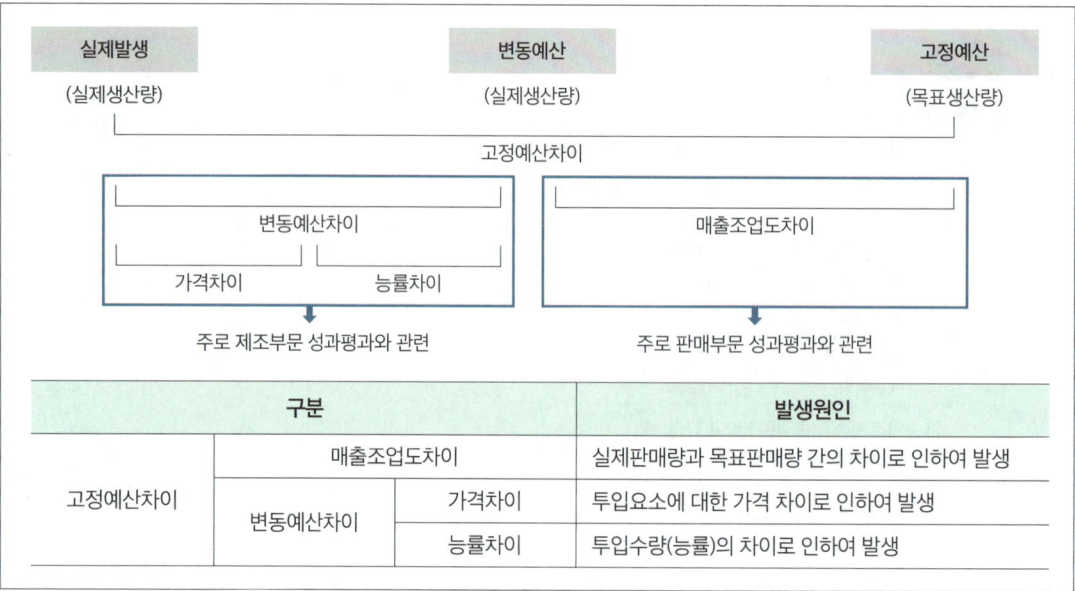

◆ **(1) 변동제조원가 차이분석**

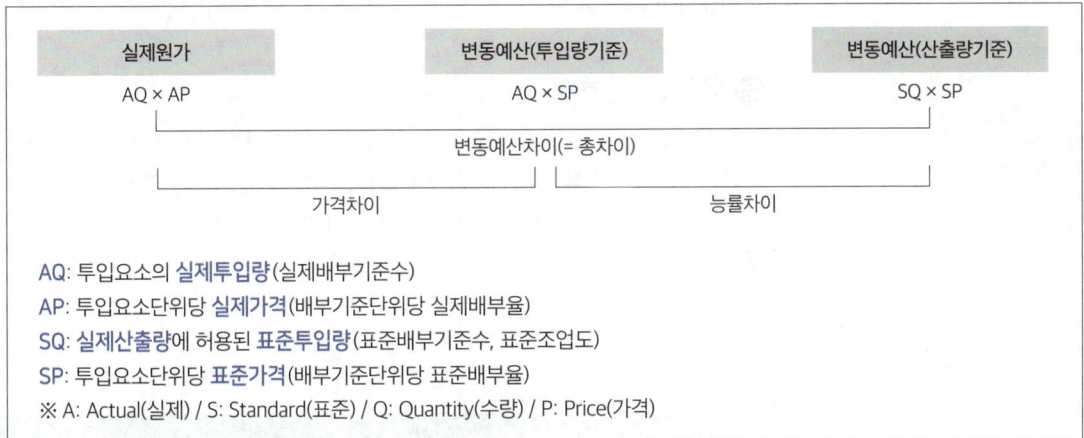

- **AQ**: 투입요소의 **실제투입량**(실제배부기준수)
- **AP**: 투입요소단위당 **실제가격**(배부기준단위당 실제배부율)
- **SQ**: **실제산출량**에 허용된 **표준투입량**(표준배부기준수, 표준조업도)
- **SP**: 투입요소단위당 **표준가격**(배부기준단위당 표준배부율)
- ※ A: Actual(실제) / S: Standard(표준) / Q: Quantity(수량) / P: Price(가격)

◆ **(2) 고정제조간접원가 차이분석**

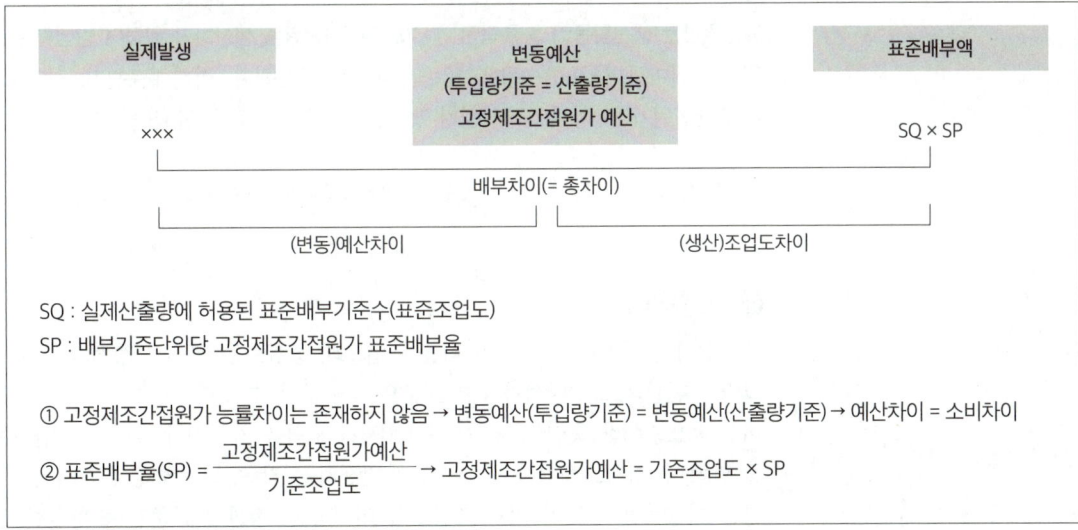

SQ : 실제산출량에 허용된 표준배부기준수(표준조업도)
SP : 배부기준단위당 고정제조간접원가 표준배부율

① 고정제조간접원가 능률차이는 존재하지 않음 → 변동예산(투입량기준) = 변동예산(산출량기준) → 예산차이 = 소비차이

② 표준배부율(SP) = $\dfrac{\text{고정제조간접원가예산}}{\text{기준조업도}}$ → 고정제조간접원가예산 = 기준조업도 × SP

1 표준원가의 개요

❶ 의의
표준원가 계산이란 직접재료원가, 직접노무원가, 변동제조간접원가, 고정제조간접원가에 대하여 미리 설정해 놓은 표준원가를 이용하여 제품원가를 계산하는 원가방법이다. 실제 원가의 집계 이전에 제품원가를 계산할 수 있으며, 목표원가의 성격도 지니고 있다. 사전원가 또는 예정원가라고도 한다.

❷ 유용성 및 한계
표준원가를 사용함으로써 금액으로 신속한 원가계산과 예산편성이 가능하게 되며, 실제 원가와의 차이를 분석하여 성과평가에 활용할 수 있고, 예외에 의한 관리[1*]를 할 수 있다. 하지만 객관적인 표준원가를 설정하거나, 통제 목적의 허용 범위를 설정하는 것이 어렵고, 소품종 대량생산체제에서 다품종 소량생산체제로 전환되며 그 유용성이 점차 감소하고 있다.

2 표준원가의 설정

❶ 의의
표준원가는 생산활동이 능률적인 경우에 제품 1단위를 생산하기 위하여 발생될 것으로 예상되는 원가를 의미하며, 표준수량과 표준가격으로 구성된다. 직접재료원가, 직접노무원가, 변동제조간접원가, 고정제조간접원가 등 각 원가요소별로 사전 결정된다.

$$\text{표준원가} = \text{표준수량} \times \text{표준가격}$$

❷ 표준의 종류
표준원가를 설정하는 기준이 되는 조업도의 종류로는 크게 이상적 표준과 정상적 표준, 그리고 현실적으로 달성가능한 표준으로 구분할 수 있다.
이상적 표준이란 숙련된 노동자가 100%의 노력을 기울여야 달성 가능한 수준의 조업도를 말하며, 기계고장이나 정상적으로 발생하는 감손, 노동자의 휴식시간 등을 고려하지 않은 이상적인 목표 수준의 조업도를 의미하며, 정상적 표준은 불확실한 우발상황이나 이상상황을 고려하지 않은 정상적인 상황에서의 표준을 의미한다. 마지막으로 현실적으로 달성가능한 표준은 가장 현실적으로 실제 작업자의 휴식시간이나 정상감손, 기계 고장 등을 고려하여 현실적으로 가장 달성이 가능할 것으로 기대되는 표준을 말한다.

[1*] 예외에 의한 관리란 실제원가와 표준원가가 특정 허용범위를 설정하고, 이를 초과하는 경우에만 주의를 기울이는 관리방법이다.

❸ 표준원가의 설정

구분	관련 식
표준직접재료원가	표준직접재료원가 = 직접재료 표준수량 × 표준가격
표준직접노무원가	표준직접노무원가 = 표준직접 노동시간 × 표준임률
표준제조간접원가	표준제조간접원가 = 표준배부기준수 × 표준배부율(변동/고정 각각)

3-1 표준직접재료원가

능률적인 조건에서 제품 1단위를 생산하는 데 투입되는 직접재료 표준수량과 직접재료 단위당 표준가격을 결정한 후 다음과 같이 구한다.

$$\text{표준직접재료원가} = \text{직접재료 표준수량} \times \text{표준가격}$$

표준수량 및 가격을 결정할 때에는 공손, 감손, 가격변동 등을 고려하여 결정해야 한다.

3-2 표준직접노무원가

능률적인 조건에서 제품 1단위를 생산하는 데 투입되는 표준직접 노동시간과 각 시간당 표준임률을 결정하여 다음과 같이 구한다.

$$\text{표준직접노무원가} = \text{표준직접 노동시간} \times \text{표준임률}$$

표준시간 및 임률을 결정할 때에는 휴식, 기계고장, 임금상승 등을 고려하여 결정하여야 한다.

3-3 표준제조간접원가

제조간접원가는 항목이 다양하므로 직접재료원가나 직접노무원가와는 다른 방법으로 표준을 설정하여야 하며, 변동제조간접원가와 고정제조간접원가로 구분하여 설정한다.

① 표준변동제조간접원가
변동제조간접원가의 발생과 논리적으로 관련 있는 요인들을 고려하여 배부기준을 설정한 후 제품 단위당 표준 배부기준수와 표준배부율을 설정하여 제품단위당 다음과 같이 표준변동제조간접원가를 설정한다.

$$\text{표준변동제조간접원가} = \text{표준배부기준수} \times \text{표준배부율}$$

② 표준고정제조간접원가

고정원가는 조업도와 상관없이 일정한 수준으로 금액이 정해져 있다. 따라서 표준고정제조간접원가의 경우 조업도에 따라 배부율이 달라지게 된다. (배부율 = 고정제조간접원가 총액 ÷ 조업도) 따라서 일정한 기준에 따라 기준 조업도를 설정하여 표준배부율을 설정한 후 제품단위당 표준배부기준수를 곱하여 다음과 같이 설정한다.

> 표준고정제조간접원가 = 표준배부기준수 × 표준배부율

> ※ 예를 들어 고정제조간접원가 예산은 ₩100,000으로 고정되어 있을 때,
> 기준조업도가 1,000단위라면, 제품 단위당 고정제조간접원가는 ₩100,000 ÷ 1,000단위 = ₩100이 배부되고,
> 기준조업도가 2,000단위라면, 제품 단위당 고정제조간접원가는 ₩100,000 ÷ 2,000단위 = ₩50이 배부된다.
> (실제 발생 원가는 ₩100,000으로 동일하지만 예상 조업도에 따라 제품 단위당 배부율이 달라지게 된다.)

※ 고정제조간접원가는 고정원가이기 때문에 총액으로 통제를 한다. 고정제조간접원가 표준배부율, 제품 단위당 표준고정제조간접원가는 제품원가 계산만을 위하여 사용된다는 점에 유의하여야 한다.

참고

실제원가 VS 정상원가 VS 표준원가

앞서 정상개별원가 계산에서는 예정배부율을 사용하여 제조간접원가를 배부하였다. 실제 원가와 정상원가 그리고 표준원가의 원가계산 방법을 비교하면 다음과 같다.

구분	실제 원가계산	정상 원가계산	표준 원가계산
직접 재료원가	실제 원가	실제 원가	표준 원가
직접 노무원가	실제 원가	실제 원가	표준 원가
제조 간접원가	실제 원가	예정 원가	표준 원가

정상원가계산과 표준원가계산의 제조간접원가 계산방식은 거의 유사하다. 즉, 사전에 설정하여 원가를 계산하고 사후에 차이를 조정하는 방식으로 원가를 보고한다. 다만, 정상원가계산에서의 제조간접원가는 예정배부율을 사용하고 표준원가계산에서는 표준배부율을 사용한다는 차이가 있다.

- 예정배부율 = 발생할 것으로 예상되는 원가총액을 예상되는 조업도 수준으로 나눈 비율
- 표준배부율 = 달성했으면 하는 목표가 반영된 표준원가 총액을 표준이 되는 조업도 수준으로 나눈 비율

③ 예산

기업은 기간에 따라 단기, 중기 또는 장기 등의 계획을 수립하고 이를 금액으로 표시한 예산을 편성하며, 예산 편성을 위하여 표준원가를 사용한다. 예산은 대상 조업도에 따라 고정예산과 변동예산으로 구분되는데 각각 다음과 같다.

❶ 고정예산
특정 조업도를 기준으로 사전에 편성된 예산이다. 실제 조업도가 특정 조업도와 달라도 변동되지 않는다. 고정예산은 예산설정 기간에 예상된 특정조업도의 목표달성도에 대한 정보만을 제공하며, 통제로서의 정보로는 부적합하다.

❷ 변동예산
변동예산은 실제조업도의 변동에 따라 조정되어 편성되는 예산을 말하는데 다음과 같은 특징이 있다.

① 변동예산의 조업도는 실제조업도이다.
② 변동예산의 단위당 판매가격, 단위당 변동원가, 총고정원가는 고정예산상의 금액이다.

고정예산과 변동예산의 차이를 매출조업도 차이라고 하며, 이는 계획된 판매량과 실제 판매량의 차이에 근거하기에 판매부문 성과평가에 반영한다.

④ 차이분석

❶ 차이분석 의의

실제성과 - 변동예산 - 고정예산 간의 차이를 분석하여 통제 및 성과평가에 활용한다. 기본 개념은 아래 그림과 같다.

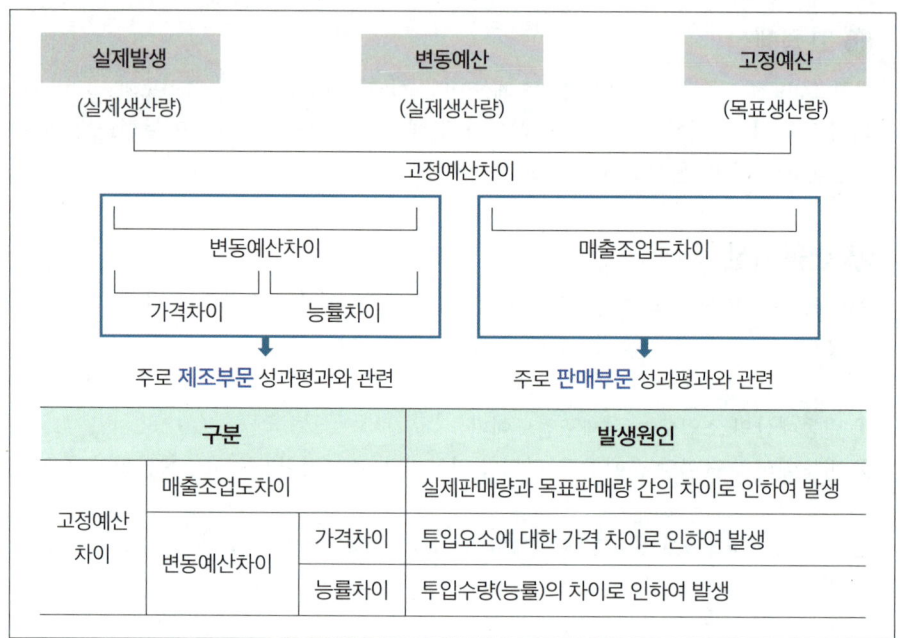

상기 그림과 표에서 보듯이, 실제와 최초 목표(고정예산) 간의 차이인 고정예산 차이는 실제와 변동의 차이인 변동예산차이와, 변동예산과 고정예산의 차이인 매출조업도 차이로 구분되며, 변동예산은 다시 발생 원인에 따라 가격차이와 능률차이로 구분된다.

각각 구분하여 분석하는 이유는 발생원인이 다르며 이에 대한 책임이 서로 다른 관리자에게 있기 때문이다.

❷ 변동제조원가 차이분석

변동제조원가 차이분석 대상은 직접재료원가, 직접노무원가, 변동제조간접원가이며 차이 분석의 방법은 동일하다.

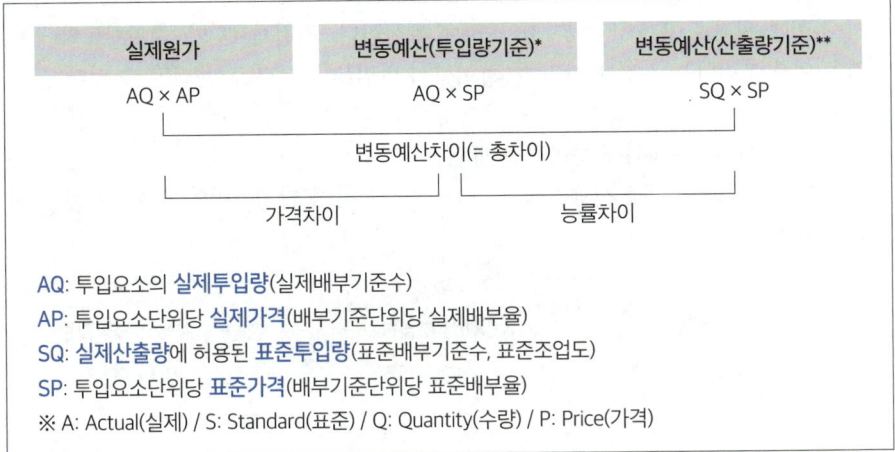

- **AQ**: 투입요소의 **실제투입량**(실제배부기준수)
- **AP**: 투입요소단위당 **실제가격**(배부기준단위당 실제배부율)
- **SQ**: **실제산출량**에 허용된 **표준투입량**(표준배부기준수, 표준조업도)
- **SP**: 투입요소단위당 **표준가격**(배부기준단위당 표준배부율)
- ※ A: Actual(실제) / S: Standard(표준) / Q: Quantity(수량) / P: Price(가격)

* AQ × SP를 투입량기준 변동예산이라고 부르는 이유는 실제 투입량(AQ)에 표준가격을 적용하기 때문
** SQ × SP를 산출량기준 변동예산이라고 부르는 이유는 실제 산출량에 근거해서 계산되는 SQ를 표준가격에 적용하기 때문

각 차이는 다음과 같이 유리한 차이 혹은 불리한 차이로 구분되며 각각 의미는 다음과 같다.

유리한 차이(Favorable variance)	실제 원가가 예산보다 적게 발생하여 성과상 영업이익을 증가시키는 차이
불리한 차이(Unfavorable variance)	실제 원가가 예산보다 많이 발생하여 성과상 영업이익을 감소시키는 차이

변동제조원가의 가격차이는 그림에서 보듯이 가격차이와 능률차이로 구분되며 각 의미는 다음과 같다.

구분	설명	영향을 미치는 요인
가격차이	기업이 사전에 설정한 투입요소(원재료, 직접노동시간 등)의 표준가격과 실제 가격의 차이 때문에 발생	- 수요와 공급상황 - 구매담당자의 협상능력 - 원재료의 품질
능률차이	제품을 생산하는 과정에서 투입한 투입요소의 실제 수량과 산출량에 대해 허용되는 표준수량과의 차이 때문에 발생	- 생산의 효율성 - 원재료의 품질 - 기술의 발전

오쌤 Talk
가격차이와 능률차이

가격차이와 능률차이는 원가요소(재료원가, 노무원가, 간접원가)에 따라 용어를 아래와 같이 쓰기도 한다.

원가요소	가격차이	능률차이
직접재료원가	가격차이	능률차이, 수량차이, 사용차이
직접노무원가	가격차이, 임률차이	능률차이, 시간차이
변동제조간접원가	소비차이	능률차이

가격차이	AQ × (AP - SP)
능률차이	(AQ - SQ) × SP

확인문제

01. 표준원가계산 제도를 사용하고 있는 ㈜서울은 제품 단위당 표준 직접재료원가로 ₩200을 설정하였으며 단위당 표준 직접재료원가의 산정 내역과 2018년 3월 동안 제품을 생산하면서 집계한 자료는 <보기>와 같다. ㈜서울의 직접재료원가 변동예산 차이에 대한 설명으로 가장 옳지 않은 것은?

기출처 2018. 서울시 9급

―――|보기|―――
- 제품 단위당 직접재료 표준사용량: 10kg
- 직접재료의 표준가격: ₩20/kg
- 제품 생산량: 100단위
- 실제 직접재료 사용량: 1,050kg
- 실제 직접재료원가: ₩20,600

① 총변동예산 차이는 ₩600(불리한 차이)이다.
② 가격차이는 ₩400(유리한 차이)이다.
③ 능률 차이는 ₩1,000(불리한 차이)이다.
④ 총변동예산 차이는 ₩600(유리한 차이)이다.

정답 ④

2-1 직접재료원가 차이분석

직접재료원가 차이는 표준원가 배부액과 직접재료원가로, **가격차이와 수량차이**로 구분한다. 가격차이는 원재료 실제구입가격과 표준구입가격의 차이에 실제투입량을 곱하여 산정하고, 수량차이는 생산의 효율성에 따른 실제투입량과 실제생산에 허용된 표준투입량의 차이에 원재료 표준구입단가를 곱하여 계산한다. 직접재료원가는 원재료의 구매가격 차이를 분리하는 시점에 따라 두 차이분석 방법을 두 가지로 분리할 수 있다.

(1) 가격차이를 사용시점에 분리하는 방법

직접재료원가 총 차이를 사용시점에 다음 그림과 같이 가격차이와 수량차이로 구분하는 방법을 말한다.

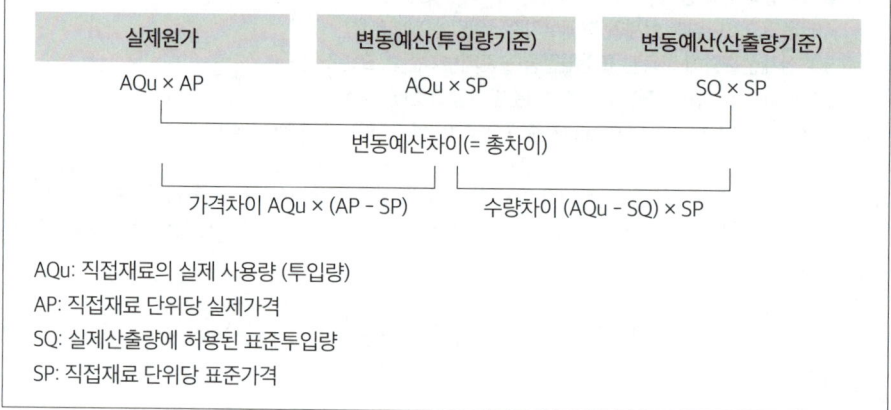

AQu: 직접재료의 실제 사용량 (투입량)
AP: 직접재료 단위당 실제가격
SQ: 실제산출량에 허용된 표준투입량
SP: 직접재료 단위당 표준가격

(2) 가격차이를 구입시점에 분리하는 방법

직접재료원가의 가격차이를 구입시점에 분리하는 방법이다. 이때 가격차이를 구입가격차이라고도 표현한다.

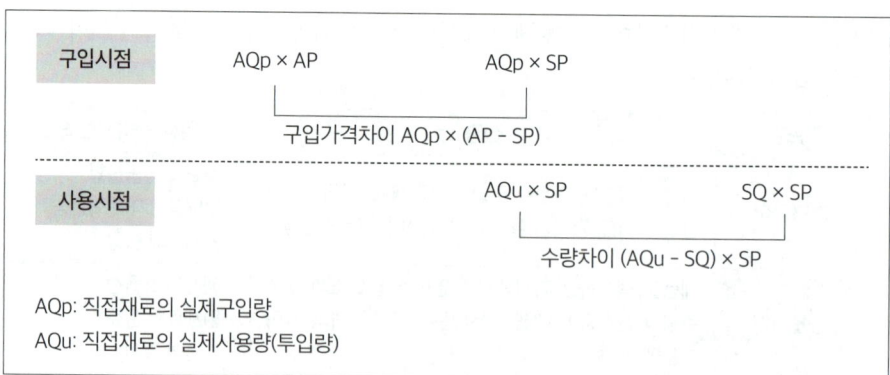

AQp: 직접재료의 실제구입량
AQu: 직접재료의 실제사용량(투입량)

일반적으로 가격에 대한 차이는 구매담당자가, 능률에 대한 책임은 제조담당자가 책임을 지지만, 원재료의 품질 등이 능률에 영향을 미치는 등의 상호 연관성이 존재할 수 있음에 주의하여야 한다. 예를 들어 품질이 안 좋은 제품을 싸게 사면 가격차이는 유리해지지만 수량차이가 불리해지므로 기업 전체에 미치는 영향을 바탕으로 원가차이를 평가하도록 하여야 한다.

예제 1 직접재료원가 가격차이

㈜한국의 원재료의 구입 및 제조와 관련된 자료는 다음과 같다.

- 직접재료원가 투입 단위당 표준배부율: ₩1,000
- 제품 단위당 원재료 표준투입단위: 5단위
- 실제생산수량: 1,000단위
- 원재료단위당 실제 구입 단가: ₩1,100
- 총 투입 원재료 단위: 4,000단위
- 총 원재료 구입단위: 5,000단위

01 원재료의 가격차이를 생산시점에 분리하는 경우 가격차이와 수량차이를 구하시오.

02 원재료의 가격차이를 구입시점에 분리하는 경우 가격차이와 수량차이를 구하시오.

풀이

각각 다음과 같이 계산한다.

가격차이	AQ × (AP − SP)
수량차이	(AQ − SQ) × SP

01 생산시점에 분리하는 경우, 생산투입 수량을 기준으로 가격차이와 수량차이를 구한다.

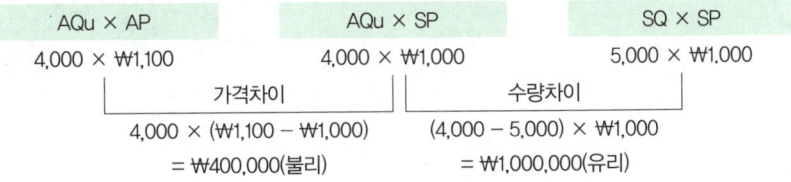

```
    AQu × AP           AQu × SP            SQ × SP
  4,000 × ₩1,100      4,000 × ₩1,000      5,000 × ₩1,000
         └─── 가격차이 ───┴──── 수량차이 ────┘
         4,000 × (₩1,100 − ₩1,000)    (4,000 − 5,000) × ₩1,000
              = ₩400,000(불리)              = ₩1,000,000(유리)
```

02 구입시점에 분리하는 경우, 가격차이는 구입수량 기준으로, 수량차이는 생산수량 기준으로 구한다.

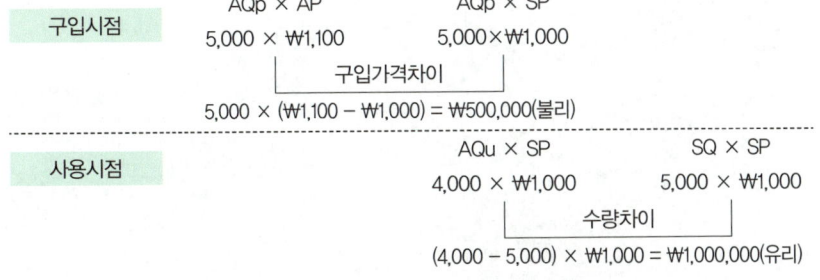

```
구입시점        AQp × AP          AQp × SP
             5,000 × ₩1,100    5,000 × ₩1,000
                   └── 구입가격차이 ──┘
             5,000 × (₩1,100 − ₩1,000) = ₩500,000(불리)

사용시점                    AQu × SP          SQ × SP
                         4,000 × ₩1,000    5,000 × ₩1,000
                               └── 수량차이 ──┘
                    (4,000 − 5,000) × ₩1,000 = ₩1,000,000(유리)
```

정답 **01** 생산시점 분리 − 가격차이: ₩400,000(불리), 수량차이: ₩1,000,000(유리)
      02 구입시점 분리 − 가격차이: ₩500,000(불리), 수량차이: ₩1,000,000(유리)

확인문제

02. ㈜한국은 표준원가계산을 사용하고 있다. 다음 자료를 근거로 한 직접노무원가의 능률차이는?

기출처 2018. 국가직 9급

- 실제 직접노동시간   7,000시간
- 표준 직접노동시간   8,000시간
- 직접 노무원가 임률차이
  　　　　　　　₩3,500(불리)
- 실제 노무가 총액   ₩24,500

① ₩3,000(유리) ② ₩3,000(불리)
③ ₩4,000(유리) ④ ₩4,000(불리)

정답 ①

2-2 직접노무원가 차이분석

직접노무원가 차이는 표준원가 배부액과 실제 발생한 직접노무원가의 차이로, **가격차이와 능률차이**로 구분한다. 이 때 가격차이는 임률차이라고도 한다. 가격차이는 직접노동시간당 표준임률과 실제임률의 차이에 실제직접노동시간을 곱하여 산출하며, 능률차이를 실제산출량에 허용된 표준노동시간과 실제직접노동시간의 차이에 표준임률을 곱하여 산출한다.

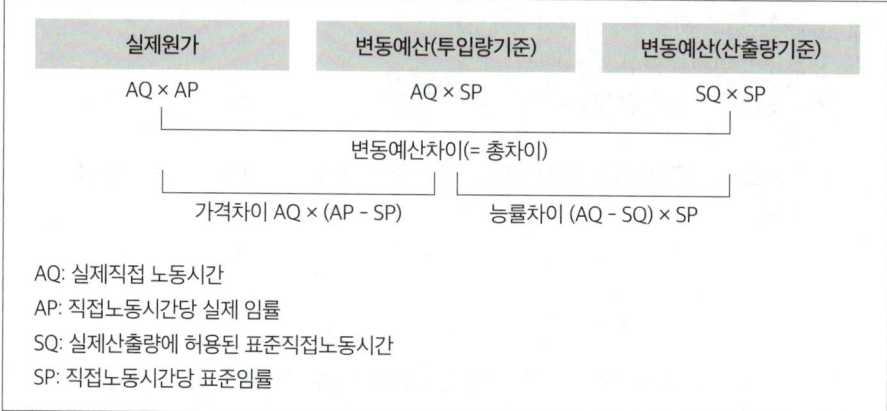

AQ: 실제직접 노동시간
AP: 직접노동시간당 실제 임률
SQ: 실제산출량에 허용된 표준직접노동시간
SP: 직접노동시간당 표준임률

※ 일반적으로 제조부문의 책임자는 직접노무원가의 가격차이(임률차이)에 대해서는 책임을 지지 않고 능률차이에 대해서만 책임을 지지만, 제조부문 책임자가 자신의 성과평가를 유리하게 하기 위하여 필요 이상의 고임률 숙련공을 배치하는 등의 비효율로 인한 가격차이에 대해서는 책임을 져야 한다.

예제 2 직접노무원가 가격차이

㈜한국의 제조와 관련된 자료는 다음과 같다. 이때 직접노무원가 차이를 가격차이와 능률차이로 나누어 계산하시오.

- 직접노무원가 투입단위당 표준배부율: ₩1,100
- 제품단위당 표준노동시간투입단위: 5단위
- 실제생산수량: 1,000단위
- 노동시간당 실제임률: ₩1,200
- 총 투입 노동시간: 4,500단위

풀이
다음과 같이 계산한다.

가격차이	AQ × (AP − SP)
능률차이	(AQ − SQ) × SP

* 표준 투입수량(SQ) = 제품단위당 투입단위(5단위) × 생산단위(1,000단위) = 5,000단위

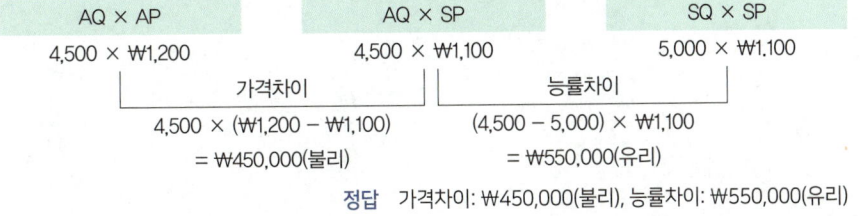

정답 가격차이: ₩450,000(불리), 능률차이: ₩550,000(유리)

확인문제

03. 생산활동과 원가에 관한 다음 자료를 이용하여 변동제조간접원가의 소비차이(spending variance)와 능률차이(efficiency variance)를 계산하면 각각 얼마인가?

- 변동제조간접원가 실제 발생액 ₩8,000
- 변동제조간접원가 표준배부율 ₩200(작업시간당)
- 실제 작업시간 50시간
- 실제 생산량에 허용된 표준작업시간 45시간

	소비차이	능률차이
①	₩1,000 불리	₩2,000 유리
②	₩1,000 유리	₩2,000 불리
③	₩2,000 불리	₩1,000 유리
④	₩2,000 유리	₩1,000 불리

정답 ④

2-3 변동제조간접원가 차이분석

변동제조간접원가 차이는 표준원가배부액과 실제변동제조간접원가의 차이로, **소비차이와 능률차이로 구분**된다. 소비차이는 표준배부율과 실제배부율의 차이에 실제조업도를 곱하여 계산하며, 능률차이는 실제산출량에 허용된 표준조업도와 실제조업도의 차이에 표준배분율을 곱하여 산출한다.

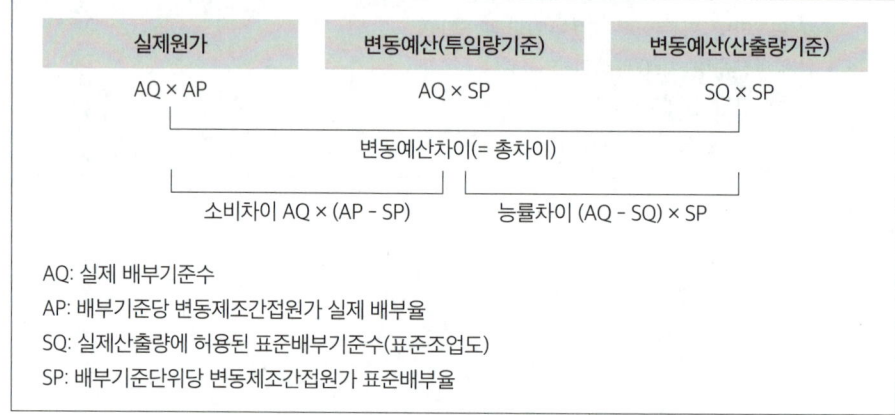

AQ: 실제 배부기준수
AP: 배부기준당 변동제조간접원가 실제 배부율
SQ: 실제산출량에 허용된 표준배부기준수(표준조업도)
SP: 배부기준단위당 변동제조간접원가 표준배부율

※ 변동제조간접원가의 배부기준이 직접노동시간인 경우에는 변동제조간접원가의 능률차이가 직접노무원가의 능률차이에 의하여 발생할 수도 있다. 직접노동시간이 유일한 배부기준인 경우에는 다음과 같이 변동제조간접원가의 능률차이를 계산할 수도 있다.

$$\text{변동제조간접원가 능률차이} = \text{직접노무원가 능률차이} \times \frac{\text{직접 노동시간당 변동제조간접원가 표준배부}}{\text{직접 노동시간당 표준임률}}$$

예제 3 변동제조간접원가 가격차이

㈜한국의 제조와 관련된 자료는 다음과 같다. 이때 변동제조간접원가의 차이를 소비차이와 능률차이로 나누어 계산하시오.

- 연간제조간접원가: ₩100,000 + ₩10 × 직접노동시간
- 제품단위당 표준노동시간투입단위: 2시간
- 실제생산수량: 1,000단위
- 실제제조간접원가: ₩128,000 (고정제조간접원가: ₩110,000)
- 총 투입 노동시간: 2,500시간

풀이
각각 다음과 같이 계산한다.

가격차이	AQ × (AP − SP)
능률차이	(AQ − SQ) × SP

* 표준 투입수량(SQ) = 제품단위당 투입단위(2시간) × 생산단위(1,000단위) = 2,000시간

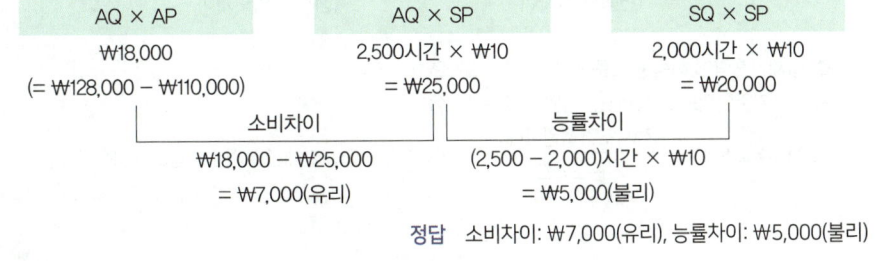

정답 소비차이: ₩7,000(유리), 능률차이: ₩5,000(불리)

❸ 고정제조간접원가 차이분석

3-1 고정제조간접원가 차이분석 개요

변동제조간접원가는 투입과 산출사이에 비례 관계가 존재하므로 원가통제 목적을 위한 변동 예산(SQ × SP)과 재공품계정에 집계(배부)되는 금액(SQ × SP)은 일치한다. 하지만 고정제조간접원가는 투입과 산출 간에 비례관계가 성립하지 않으므로, 원가통제 목적상으로는 고정제조간접원가 예산을 사용하지만 제품원가계산 목적으로는 고정제조간접원가 표준배부율을 사용하여 일치하지 않는다.

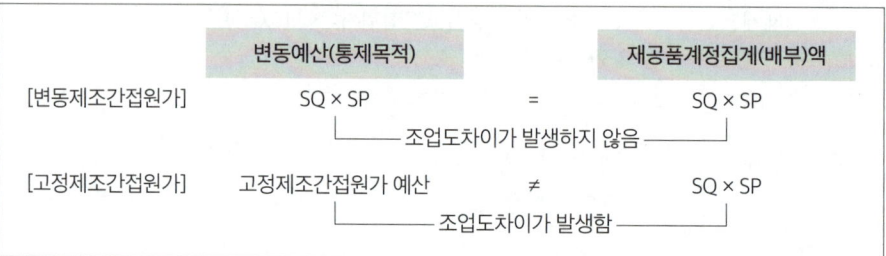

통제 목적인 변동예산과 재공품 계정 집계(배부)액 간의 차이를 조업도 차이라고 하며, 이는 고정제조간접원가에서만 발생한다.

3-2 차이분석방법

① **예산차이**: 고정제조간접원가 실제 발생액과 예산총액을 비교(능률차이는 발생하지 않는다.)

② **조업도 차이**: 제품원가 계산을 위하여 표준배부율로 배부한 금액과 고정제조간접원가 예산과의 차이

예산차이	고정제조간접원가 실제발생액 − 고정제조간접원가 예산
조업도차이	고정제조간접원가 예산 − $\dfrac{\text{고정제조간접원가예산}}{\text{기준조업도}}$ × 실제산출량에 허용된 표준조업도

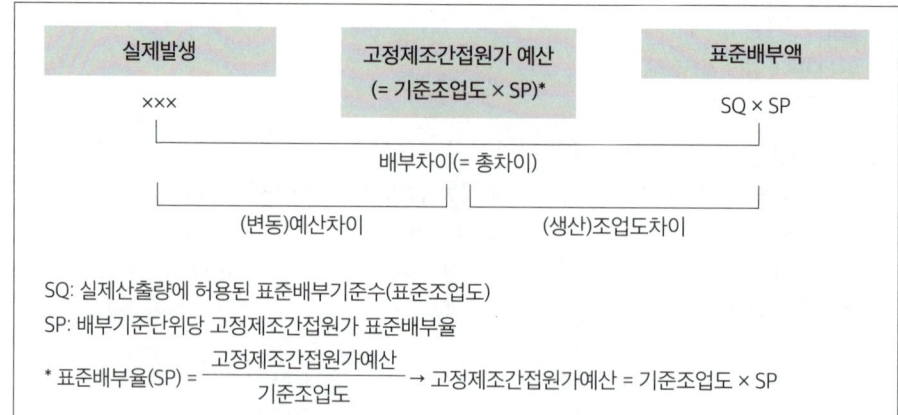

오쌤 Talk

변동예산과 고정예산

변동제조원가는 통제 목적인 표준원가(SQ × SP)가 실제 만들어진 빵을 기준으로 표준원가를 계산했을 때, 빵의 수량만큼 원가가 많이 배부되어 (비례적으로 배분되어) 통제목적의 변동예산과 만들어진 빵의 수량을 기준으로 배부한 표준원가가 일치한다. 그러나 고정제조간접원가의 통제 목적의 예산은 고정예산이다. 즉, 투입량이나 산출량에 따라 달라지는 예산이 아니라 고정적으로 발생하는 예산이다.

다만, 고정예산에 대해 예상했던 조업도(기준조업도)와 실제 만들어진 빵을 기준으로 발생한 조업도가 달라서 생기는 조업도의 차이가 발생할 수 있는 것이다.

예제 4 고정제조간접원가 가격차이

㈜한국의 제조와 관련된 자료는 다음과 같다. 이때 고정제조간접원가 차이를 예산차이와 조업도차이로 나누어 계산하시오.

- 연간제조간접원가: ₩100,000 + ₩10 × 직접노동시간
- 제품단위당 표준노동시간투입단위: 2단위
- 기준생산량: 1,000단위
- 실제생산량: 1,100단위
- 실제제조간접원가: ₩128,000 (고정제조간접원가: ₩110,000, 변동제조간접원가: ₩18,000)

풀이
각각 다음과 같이 계산한다.

예산차이	고정제조간접원가 실제발생액 − 고정제조간접원가 예산
조업도차이	고정제조간접원가 예산 − $\dfrac{\text{고정제조간접원가예산}}{\text{기준조업도}}$ × 실제산출량에 허용된 표준조업도

* 실제산출량에 허용된 표준조업도(SQ) = 제품단위당 투입단위(2단위) × 생산단위(1,100단위) = 2,200단위
* 표준 배부율(SP) = 고정제조간접원가 예산 ÷ 기준조업도(1,000 × 2 = 2,000단위) = ₩50

실제발생액	고정제조간접원가 예산	SQ × SP
₩110,000	₩100,000	2,200 × ₩50
	예산차이	조업도차이
	₩110,000 − ₩100,000 = ₩10,000(불리)	(2,200−2,000) × ₩50 = ₩10,000(유리)

정답 예산차이: ₩10,000(불리), 조업도차이: ₩10,000(유리)

확인문제 최신

04. ㈜한국은 표준원가계산을 적용하고 있으며, 고정제조간접원가 배부율 산정을 위한 기준조업도는 10,000기계시간, 고정제조간접원가 표준배부율은 기계시간당 ₩50이다. 실제 산출량에 허용된 표준조업도가 12,000기계시간이고, 실제 발생한 고정제조간접원가가 ₩660,000일 때, 고정제조간접원가 조업도차이와 예산차이를 바르게 연결한 것은?
기출처 2023. 지방직 9급

	조업도차이	예산차이
①	₩50,000 유리한 차이	₩110,000 불리한 차이
②	₩50,000 불리한 차이	₩110,000 유리한 차이
③	₩100,000 유리한 차이	₩160,000 불리한 차이
④	₩100,000 불리한 차이	₩160,000 유리한 차이

정답 ③

❹ 차이분석 정리

지금까지 다룬 차이분석의 내용을 정리하면 다음과 같다.

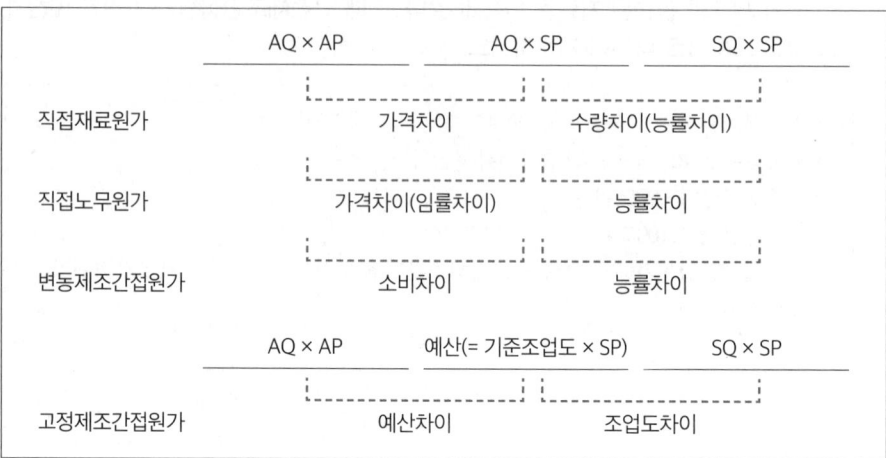

예제 5 차이분석 – 제조간접원가 종합

㈜한국은 기준조업도를 연간정상조업도인 20,000단위로 계획하였다. 이를 기초로 표준원가를 설정하였고 당기 원가발생 자료는 아래와 같을 때, 다음의 각 질문에 답하라.

표준원가	• 변동제조간접원가 배부율: @₩5 • 고정제조간접원가 배부율: @₩10 • 표준 생산단위당 직접노무시간: 2시간
실제원가	• 실제생산량: 25,000단위 • 실제직접노무시간: 48,000시간 • 실제변동제조간접원가: ₩260,000 • 실제고정제조간접원가: ₩420,000

01 변동제조간접원가에 대하여, 소비차이와 능률차이를 계산하라.
02 고정제조간접원가에 대하여, 예산차이와 조업도 차이를 계산하라.

[풀이]
각각 다음과 같이 계산한다.

01 변동제조간접원가의 소비차이와 능률차이는 각각 다음과 같이 구한다.

소비차이	AQ × (AP − SP)
능률차이	(AQ − SQ) × SP

* 표준 투입수량(SQ) = 제품단위당 투입단위(2시간) × 생산단위(25,000단위) = 50,000시간

```
      AQ × AP              AQ × SP                SQ × SP
     ₩260,000           48,000시간 × ₩5         50,000시간 × ₩5
        └──── 소비차이 ────┴──── 능률차이 ────┘
          ₩260,000 − ₩240,000    (48,000 − 50,000)시간 × ₩5
            = ₩20,000(불리)         = ₩10,000(유리)
```

02 고정제조간접원가의 예산차이와 조업도차이는 각각 다음과 같이 구한다.

예산차이	고정제조간접원가 실제발생액 − 고정제조간접원가 예산
조업도 차이	고정제조간접원가 예산 − $\dfrac{\text{고정제조간접원가예산}}{\text{기준조업도}}$ × 실제산출량에 허용된 표준조업도

* 실제산출량에 허용된 표준조업도(SQ) = 제품단위당 투입단위(2시간) × 생산단위(25,000단위)
  = 50,000시간
* 고정제조간접원가 예산 = 20,000(기준생산량) × 2(생산 단위당 투입단위) × ₩10(배부율)
  = ₩400,000

```
     실제발생액         고정제조간접원가 예산          SQ × SP
     ₩420,000              ₩400,000              50,000시간 × ₩10
        └──── 예산차이 ────┴──── 조업도차이 ────┘
         ₩420,000 − ₩400,000     ₩400,000 − ₩500,000
           = ₩20,000(불리)          = ₩100,000(유리)
```

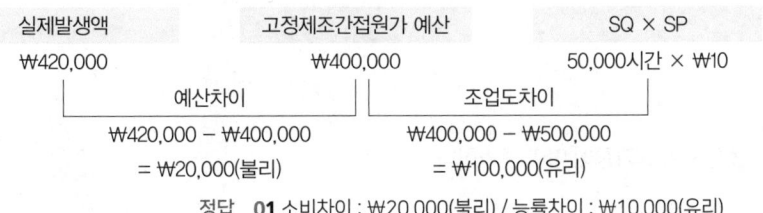
정답 **01** 소비차이 : ₩20,000(불리) / 능률차이 : ₩10,000(유리)
02 예산차이 : ₩20,000(불리) / 조업도차이 : ₩100,000(유리)

OX 퀴즈

다음 문장의 경우 올바른 설명에는 O, 틀린 설명에는 ×를 하고 틀린 설명은 수정하시오.

① 표준원가에서, 직접재료원가 차이 중 가격차이와 능률차이는 완전히 독립적인 분석요소이다. (   )

② 고정제조간접원가의 조업도 차이는 생산량이 목표량과 달라지므로 주로 제조부문이 책임을 져야 하는 부분이다. (   )

③ 고정제조간접원가에서는 능률차이가 발생하지 않는다. (   )

④ 직접노무원가의 임률차이는 작업자의 숙련도와 상관관계가 있으므로 능률차이에 영향을 미칠 수도 있다. (   )

⑤ 직접노무원가, 직접재료원가, 변동제조간접원가는 조업도 차이가 발생하지 않는다. (   )

⑥ 고정제조간접원가의 예산은 조업도가 증가함에 따라 증가한다. (   )

OX 풀이

❶ × 직접재료원가의 능률(투입효율)은 원재료의 품질에 영향을 받을 수 있으며, 품질은 원재료의 구매가격에 영향을 받을 수 있으므로 상호 영향을 미칠 수 있음을 고려하여 분석하여야 한다.

❷ × 조업도는 판매량의 영향을 받으므로, 판매부문에 많은 부분의 책임이 있음을 고려하여야 한다.

❸ ○ 고정제조간접원가는 조업도와 상관관계를 갖지 않으며, 투입의 효율성과 관련된 능률차이를 발생시키지 않는다.

❹ ○ 직접노무원가 임률차이는 작업자의 숙련도와 관계가 있으므로, 이는 투입의 효율, 즉 능률차이에 영향을 미칠 수 있다.

❺ ○ 조업도 차이는 통제목적의 변동예산과 원가계산목적의 재공품 배부액이 일치하므로 조업도차이가 발생하지 않는다.

❻ × 고정제조간접원가 예산은 고정된 기준조업도에 배부율을 곱한 값이며, 따라서 실제 조업도가 변동된다고 해도 변하지 않는 고정된 값이다.

실전훈련

01 ㈜한국은 제품 1단위에 2kg의 원재료를 사용하고 있으며, 원재료 1kg당 가격은 ₩10이다. 각 분기 말 원재료 재고량은 다음 분기 원재료 예상사용량의 10%를 유지하고 있다. ㈜한국이 1분기 초에 보유하고 있는 원재료는 220kg이다. 분기별 실제(= 목표) 생산량이 다음과 같을 때, 1분기의 원재료 예산구입액은? (단, 재공품 및 제품 재고는 없다.)

기출처 2019. 국가직 9급

	1분기	2분기
실제생산량(= 목표생산량)	1,100개	1,500개

① ₩17,200 ② ₩18,800
③ ₩22,800 ④ ₩23,000

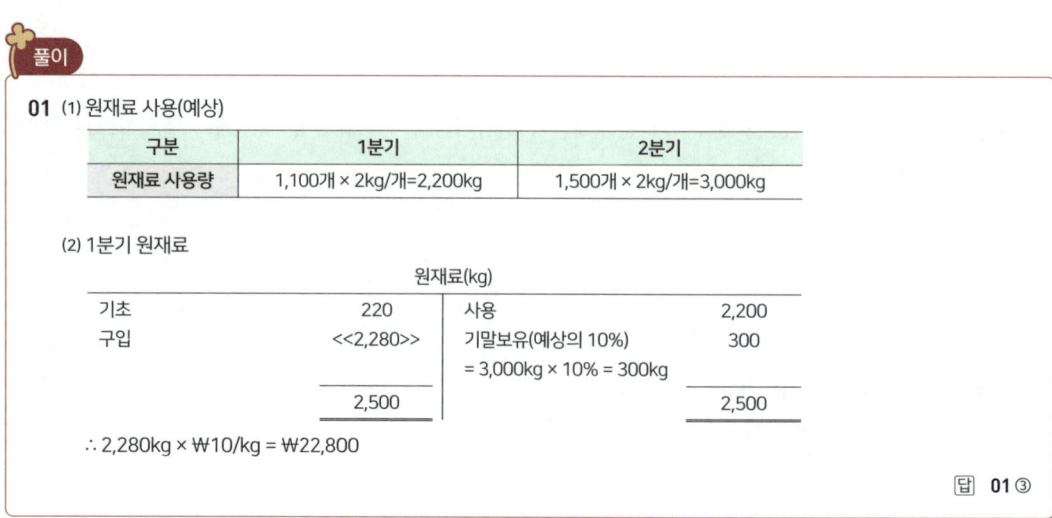

02 ㈜한국의 4월 직접재료원가에 대한 자료는 다음과 같다. 4월의 유리한 재료수량차이(능률차이)는?

기출처 2017. 지방직 9급

- 실제 재료구매량: 3,000kg
- 실제생산에 대한 표준재료투입량: 2,400kg
- 실제 재료구입단가: ₩310/kg
- 실제 재료사용량: 2,200kg
- 불리한 재료가격차이(구입시점기준): ₩30,000

① ₩50,000 ② ₩55,000 ③ ₩60,000 ④ ₩65,000

03 ㈜한국은 표준원가계산을 적용하고 있으며, 20X1년 직접재료원가와 관련된 자료는 다음과 같다. ㈜한국의 실제 제품 생산량은?

기출처 2024. 지방직 9급

○ 실제 발생 직접재료원가	₩3,000
○ 직접재료 kg당 실제 구입원가	₩30
○ 직접재료원가 가격차이	₩1,000 유리
○ 직접재료원가 수량차이	₩800 유리
○ 제품 개당 직접재료의 표준투입량	10kg

① 10개 ② 12개 ③ 30개 ④ 40개

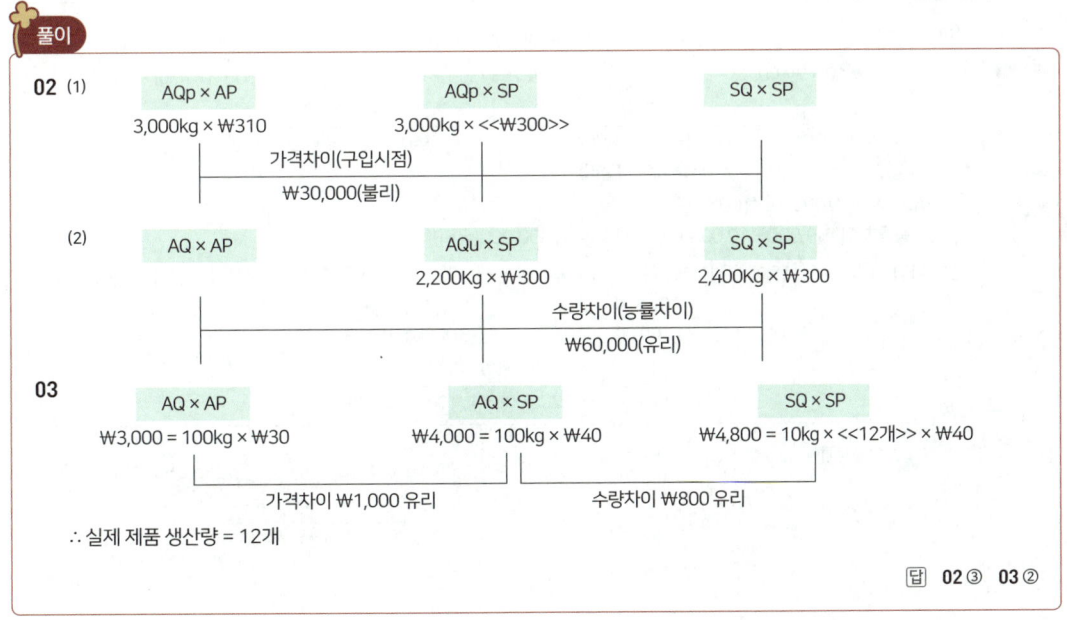

풀이

02 (1)

AQp × AP	AQp × SP	SQ × SP
3,000kg × ₩310	3,000kg × <<₩300>>	

가격차이(구입시점) ₩30,000(불리)

(2)

AQ × AP	AQu × SP	SQ × SP
	2,200Kg × ₩300	2,400Kg × ₩300

수량차이(능률차이) ₩60,000(유리)

03

AQ × AP	AQ × SP	SQ × SP
₩3,000 = 100kg × ₩30	₩4,000 = 100kg × ₩40	₩4,800 = 10kg × <<12개>> × ₩40

가격차이 ₩1,000 유리   수량차이 ₩800 유리

∴ 실제 제품 생산량 = 12개

답 02 ③ 03 ②

04 ㈜한국의 직접재료원가에 대한 자료는 다음과 같다.

• 제품예산생산량	2,000개	• 제품 1개당 표준투입수량	4kg
• 제품실제생산량	2,500개	• 직접재료원가 kg당 표준가격	₩300
• kg당 실제재료원가	₩400	• 직접재료원가 가격차이(불리한 차이)	₩900,000

직접재료원가의 능률차이는 얼마인가?

① ₩300,000(유리)   ② ₩300,000(불리)
③ ₩600,000(유리)   ④ ₩600,000(불리)

05 ㈜한국은 표준원가제도를 채택하고 있다. 직접재료의 수량표준은 제품단위당 4.5㎏이며, 가격표준은 1㎏당 ₩400이다. 20X1년에 500개의 제품을 생산하였으며, 직접재료 2,200㎏을 사용하였다. ㈜한국은 20X1년에 직접재료 3,000㎏을 ₩1,100,000에 구입하였다. 가격차이를 재료구입시점에서 분리할 경우, ㈜한국의 20X1년의 재료비 가격차이와 수량차이를 계산하면?

	가격차이	수량차이
①	₩20,000(유리)	₩100,000(유리)
②	₩100,000(유리)	₩20,000(유리)
③	₩120,000(불리)	₩40,000(불리)
④	₩100,000(불리)	₩100,000(불리)

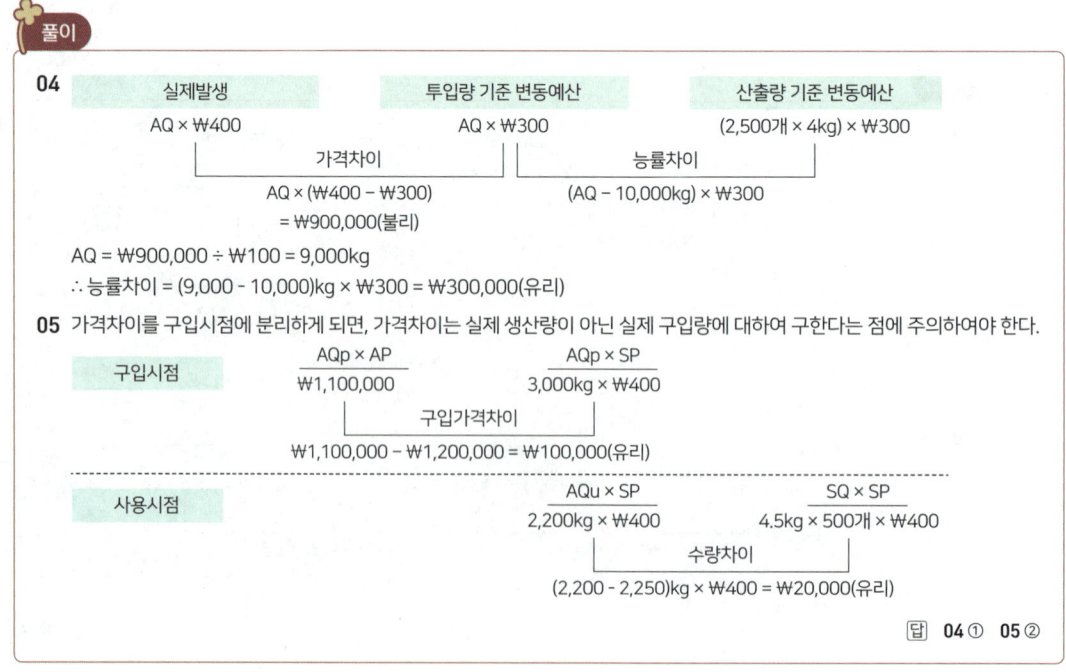

답 04 ①   05 ②

06 20X1년의 ㈜한국의 노무원가와 관련된 다음의 자료이다. 노무원가의 가격(임률)차이와 능률차이는 각각 얼마인가?

• 제품단위당 표준직접노무시간	4시간
• 시간당 표준임률	₩50
• 시간당 실제임률	₩55
• 제품 생산량	1,500단위
• 실제직접노무시간	5,800시간

	가격차이	능률차이
①	₩29,000(불리)	₩10,000(유리)
②	₩30,000(유리)	₩20,000(불리)
③	₩29,000(유리)	₩10,000(불리)
④	₩30,000(불리)	₩20,000(유리)

07 ㈜한국은 표준원가계산제도를 적용하고 있으며, 직접노무원가와 관련된 자료는 다음과 같다.

표준직접노동시간	1,000시간
실제 직접노동시간	960시간
실제 발생 직접노무원가	₩364,800
능률차이(유리한 차이)	₩14,800
임률차이(불리한 차이)	₩9,600

기출처 2022. 지방직 9급

직접노무원가 시간당 표준임률은?

① ₩240 ② ₩350 ③ ₩370 ④ ₩380

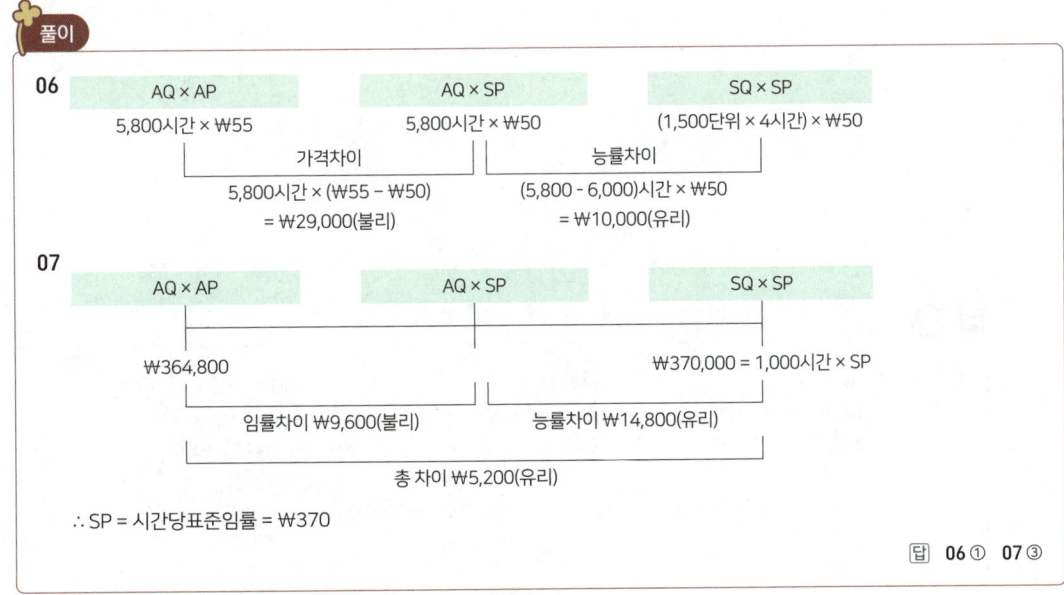

답 06 ① 07 ③

08 ㈜한국은 표준원가계산을 적용하고 있으며, 직접노무원가와 관련된 자료는 다음과 같다. ㈜한국의 직접노무원가 임률차이는?

기출처 2024. 국가직 7급

○ 직접노무원가 시간당 실제 임률	₩980
○ 직접노무원가 시간당 표준 임률	₩1,000
○ 제품 단위당 표준직접노무시간	2시간
○ 제품 실제 생산량	800 단위
○ 직접노무원가 능률차이	₩200,000 유리

① ₩16,000 불리한 차이
② ₩16,000 유리한 차이
③ ₩28,000 불리한 차이
④ ₩28,000 유리한 차이

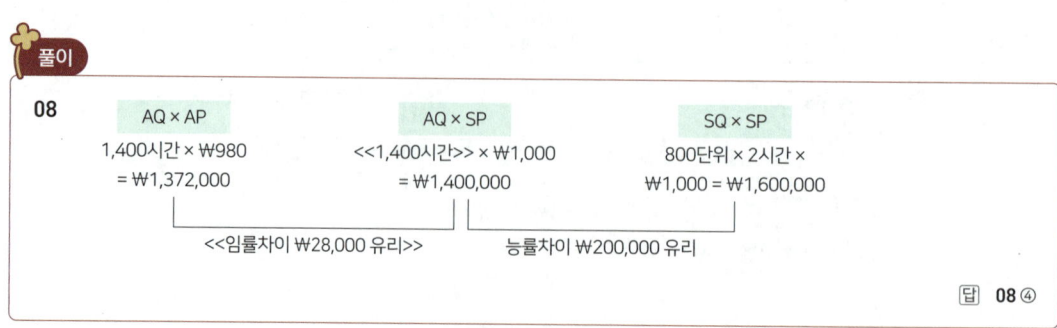

답 08 ④

09 ㈜한국은 표준원가계산제도를 사용하여 제품의 원가를 계산하고 있다. 20X1년 3월에 총 20,000개를 생산할 것으로 예상하였으나 실제로는 18,000개를 생산하였다. 원가와 관련된 정보가 다음과 같을 때, 고정제조간접원가의 예산차이와 조업도 차이를 구하면 얼마인가?

• 실제발생 제조간접원가	₩2,200,000
• 제품단위당 고정간접원가 배부율	@₩100
• 고정간접원가 배부 기준조업도	20,000개

	예산차이	조업도차이
①	₩200,000(유리)	₩200,000(유리)
②	₩100,000(유리)	₩100,000(불리)
③	₩200,000(불리)	₩200,000(불리)
④	₩100,000(불리)	₩100,000(유리)

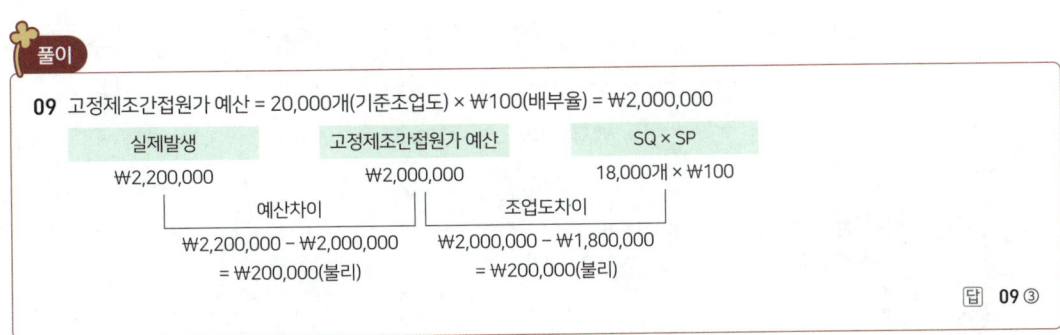

풀이

09 고정제조간접원가 예산 = 20,000개(기준조업도) × ₩100(배부율) = ₩2,000,000

실제발생	고정제조간접원가 예산	SQ × SP
₩2,200,000	₩2,000,000	18,000개 × ₩100

예산차이: ₩2,200,000 − ₩2,000,000 = ₩200,000(불리)
조업도차이: ₩2,000,000 − ₩1,800,000 = ₩200,000(불리)

답 09 ③

10 ㈜한국은 표준원가계산제도를 채택하고 있다. 20X1년 2월의 기준 생산조업도는 50,000기계작업시간이고, 제조간접원가는 기계작업시간을 기준을 배부한다. 제품 한 단위당 표준 기계작업시간은 5시간이고, 기계작업시간당 고정제조간접원가는 ₩2으로 제품 단위당 표준고정제조간접원가는 ₩10이다. 20X1년 2월 중 제품 9,000개를 생산하였는데 실제 기계작업시간은 44,000시간이었고, 고정제조간접원가 ₩98,000이 발생하였다. 고정제조간접원가의 생산조업도 차이는?

① ₩10,000 유리
② ₩10,000 불리
③ ₩15,000 유리
④ ₩15,000 불리

11 ㈜한국은 표준원가계산제도를 적용하고 있으며, 당기 변동제조간접원가 예산은 ₩1,500,000, 고정제조간접원가 예산은 ₩2,000,000이다. ㈜한국의 제조간접원가 배부율을 구하기 위한 기준조업도는 1,000기계시간이며, 당기 실제 기계시간은 800시간이었다. 변동제조간접원가 능률차이가 ₩75,000 불리한 것으로 나타났다면, 고정제조간접원가 조업도차이는?

기출처 2021. 국가직 9급

① ₩250,000 유리한 차이
② ₩250,000 불리한 차이
③ ₩500,000 유리한 차이
④ ₩500,000 불리한 차이

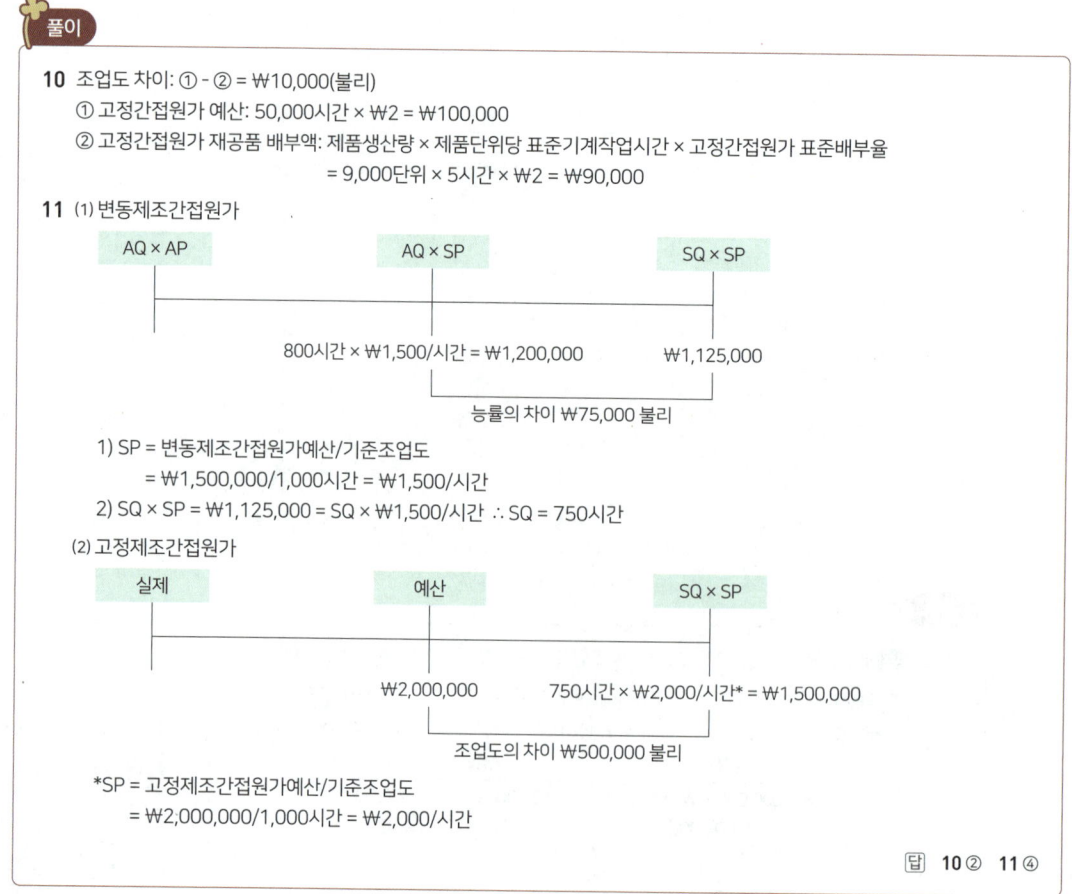

풀이

10 조업도 차이: ① - ② = ₩10,000(불리)
　① 고정간접원가 예산: 50,000시간 × ₩2 = ₩100,000
　② 고정간접원가 재공품 배부액: 제품생산량 × 제품단위당 표준기계작업시간 × 고정간접원가 표준배부율
　　　　= 9,000단위 × 5시간 × ₩2 = ₩90,000

11 (1) 변동제조간접원가

AQ × AP	AQ × SP	SQ × SP
	800시간 × ₩1,500/시간 = ₩1,200,000	₩1,125,000

능률의 차이 ₩75,000 불리

　1) SP = 변동제조간접원가예산/기준조업도
　　　= ₩1,500,000/1,000시간 = ₩1,500/시간
　2) SQ × SP = ₩1,125,000 = SQ × ₩1,500/시간 ∴ SQ = 750시간

(2) 고정제조간접원가

실제	예산	SQ × SP
	₩2,000,000	750시간 × ₩2,000/시간* = ₩1,500,000

조업도의 차이 ₩500,000 불리

*SP = 고정제조간접원가예산/기준조업도
　= ₩2,000,000/1,000시간 = ₩2,000/시간

답 10 ② 11 ④

12 <보기>는 표준원가계산제도를 사용하는 ㈜서울의 20X1년 고정예산과 실제결과에 관한 자료이다. 변동예산하의 영업이익은?

기출처 2022. 서울시 7급

<보기>

구분	실제결과	변동예산	고정예산
매출량	1,000개		1,200개
매출	₩50,000		₩60,000
변동제조원가	₩25,000		₩24,000
공헌이익	₩25,000		₩36,000
고정제조간접원가	₩2,200		₩2,000
영업이익	₩22,800	?	₩34,000

① ₩27,800　　　　　　　　　　② ₩28,000
③ ₩31,200　　　　　　　　　　④ ₩32,000

12 변동예산은 고정예산에서 산출량만 실제 산출량으로 바꾸어 작성하므로 단위당 판매가격, 단위당 변동원가, 고정원가는 고정예산상의 금액이 그대로 적용이 된다.
　그러므로 변동예산은 실제 산출량 1,000개를 기준으로 고정예산상 단위당 판매가격 ₩50/개(= ₩60,000/1,200개), 단위당 변동원가 ₩20/개(= ₩24,000/1,200개), 고정원가 ₩2,000을 그대로 적용하여 산정한다.

매출	₩50,000(= ₩50/개 × 1,000개)
(-) 변동제조원가	(-) ₩20,000(= ₩20/개 × 1,000개)
공헌이익	₩30,000
(-) 고정제조간접원가	(-) ₩2,000
영업이익	₩28,000

답 12 ②

04 관련원가와 의사결정

Teacher's Map

❶ 의사결정의 유형 및 특징

관련원가분석	자본예산
• 단기적 특수의사결정 • 화폐의 시간가치를 고려하지 않음 • 이익의 발생시점은 무시하고 이익의 크기만을 중시함	• 장기적 의사결정 • 화폐의 시간가치를 고려함 • 현금흐름의 발생시점과 현금흐름의 크기를 모두 중시함

❷ 관련수익과 관련원가

① 관련수익: 의사결정과 관련된 수익으로 고려 중인 대안들과 차이가 있는 미래수익
 • 관련수익은 미래수익 → 과거의 수익은 비관련수익
 • 관련수익은 대안들 간에 차이가 있는 수익 → 대안 간에 차이가 없으므로 비관련수익
② 관련원가: 의사결정과 관련된 원가로 고려 중인 대안들과 차이가 있는 미래원가
 • 관련원가는 미래원가 → 과거의 원가는 비관련원가
 • 관련원가는 대안들 간에 차이가 있는 원가 → 대안 간에 차이가 없으므로 비관련원가

❸ 특별주문의 수락

유휴 생산능력의 존재 여부를 반드시 검토하여야 함. 유휴생산능력이 존재하지 않는 경우에는 특별주문을 수락하기 위하여 아래의 세 가지 방법 중 하나를 선택하여야 함

[방법 1] 생산능력 확장	생산능력을 추가 구입 또는 임차 → 감가상각비 또는 임차료 증가
[방법 2] 외부에서 구입	외부구입원가 증가
[방법 3] 정규판매량을 감소시켜 특별주문에 충당	특별주문을 수락하기 위하여 포기해야 하는 이익 발생 : 기존 정규시장의 이익 감소분(기회비용) 발생

1 의사결정의 의의 및 유형

❶ 의사결정의 의의

경영자는 기업의 목표를 달성하기 위하여 항상 선택에 직면하게 되며 이때 각 대안을 각각, 그리고 비교 분석하여 기업의 목표를 가장 효율적으로 달성할 수 있는 대안을 선택하며 기업을 운영한다. 의사결정이란 이와 같이 기업이 목표를 달성하기 위하여 여러 가지 선택가능한 대안 중 하나를 선택하는 것을 말한다.

❷ 의사결정의 유형

의사결정은 효과가 나타나는 기간에 따라 장기와 단기로 구분할 수 있다. 단기적 의사결정은 의사결정의 효과가 비교적 짧은 기간에 나타나는 의사결정으로, 이는 또다시 제품의 생산계획과 같은 일상적인 업무적 의사결정과 특수의사결정으로 구분된다. 특수의사결정은 특별주문의 수락여부나 특정 제품의 생산 중단 등 특수한 상황에 대한 의사결정을 말하며 관련원가 분석이라고도 한다.

장기적 의사결정은 주로 생산설비, 공장 등의 투자와 관련된 의사결정 등으로 효과가 장기간에 걸쳐 나타나는 것으로 자본예산이라고도 한다.

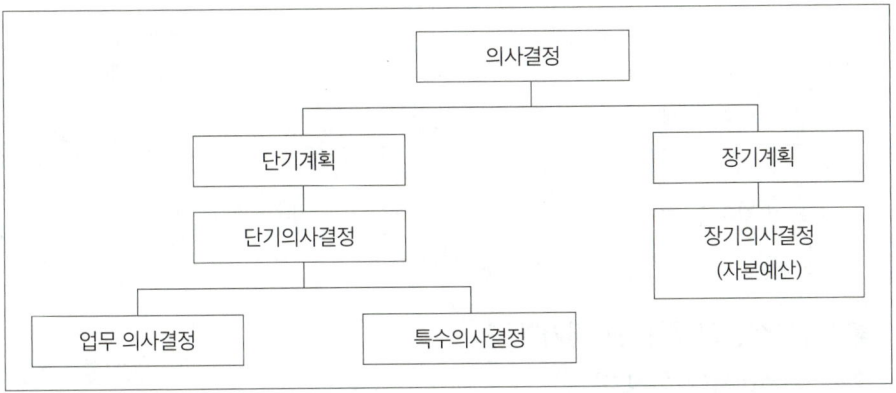

의사결정을 단기와 장기로 구분하는 이유는 분석방법이 다르기 때문이다. 본 Chapter에서는 단기적 의사결정 중 특수의사결정에 해당하는 관련원가에 관하여 살펴보고 장기적 의사결정과 관련된 사항은 Chapter 5에서 검토하기로 한다.

관련원가분석	자본예산
• 단기적 특수의사결정 • 화폐의 시간가치를 고려하지 않음 • 이익의 발생시점은 무시하고 이익의 크기만을 중시함	• 장기적 의사결정 • 화폐의 시간가치를 고려함 • 현금흐름의 발생시점과 현금흐름의 크기를 모두 중시함

2 의사결정과 관련된 기본개념

❶ 관련수익과 관련원가

1-1 관련수익

의사결정과 관련이 있는 수익으로, 대안의 선택에 따라 차이가 나는 미래수익을 말한다. 대안의 선택에 따라 차이가 없는 수익은 비관련 수익이 된다.

1-2 관련원가

의사결정과 관련이 있는 원가로, 대안의 선택에 따라 차이가 나는 미래원가를 말하며, 관련원가의 요건은 다음과 같다.

(1) 미래원가여야 한다. 즉, 과거에 발생된 원가(매몰원가, 역사적 원가)는 비관련원가이다.
(2) 차액원가이어야 한다. 즉, 대안의 선택에 따라 차이가 나지 않는 원가는 비관련원가이다.

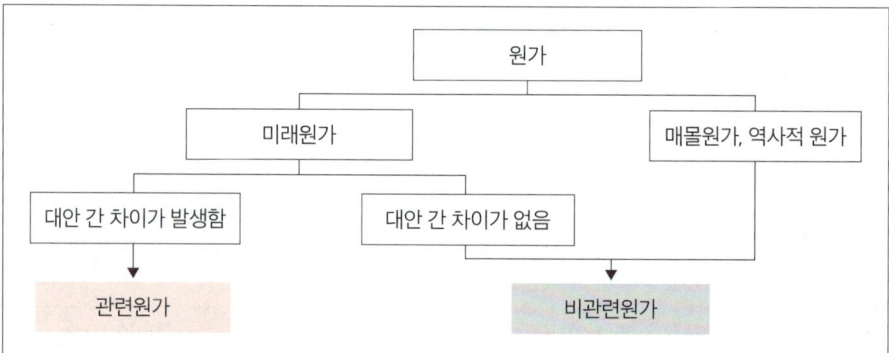

> **확인문제** 최신
>
> **01.** 원가에 대한 설명으로 옳지 않은 것은?
> 기출처 2024. 국가직 9급
> ① 매몰원가란 이미 발생한 과거원가로, 현재 또는 미래의 의사결정에는 영향을 미치지 못하는 원가이다.
> ② 조업도 수준이 변화함에 따라 총변동원가는 일정한 형태로 변화하지만 총고정원가는 관련 범위 내에서 일정한 금액으로 발생한다.
> ③ 관련원가란 선택 가능한 두 가지 이상의 대안 간에 차이가 있었던 과거원가를 말하며 의사결정과 직접 관련이 있는 원가이다.
> ④ 직접재료원가와 직접노무원가는 기초원가이며, 직접노무원가와 제조간접원가는 가공원가이다.
>
> 정답 ③

❷ 의사결정과 관련된 원가개념

2-1 기회비용(기회원가)

선택가능한 대안 중 특정 대체안을 포기할 경우 포기한 대안의 이익. 즉, 특정 대안을 채택하기 위하여 포기되는 이익이다. (여러 개의 대안을 포기한다면 포기하는 이익 중 가장 큰 이익)

2-2 매몰원가

과거의 의사결정의 결과로 현재 의사결정 시점 이전에 이미 발생된 원가를 말한다. 이는 현재의 의사결정으로 변경할 수 없으므로 의사결정과 관련없는 비관련원가가 된다.

❸ 의사결정의 접근방법

관련원가 분석은 이익의 최대화를 목표로 하며 선택가능한 대안으로부터 얻을 수 있는 이익을 비교하여 의사결정을 하는데 총액접근법과 차액접근법이 있으며, 어느 방법을 선택하나 결과는 동일하다.

3-1 총액접근법

대안별로 총수익과 총비용을 구하여 이익을 계산 후 이익이 가장 큰 대안을 선택하는 방법이다. 이 방법은 관련수익, 관련원가 이외에 비관련수익과 비관련원가까지 분석에 포함하게 된다.

[장점]
1) 관련원가와 비관련원가의 구분이 필요하지 않아 이해하기가 쉽다.
2) 세 가지 이상의 대안이 존재할 때 의사결정이 편하다.

[단점]
1) 모든 수익과 원가를 추정하여야 하므로 시간과 비용의 소모가 크다.

3-2 차액접근법(증분접근법)

대안 간에 차이가 나는 항목만을 가지고 증분수익(관련수익, 차액수익)과 증분원가(관련원가, 차액원가)를 구하여 증분이익(관련이익, 차액이익)으로 의사결정을 하는 방법이다. 차액접근법에서는 대안간 차이가 없는 항목인 비관련수익과 비관련원가는 고려대상에서 제외된다.

[장점]
1) 차이가 나는 항목만을 고려하므로 의사결정에 시간이 절약된다.
2) 의사결정에 직접 관련이 있는 항목이 쉽게 파악된다.

[단점]
1) 관련원가와 비관련원가의 구분이 필요하여 이해하기 어렵다.
2) 대안이 세 가지 이상 있을경우 의사결정에 어려움이 있다.

차액접근법에 의한 의사결정 모형은 다음과 같으며, 이는 **결국 증분이익이 0보다 크면 계획안을 채택하고, 0보다 작으면 현재안을 유지**하는 것이다.

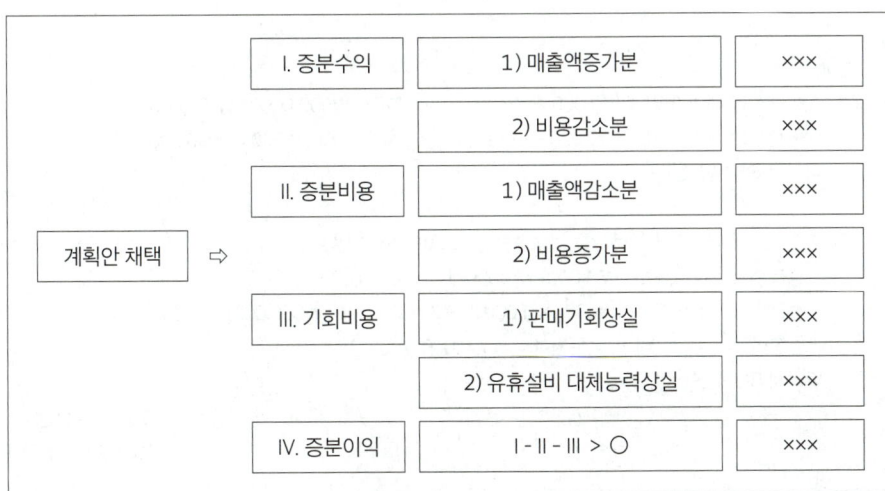

오쌤 Talk

의사결정

실제로 문제가 주어지면 우리는 다음과 같은 논리로 접근한다.

IF. A안을 택한다면,

좋은 것 (+)	① 수익의 증가 ② 비용의 감소
나쁜 것 (-)	① 수익의 감소 ② 비용의 증가 ③ 기회비용
결과(+) or (-)	

∴ 결과가 (+) 이면, A안을 채택하고, 결과가 (-)이면 A안을 포기한다.

예제 1. 총액접근법과 차액접근법

㈜한국은 세 가지 제품 중 하나를 생산하여 판매하고자 한다. 생산 가능 수량은 제품 종류에 관계없이 1,000개이고 생산한 제품은 모두 판매가 가능하다고 한다. 각 제품의 손익계산서가 다음과 같이 예상될 때 각 물음에 답하시오.

구분	제품 A	제품 B
단위당 판매가격	₩1,000	₩2,000
단위당 변동원가	₩400	₩1,700
고정원가	₩500,000	₩100,000

01 총액접근법을 통하여 어떤 제품을 생산하여야 할지 결정하시오.

02 차액접근법을 통하여 어떤 제품을 생산하여야 할지 결정하시오.

[풀이]

01 A를 생산할 때의 이익 = (₩1,000 − ₩400) × 1,000개 − ₩500,000 = ₩100,000
B를 생산할 때의 이익 = (₩2,000 − ₩1,700) × 1,000개 − ₩100,000 = ₩200,000
따라서 B를 생산한다.

02 A의 생산에 대하여 B의 생산을 차액접근법으로 비교하여 본다.
 • 증분수익 = (₩2,000 − ₩1,000) × 1,000개 = ₩1,000,000
 • 증분원가 = (₩1,700 − ₩400) × 1,000개 + (₩100,000 − ₩500,000) = ₩900,000
 • 증분이익 = 증분수익 − 증분원가 = ₩100,000 > 0
따라서 B를 생산한다.

정답 **01** B를 생산한다.
02 B를 생산한다.

3 단기적 특수의사결정의 유형

❶ 특별주문의 수락여부 결정

기존에 거래가 없던 고객으로부터 특정 제품에 대한 주문이 왔을 때 해당 제의에 대한 수락여부를 결정하는 것이다. 이때 증분수익과 증분비용을 계산하여 의사결정을 하여야 하는데 증분수익의 경우 비교적 판단하기 쉬우며, 증분비용을 계산하기 위해서는 다음을 고려하여야 한다.

구분	고려사항
유휴생산능력 > 특별주문량	관련원가는 변동원가만 고려한다.
유휴생산능력 < 특별주문량	관련원가는 변동원가 이외에 특별주문을 위하여 추가로 지출되는 생산능력 확장 혹은 외부구입 비용을 고려한다.
특별주문의 수락이 기존 시장에 영향을 미치는 경우	기존 정규시장의 이익감소분, 즉 기회비용을 고려하여야 한다.
유휴생산능력의 대체적 용도가 있는 경우	유휴생산능력을 다른 제품의 생산에 활용, 혹은 임대할 수 있는 이익에 대한 포기, 즉 기회비용을 고려하여야 한다.

예제 2 특별주문 수락여부

㈜한국은 ㈜민국으로부터 20X1년 중 3,000개의 제품을 개당 ₩150에 구매하겠다는 특별주문을 받았다. 특별주문 전의 생산판매와 관련한 다음의 자료를 이용할 때, ㈜한국이 3,000개 제품 전체의 특별주문을 수락하는 경우, 20X1년도 손익에 미치는 영향을 고려하여 특별주문을 수락할 것인지 결정하시오.

> (1) ㈜한국의 최대생산능력은 12,000개이고 특별주문을 받아들이더라도 추가적인 설비 증설은 없다.
> (2) 매년 평균 10,000개의 제품을 시장의 수요에 의해 생산판매해왔고, 특별주문을 수락하더라도 이를 제외한 시장의 수요에는 변화가 없다.
> (3) 일반적인 판매방식의 제품 판매가격 및 발생원가
>   제품단위당 판매가격   ₩200
>   변동제조원가   ₩120
>   변동 판매비와 관리비   ₩20
> (4) 특별주문과 관련하여 판매비와 관리비는 발생하지 않는다.
> (5) 생산량과 판매량은 동일하다.
> (6) 세금은 없다고 가정한다.

풀이

기존판매량과 신규 판매부의 합이 생산능력을 초과(1,000개가 초과함)하는 점을 고려한다.
- 증분수익 = ₩150 × 3,000개 = ₩450,000
- 증분비용 = ₩120 × 3,000개 = ₩360,000
- 기회비용 = (₩200 − ₩120 − ₩20) × 1,000개(정규판매의 감소분) = ₩60,000
- 증분이익 = 증분수익 − 증분비용 − 기회비용 = ₩30,000 > 0

정답 수락한다.

오쌤 Talk

유휴생산능력의 초과

특별주문의 수락은 두가지 문제의 유형으로 나누어진다. 유휴생산능력을 초과하는 경우와 그렇지 않은 경우이다. 유휴생산능력을 초과하는 경우{(기존 시장의 판매량 + 특별주문수량) < 최대생산능력}, 최대생산능력을 초과하는 수량의 공헌이익이 바로 기회비용이 된다. 이러한 기회비용은 의사결정시 반영해주어야 한다.

📘 **확인문제**

02. ㈜한국은 단일제품을 생산·판매하고 있으며, 연간 최대생산능력은 600단위이다. ㈜한국은 매년 500단위의 제품을 생산·판매하였으며, 이에 대한 공헌이익계산서는 다음과 같다.

매출액(단위당 판매가격 ₩200)	₩100,000
변동원가	₩60,000
공헌이익	₩40,000
총고정제조간접원가	₩10,000
총고정판매비와관리비	₩20,000
영업이익	₩10,000

㈜한국은 새로운 고객으로부터 200단위를 단위당 ₩180에 구입하겠다는 제의를 받았는데, 이 특별주문은 200단위 모두를 수락하거나 아니면 거절해야 한다. 특별주문을 수락할 경우 영업이익 증가액은? (단, 특별주문을 수락하더라도 추가 설비증설은 없으며, 이를 제외한 시장 수요에는 변화가 없다)

기출처 2022. 국가직 7급

① ₩2,000   ② ₩4,000
③ ₩12,000   ④ ₩36,000

정답 ②

오쌤 Talk

예제 2

If. 특별주문을 수락한다면,

좋은 것(+)	① 매출액의 증가 = ₩150 × 3,000개 = ₩450,000
나쁜 것(−)	① 비용의 증가 = ₩120 × 3,000개 = ₩360,000 ② 기회비용 = (₩200 − ₩120 − ₩20) × 1,000개 = ₩60,000
결과	₩30,000 > ₩0

∴ 특별주문을 수락한다.

❷ 제품의 생산중단여부 결정

기업이 생산 중인 제품 중 손실이 발생하는 제품에 대해서는 제품의 생산중단여부를 결정하여야 한다. 이때 감소되는 수익과 비용을 각각 증분수익과 증분비용으로 포함시켜야 하는데 이때에는 고정원가의 회피가능여부에 유의하여야 한다. 생산중단과 상관없이 발생하는 고정원가라면 비관련원가로 분류하여 의사결정 시 고려하지 말아야 한다.

> **예제 3** 생산중단여부 결정
>
> ㈜한국은 다음과 같이 세 가지 제품을 생산 및 판매하고 있으며, 각 제품과 관련된 손익계산서는 다음과 같다.
>
> | 구분 | 제품 A | 제품 B | 제품 C | 계 |
> |---|---|---|---|---|
> | 매출액 | ₩30,000 | ₩15,000 | ₩55,000 | ₩100,000 |
> | 변동원가 | ₩10,000 | ₩10,000 | ₩20,000 | ₩40,000 |
> | 공헌이익 | ₩20,000 | ₩5,000 | ₩35,000 | ₩60,000 |
> | 고정원가 | ₩15,000 | ₩10,000 | ₩20,000 | ₩45,000 |
> | 영업이익 | ₩5,000 | (₩5,000) | ₩15,000 | ₩15,000 |
>
> ㈜한국은 제품 B에서 손실이 발생하는 것을 확인하고는 제품 B의 생산중단 여부에 대한 검토를 하고 있다. 제품 B의 고정원가가 제품의 생산여부와 관계없이 계속 발생한다면, 제품 B의 생산 중단 여부를 결정하시오.
>
> **풀이**
> 고정원가는 의사결정과 관계없이 발생하므로 비관련원가이다. 제품 생산을 중단하더라도 B에 배부된 고정원가는 발생한다. 그러므로 B의 공헌이익이 0보다 크다면 생산을 유지하는 것이 좋다.
>
> **정답** 생산을 중단하지 않는다.

❸ 자가제조 또는 외부구입 결정

제조기업은 수익, 품질 그리고 안정적인 공급 등을 고려하여 부품을 자가제조할 것인지 외부에서 구입할 것인지를 의사결정 하여야 한다. 자가제조와 외부구입에 대한 의사결정을 할 때, 유의해야 할 요소는 고정원가의 회피가능 여부, 그리고 생산능력의 대체적 활용 가능 여부(다른 제품 생산에 활용, 혹은 생산능력의 임대로 인한 수익 등) 등이다.

예제 4 자가제조 또는 외부구입 결정

㈜한국은 자동차 생산에 필요한 기존에 직접 생산해 오던 부품 A에 대하여 외주업체에 생산을 의뢰할지에 대한 의사결정을 하려하고 있다. 필요수량은 50개이며 직접 제조를 할 때의 예상 원가는 다음과 같다.

직접재료원가	@₩80
직접노무원가	@₩100
변동제조간접원가	@₩20
고정제조간접원가	₩50,000

외주업체에 견적을 의뢰한 결과 부품 A를 단위당 ₩240에 구입 가능할 것으로 파악되었다. 만약 외부 업체에서 구매를 하게 된다면 고정원가 중 ₩10,000은 지출되지 않는다. 이 때, 자가제조하는 것이 유리한가, 외부 구입을 의뢰하는 것이 유리한가?

풀이
외부업체에 의뢰할 경우를 가정하면,
- 증분수익 = ₩200 × 50개 + ₩10,000 = ₩20,000(변동원가 및 회피가능 고정원가감소분)
- 증분비용 = ₩240 × 50개 = ₩12,000 (외부 구입비용)
- 증분이익 = 증분수익 − 증분비용 = ₩20,000 − ₩12,000 = ₩8,000 > 0

정답 외부 구입하는 것이 유리

OX 퀴즈

다음 문장의 경우 올바른 설명에는 O, 틀린 설명에는 ×를 하고 틀린 설명은 수정하시오.

❶ 관련원가분석 방법 중 총액접근법은 관련원가와 비관련원가를 구분하여야 한다.　　　(　　)

❷ 대안이 세 가지 이상일 때 차액접근법(증분접근법)을 통하여 관련원가를 분석하면 효율적으로 의사결정을 할 수 있다.　　　(　　)

❸ 기회비용과 매몰원가는 의사결정에 영향을 미치지 않는 비관련원가이다.　　　(　　)

❹ 특별 주문 수락여부를 결정할 때, 주문량에 비해 유휴생산능력이 부족하다면 변동원가만을 고려하면 된다.　　　(　　)

❺ 특별 주문 수락여부를 결정할 때, 주문량에 비해 유휴생산능력이 충분하다면 항상 변동원가만을 고려하면 된다.　　　(　　)

OX 풀이

❶ ✕ 총액접근법은 각각의 대안에 비관련원가까지 포함하여 이익 규모를 산출 및 비교하는 방법이다.

❷ ✕ 증분접근법은 대안끼리의 관련수익과 관련비용에 대해서만 차이를 비교하는 방법으로 세가지 이상의 대안에 대한 의사결정 시에는 그 효율성이 떨어지는 방법이다.

❸ ✕ 매몰원가는 의사결정으로 인하여 영향을 받지 않지만, 기회비용은 의사결정으로 인하여 포기하는 이익의 크기이므로 반드시 고려하여야 하는 요소이다.

❹ ✕ 유휴생산능력이 부족할 때에는 추가 생산능력에 대한 확보, 혹은 외부 구입 비용에 대한 고려를 하여야 한다.

❺ ✕ 유휴 생산능력이 충분하더라도 해당 생산능력의 임대 등 대체적인 사용이 가능한 경우 이에 대한 고려가 필요하다.

실전훈련

01 ㈜한국은 새로운 기존의 제품 A를 생산 중단하고 제품 B를 도입할 것을 고려하고 있으며 제품 A와 B의 동시 생산은 불가능한 상황이다. 이와 관련된 의사결정을 하고자 할 때, 다음 중 고려할 필요가 없는 비관련수익 혹은 비관련원가는?

① 제품 B의 생산을 위하여 추가로 고용하여야 하는 전문 기술자의 인건비
② 이미 지불하였고 취소나 환불이 불가능한 생산설비의 임차료
③ 제품 A의 생산 포기로 인한 매출의 감소액
④ 제품 B의 시장판매를 위하여 지출할 홍보비

02 관련원가 분석과 관련된 다음의 설명 중 옳지 않은 것은?

① 회피 가능한 고정원가는 비관련원가이다.
② 기회비용은 관련원가이다.
③ 변동원가는 일반적으로 관련원가이다.
④ 매몰비용은 비관련원가이다.

03 ㈜한국은 화재로 인하여 200개의 재고자산이 파손되었다. 파손된 재고자산은 ₩50,000에 처분하거나, 혹은 ₩30,000의 수선비를 지출하여 수선을 하면 ₩90,000에 처분할 수 있다. 그러나 ㈜한국의 생산부장은 위의 파손된 재고자산을 생산과정에 재투입하여 재가공하기로 하였다. ㈜한국의 파손된 재고자산의 재가공에 따른 기회비용은?

① ₩70,000   ② ₩50,000
③ ₩40,000   ④ ₩60,000

풀이

01 ② 이미 지불하였고 취소나 환불이 불가능한 생산설비의 임차료라면 의사결정에 영향을 미치지 않는 매몰원가에 해당하며, 이는 비관련 원가이다.
02 ① 고정원가도 의사결정에 따라 회피가 가능하다면 의사결정에 영향을 받는 것이며, 이는 의사결정 시 고려하여야 하는 관련원가이다.
03 기회비용은 포기한 대안 중 가장 큰 이익을 말한다.
　(1) 파손된 재고자산의 처분 시 이익: ₩50,000
　(2) 수선 후 처분 시 이익: ₩90,000 - ₩30,000 = ₩60,000
　(1) < (2)이므로 (2)의 수선 후 처분 시 이익 ₩60,000이 기회비용이 된다.

답 01 ② 02 ① 03 ④

04 ㈜한국은 최근에 제품 단위당 ₩10,000에 200단위를 구입하겠다는 특별주문을 받았다. 위 주문을 수락하더라도 기존 판매가격이나 고정원가에는 아무런 영향을 주지 않으며, 유휴생산능력은 충분하다. 제품의 단위당 원가와 관련된 자료는 다음과 같다.

	금액
직접재료원가	₩3,000
직접노무원가	₩2,000
변동제조간접원가	₩2,500
고정제조간접원가	₩2,000
변동판매비와관리비	₩500
고정판매비와관리비	₩1,000
제품단위당 원가	₩11,000

㈜한국의 특별주문 수락여부와 회사의 이익에 미치는 영향은 어떠한가? (단, 특별주문에도 변동 판매비와 관리비는 발생한다.)

① 수락, ₩100,000의 추가이익 발생
② 수락, ₩400,000의 추가이익 발생
③ 거절, ₩100,000의 추가손실 발생
④ 거절, ₩400,000의 추가손실 발생

05 공장시설을 100% 가동 시 오일필터를 연간 100,000개 생산할 수 있다. 오일필터의 단위당 원가는 직접원가(직접재료원가, 직접노무원가) ₩2,000, 변동제조간접원가는 ₩1,000, 고정제조간접원가는 ₩1,000이다. 총 100,000개에 대한 단위당제조원가는 ₩4,000이다. 최근 외부 거래처에서 동일한 오일필터를 단위당 ₩3,000에 100,000개를 지속적으로 공급하기로 제안하였다. 오일필터의 외부구입 시 연간 ₩100,000,000의 임대료를 얻을 수 있다. 외부구입을 하더라도 고정제조간접원가 중 ₩70,000,000이 계속 발생한다. 단기적으로 자가생산에 비해 외부구입함으로 인하여 발생하는 증분손익은?

① ₩120,000,000
② ₩(-)120,000,000
③ ₩130,000,000
④ ₩(-)150,000,000

풀이

04 (1) 증분수익: ₩10,000 × 200단위 = ₩2,000,000
(2) 증분비용: (₩3,000 + ₩2,000 + ₩2,500 + ₩500) × 200단위 = ₩1,600,000
(3) 증분이익: 증분수익 – 증분비용 = ₩400,000 > 0

05 차액접근법을 통하여 증분이익을 계산한다.

증분수익	임대료수익	₩100,000,000
	변동원가의 감소 ₩3,000 × 100,000개	₩300,000,000
	고정원가의 감소(회피가능원가) ₩1,000 × 100,000개 – ₩70,000,000	₩30,000,000
(증분비용)	변동원가의 증가 ₩3,000 × 100,000개	(₩300,000,000)
증분이익		₩130,000,000

답 04 ② 05 ③

06

㈜한국의 연간 최대 생산능력은 30,000단위이다. 20X1년 말에 추정한 20X2년도 예상 손익에 관한 자료는 다음과 같다.

• 매출액	(22,000단위 × @₩500)	₩11,000,000
• 변동원가	(22,000단위 × @₩210)	(₩4,620,000)
• 공헌이익		₩6,380,000
• 고정원가		(₩5,000,000)
• 영업이익		₩1,380,000

20X2년 초 한 구매업자로부터 단위당 ₩400에 제품 10,000단위를 구입하겠다는 신규제안을 받았다. ㈜한국이 이 제안을 수락한다면, 생산능력의 제약으로 인해 기존 고객에 대한 판매를 일정부분 포기해야 한다. 단위당 변동원가와 총고정원가는 불변이라고 가정한다. 이 제안을 수락할 경우 ㈜한국의 차액이익(차액수익에서 차액원가를 차감한 것)은 얼마인가?

① ₩980,000　　　　　　　　② ₩1,320,000
③ ₩1,440,000　　　　　　　　④ ₩1,560,000

06 (1) 증분수익: ₩400 × 10,000단위 = ₩4,000,000
(2) 증분비용: a + b = ₩2,680,000
　　a. 증분 제조원가 = ₩210 × 10,000단위 = ₩2,100,000
　　b. 기존 매출의 공헌이익 감소액 = (₩500 - ₩210) × (22,000 + 10,000 - 30,000)단위 = ₩580,000
(3) 증분이익: 증분수익 - 증분비용 = ₩1,320,000

답　06 ②

07 ㈜서울은 전동킥보드를 생산판매하고 있으며 이와 관련된 자료는 <보기>와 같다. 현재 월간 생산판매수량은 2,000단위이나 ㈜한국으로부터 800단위를 공급해 달라는 특별주문을 받았다. 동 주문은 변동제조원가가 기존보다 5% 증가하고 변동판매관리비는 기존의 10%만 발생하며 고정비에는 영향을 주지 않는다. ㈜서울이 동 주문을 수락하기 위한 단위당 최저 판매가격은?

기출처 2021. 서울시 7급

<보기>

월간 최대 생산량	2,500단위
단위당 판매단가	₩20,000
단위당 변동제조원가	₩10,000
단위당 변동판매관리비	₩2,000
월간 고정원가	₩10,000,000

① ₩10,700
② ₩11,700
③ ₩12,700
④ ₩13,700

풀이

07 만약 수락한다면,

(1) 기존판매수량의 감소분 = (기존판매수량 + 특별주문수량) - 월간최대생산량
 = (2,000단위 + 800단위) - 2,500단위 = 300단위

(2) 기존 판매분의 단위당 공헌이익
 = 단위당 판매가격 - 단위당 제조원가 - 단위당 판매비와 관리비
 = ₩20,000 - ₩10,000 - ₩2,000 = ₩8,000

(3) 특별주문의 판매가격

(+)	800단위 × 판매가격
(-)	① 변동제조원가 = ₩10,000 × (1 + 0.05) × 800단위 = ₩8,400,000 ② 변동 판매비와관리비 = ₩2,000 × 10% × 800단위 = ₩160,000 ③ 기존 판매수량 감소분의 공헌이익 = 300단위 × ₩8,000 = ₩2,400,000

∴ (+) ≥ (-) 판매가격 = ₩13,700

답 07 ④

08

㈜한국은 ㈜민국으로부터 20X1년도 1년간 8,000개의 제품을 개당 ₩140에 구매하겠다는 특별주문을 받았다. 이 특별주문을 받아들일 경우 추가로 소요되는 고정 판매비와 관리비 증가분은 ₩200,000이고, 이외의 원가 행태에는 영향을 주지 않는다. 특별주문 전의 생산판매와 관련한 다음의 자료를 이용할 때, ㈜한국이 8,000개 제품 전체의 특별주문을 수락하는 경우, 20X1년도 손익에 미치는 영향은?

- ㈜한국의 최대생산능력은 13,000개이고 특별주문을 받아들이더라도 추가적인 설비 증설은 없다.
- 매년 평균 10,000개의 제품을 시장의 수요에 의해 생산판매 해왔고, 특별주문을 수락하더라도 이를 제외한 시장의 수요에는 변화가 없다.
- 일반적인 판매방식의 제품 판매가격 및 발생원가

제품단위당 판매가격	₩150
변동제조원가	₩90
변동 판매비와 관리비	₩10 (특별주문에는 발생하지 않는다)

- 생산량과 판매량은 동일하다.
- 세금은 없다고 가정한다.

① ₩30,000 증가
② ₩30,000 감소
③ ₩50,000 증가
④ ₩50,000 감소

08 (1) 증분수익: 8,000개 × ₩140 = ₩1,120,000

(2) 증분원가: a + b = ₩1,170,000
   a. 증분 제조원가 및 판관비: 8,000개 × ₩90 + ₩200,000 = ₩920,000
   b. 감소하는 기존매출의 공헌이익: (₩150 - ₩100) × (13,000 - 8,000)개 = ₩250,000

(3) 증분이익: 증분수익 - 증분원가 = (₩50,000)

답 08 ④

09 다음 중 의사결정을 할 때 특정 대안의 선택에 영향을 주지 않는 비관련원가(irrelevant cost)에 해당하는 것은?

① 매몰원가
② 차액원가
③ 증분원가
④ 기회원가

10 ㈜한국은 여러 사업부를 운용하고 있는 기업이며, 20X1년 당기순이익은 ₩500,000이다. 여러 사업부 중에서 사업부 갑의 공헌이익은 ₩70,000이고, 사업부 갑에 대한 공통원가 배분액은 ₩50,000이다. 공통원가배분액 중 ₩30,000은 사업부 갑을 폐지하더라도 계속하여 발생하는 것이다. 만약 회사가 사업부 갑을 폐지하였다면 20X1년 당기순이익은 얼마로 변하였겠는가?

① ₩550,000
② ₩450,000
③ ₩460,000
④ ₩540,000

풀이

09 ① 매몰원가(기발생원가)와 의사결정간의 차이가 없는 미래원가는 의사결정과 무관한 비관련원가이다.
10 (1) 증분수익: ₩50,000 - ₩30,000 = ₩20,000(공통원가 배부액 감소분)
 (2) 증분비용: ₩70,000(공헌이익)
 (3) 증분이익: 증분수익 - 증분비용 = ₩20,000 - ₩70,000 = (₩50,000)
 (4) 당기순이익: ₩500,000 - ₩50,000 = ₩450,000

답 09 ① 10 ②

05 자본예산

Teacher's Map

❶ 자본예산
(1) 목표: 현금흐름의 극대화(회계적인 이익의 극대화가 아님에 주의)
(2) 편성방법

> ① 투자안의 탐색
> ② 투자안의 미래현금흐름 추정
> ③ 투자안의 경제성 분석
> ④ 투자 후의 투자안에 대한 재평가

❷ 현금흐름의 추정

구분	관련현금흐름
투자시점(t = 0)	기계장치 구입비, 순운전자본, 기본기계장치의 처분
투자기간(t = 1~n)	영업비용, 순운전자본증감, 감가상각비 절세효과 • 영업활동으로 인한 현금흐름 = 세후이익 + 감가상각비 　　　　　　　　　　　　　= 세후영업현금흐름 + 감가상각비 × 법인세율
투자종료시점(t = n)	기계장치 처분금액, 처분손익에 따른 법인세, 순운전자본의 회수

❸ 투자안의 평가방법

구분	평가방법	화폐의 시간가치	판단기준	특징
(1) 회수기간법	투자금액 회수에 소요되는 기간으로 평가	비고려	현금흐름	• 투자안의 안전성에 대한 지표로 사용할 수 있다. • 회수 이후의 수익에 대한 고려를 하지 않는다.
(2) 회계적이익률법	회계적 이익으로 평가	비고려	회계적 순이익	• 기준이 되는 이익을 재무제표에서 바로 사용가능하다.
(3) 순현재가치법	현금흐름의 현재가치의 합	고려	현금흐름	• 가치가산이 성립한다. 　NPV(A + B) = NPV(A) + NPV(B) • 투자안의 순현재가치는 기업가치의 증분과 동일하다.
(4) 내부수익률법	기대현금유출과 유입의 현재가치를 일치시키는 할인율	고려	현금흐름	• 계산이 복잡하고 구하기 어려움 • 투자기간 동안의 현금흐름의 재투자에 대한 가정이 낙관적이다.

1 자본예산의 의의 및 목표

❶ 자본예산의 의의

Chapter 4에서 의사결정은 단기와 장기로 구분이 가능한 것을 설명하였으며, 단기 의사결정에 대해서 자세히 살펴보았다. 본 Chapter에서는 앞서 설명하지 않은 장기의사결정에 대해서 다루기로 한다. 장기의사결정은 생산설비의 취득이나 공장의 신축, 혹은 신제품의 개발과 같이 그 투자에 대한 효과가 장기간에 걸쳐 실현되는 투자의사의 결정과 관련된 전반적인 과정을 말하며, 자본예산(Capital budgeting)이라고 한다.

자본 예산의 편성과정은 일반적으로 다음과 같다.

(1) 투자안의 탐색	
(2) 투자안의 미래현금흐름 추정	
(3) 투자안의 경제성 분석	선택한 투자안의 평가방법을 이용하여 추정된 현금흐름에 대하여 평가
(4) 투자 후의 투자안에 대한 재평가	장기적으로 투자를 진행하며 진행과정을 평가 및 검토

❷ 자본예산의 목표

기업의 가치를 극대화할 수 있도록 장기적인 의사결정(투자결정)을 하는 것이다. 이는 현금흐름을 극대화하는 것이며, 현금흐름이 동일하더라도 투자안의 평가 방법에 따라 그 결과는 다르게 평가될 수 있다. 현금흐름에 대해서는 '제2절 현금흐름의 추정'에서 자세하게 살펴보기로 한다.

※ 자본예산의 목표는 회계적인 이익의 극대화가 아닌 현금흐름의 극대화라는 것에 유의한다. 회계적 이익은 개념이 모호하고 회계처리 방법에 따라 달라질 수 있으며 위험을 고려하지 않기 때문이다.

② 현금흐름의 추정

❶ 현금흐름의 개념

현금흐름은 크게 보면 현금의 유출과 현금의 유입으로 구성되며, 각 시점의 유입액과 유출액의 차이인 순현금흐름이 자본예산에 있어서 중요한 개념이 된다. 순현금흐름은 다음과 같이 정의할 수 있다.

순현금흐름 = 현금유입액 - 현금유출액

❷ 현금흐름의 추정 기본가정 및 원칙

2-1 현금 유출입 시점

현금흐름은 연중 수시로 발생하지만 분석의 편의를 위하여 각 기간의 기초와 기말에만 발생하는 것으로 가정한다.

2-2 세후기준

법인세는 현금유출에 해당하므로 반드시 고려하여야 한다. 현금유출은 법인세를 증가시키는 항목이 있고 법인세를 감소시키는 항목이 있으며 모두 고려하여야 한다.

2-3 증분기준 현금흐름

증분현금흐름은 투자안에 투자할 경우 예상되는 현금흐름과 투자하지 않을 경우에 예상되는 현금흐름의 차이를 말하며, 이는 단기의사결정에서 살펴본 관련원가와 유사한 개념으로 투자안의 선택으로 인하여 차이를 발생시키는 현금흐름만을 평가하여야 그 투자안을 정확하게 평가할 수 있기 때문이다. 따라서 다음의 몇 가지 요소에 유의하여야 한다.

① **기회원가:** 투자안의 선택으로 인하여 포기한 다른 투자안의 순현금흐름 중 가장 큰 것을 말하며 선택한 투자안의 현금유출에 포함시켜야 한다.
② **매몰원가:** 과거의 결정으로 인하여 이미 이루어지거나 이루어지기로 확정된(취소불가능한) 현금흐름을 말한다. 이는 투자안의 현금흐름 추정에 제외하여야 한다.
③ **부수원가:** 투자안이 다른 투자안에 미치는 영향으로 다른 투자안의 순현금흐름을 증가시킬 수도, 감소시킬 수도 있는데 모두 투자안의 현금흐름 추정에 포함시켜야 한다.

2-4 금융비용

이자비용과 배당이 있으나, 이는 현금흐름을 현재기준으로 평가하는 할인율에 반영되므로 현금흐름 추정 시 제외하여야 한다.

2-5 감가상각비

고정자산의 현금흐름은 투자시점에 전액 현금유출이 되는 것으로 파악되며, 기간에 따라 비용화되는 감가상각비는 현금 유출이 없는 비용이다. 다만 감가상각비는 법인세를 감소시키는 효과가 있으므로 이는 현금 유입에 포함시켜야 한다.

③ 시점별 현금흐름의 추정

투자안의 내용연수 동안 현금흐름을 추정하여야 하며, 자본예산(장기의사결정)에서는 시간가치를 고려하므로 시점별 현금흐름을 추정하여야 한다. 크게 다음과 같이 1. 투자시점, 2. 투자기간, 3. 투자종료 시점으로 구분하여 현금흐름을 추정한다.

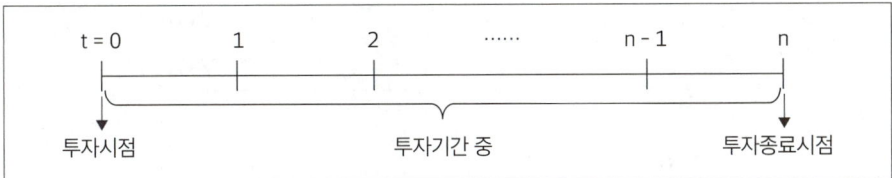

❶ 투자시점의 현금흐름

(1) **투자금액**: 기계 등의 구입 및 설치 등으로 인한 [현금유출]
(2) **투자세액공제**: 투자에 대한 법인세 인하효과로 인한 [현금유입]
(3) **구기계처분**: 신규 투자를 하며 필요 없어진 구기계에 대한 처분 금액
(4) **순운전자본 투자**: 원재료나 부품 등 구매나 운영에 필요한 현금. 초기 운전자본은 현금유출이 되며, 이후 순운전자본의 증가는 현금의 유출, 감소는 현금의 유입이 된다.

❷ 투자기간의 현금흐름(영업활동으로 인한 현금흐름)

2-1 법인세가 존재하지 않는 경우

현금 유입액에서 현금 유출액을 차감하여 계산한다. 유입액에는 매출액이 포함되며 유출액에는 현금 영업비용이 포함된다. 이때 현금흐름에는 감가상각비를 제외한다.

2-2 법인세가 존재하는 경우

법인세가 존재하는 경우에는 다음과 같은 사항을 추가로 고려하여야 한다.

① **법인세**: 영업현금흐름에 법인세율을 곱하여 해당 금액만큼을 현금유출로 본다. 세후 영업현금흐름이며, 이를 식으로 나타내면 [세전영업현금흐름 × (1- 법인세율)]이 된다.
② **감가상각비의 절세효과**: 감가상각비로 인하여 법인세가 감소하는 만큼의 현금흐름을 유입으로 본다.

영업활동으로 인한 현금흐름을 구하는 방법을 식으로 나타내면 다음과 같다.

> 영업활동으로 인한 현금흐름 = 매출액 - (현금영업비용 + 법인세)
> = 매출액 - 현금영업비용 - 법인세
> = 세후이익 + 감가상각비
> = 세후영업현금흐름 + 감가상각비 × 법인세율

> **예제 1** 법인세가 존재할 때의 영업현금흐름
>
> ㈜한국은 새로운 제품의 생산을 위하여 기계구입을 고려하고 있으며, 관련된 손익은 매년 다음과 같이 발생할 것으로 예상된다.
>
> | | | |
> |---|---|---|
> | 매출액 | | ₩100,000 |
> | 변동원가 | | ₩40,000 |
> | 공헌이익 | | ₩60,000 |
> | 고정원가 | | |
> | 현금지출 고정원가 | ₩30,000 | |
> | 감가상각비 | ₩10,000 | ₩40,000 |
> | 영업이익 | | ₩20,000 |
>
> 이때 투자기간 영업현금흐름을 구하라. 단, 투자기간의 현금흐름은 매년 동일하므로 한 년도의 현금흐름만을 구하라. (법인세는 50%로 가정한다.)
>
> **풀이**
> 투자기간의 현금흐름: (① + ②) × (1 − 50%) + ③ = ₩20,000
> ① 매출액: ₩100,000
> ② 변동원가 및 현금지출 고정원가: ₩ − 40,000 + ₩ − 30,000 = ₩ − 70,000
> ③ 감가상각비 절세효과: ₩10,000 × 50% = ₩5,000
>
>   정답 ₩20,000

❸ 투자기간 종료시점의 현금흐름

투자종료시점의 현금흐름은 투자기간에 발생한 영업활동으로 인한 현금유입액 이외에 기계 처분에 따른 현금유입액과 순운전자본의 회수액으로 구성된다.

3-1 영업활동으로 인한 현금흐름: (❷ 투자기간의 현금흐름)과 동일

3-2 기계의 처분으로 인한 현금유입액: ① − ②
① 기계 처분금액
② 기계 처분 이익 혹은 손실에 대한 법인세 효과: (처분가액 − 장부가액) × 법인세율

3-3 순운전자본금액의 회수액

4 투자안의 평가

투자안의 평가는 투자안의 경제성을 분석하여 투자여부를 판단하는 방법을 말하며, 현금흐름의 시간가치를 고려하는 할인 모형과 고려하지 않는 현금흐름 비할인 모형으로 구분할 수 있다.

비할인모형	할인모형
회수기간법(현금흐름기준) 회계적이익률법(이익기준)	순현재가치법(현금흐름기준) - NPV법 내부수익률법(현금흐름기준) - IRR법 수익성지수법(현금흐름기준)

❶ 회수기간법

회수기간이란 투자액을 회수하는 데 소요되는 기간을 의미한다. 이 투자안 평가방법은 투자금액을 얼마나 빨리 회수하느냐로 투자안을 평가하는 방법이다. **회수기간이 짧을수록 좋은 투자안이라는 개념**이다. 투자안으로부터 매년 동일한 현금흐름이 예측될 경우 회수기간은 다음과 같다.

$$회수기간 = \frac{투자액}{순현금유입액}$$

단일 투자안이라면 투자에 대한 의사결정은 기업이 미리 설정한 기준 회수기간과의 비교로 판단한다. 만약 투자안이 여러 개이고 상호배타적이라면(동시에 투자가 불가능하다면) 해당 투자안 중 회수기간이 가장 짧은 것을 선택하게 된다.

단일투자안	상호배타적인 복수투자안
투자안의 회수기간 < 기준 회수기간 ▷ 채택 투자안의 회수기간 > 기준 회수기간 ▷ 기각	투자안의 회수기간 < 기준 회수기간인 투자안 중, 회수기간이 가장 짧은 투자안을 채택

회수기간법은 투자로 인한 금액이 얼마나 빨리 회수되어 자금상황이 안정되는지에 대한 안전성 지표로 사용할 수 있다. 다만 회수 이후의 수익이 고려되지 않아 수익성 지표로 사용하기에는 어려운 점이 있다.

예제 2 회수기간법

㈜한국이 고려 중인 투자안은 다음과 같다. 매년 동일한 영업 현금흐름이 예상된다고 할 때, 각 투자안의 대하여 회수기간을 구하고, 회수기간을 투자안의 선택 기준으로 한다고 할 때 어떤 투자안을 선택하여야 할지 결정하시오. (단, 기준 회수기간은 10년이다.)

구분	투자안 A	투자안 B	투자안 C
초기투자금액	₩10,000	₩50,000	₩30,000
투자기간 순영업현금흐름(매년 동일)	₩2,000	₩8,000	₩5,000
투자기간	10년	30년	15년

풀이

회수기간은 매년 현금흐름이 동일할 때 [투자금액 ÷ 순영업현금흐름]으로 구할 수 있다.
① 투자안 A: ₩10,000 ÷ ₩2,000 = 5년
② 투자안 B: ₩50,000 ÷ ₩8,000 = 6.25년
③ 투자안 C: ₩30,000 ÷ ₩5,000 = 6년
모두 기준 회수기간을 만족하며, 가장 회수기간이 짧은 투자안은 A이다.

정답 투자안 A(회수기간 5년)를 선택

❷ 회계적 이익률법

회계적 이익률법은 회계상의 이익률로 투자안을 평가하는 방법이다. 감가상각비 등을 모두 포함한 회계적 수익률을 최초 투자액 혹은 평균 투자액으로 나눈 것을 투자안의 지표로 활용하는 방법으로, 다른 투자안들이 현금흐름으로 평가하는 것과는 대조적이다. 회계적이익률을 식으로 나타내면 다음과 같다.

$$회계적이익률 = \frac{연평균\ 순이익}{최초투자액\ or\ 평균투자액^*}$$

$$^*평균투자액 = \frac{최초투자액 + 잔존가치}{2}$$

단일 투자안이라면 투자에 대한 의사결정은 기업이 미리 설정한 목표이익률보다 높은지 여부로 판단한다. 만약 투자안이 여러 개이고 상호배타적이라면(동시에 투자가 불가능하다면) 해당 투자안 중 회계적이익률이 가장 높은 투자안을 선택한다.

단일투자안	상호배타적인 복수투자안
투자안의 이익률 > 기준 이익률 ▷ 채택 투자안의 이익률 < 기준 이익률 ▷ 기각	투자안의 이익률 > 기준 이익률인 투자안 중, 회계적 이익률이 가장 높은 투자안을 채택

예제 3 회계적이익률법

㈜한국은 새로운 ₩100,000이 소요되는 투자안의 채택여부를 결정하기 위하여 분석중이다. 각 연도의 손익이 다음과 같이 매년 반복될 것으로 예측될 때 회계적 이익률을 구하고, 목표 이익률이 12%일 때 채택 여부를 판단하시오. (투자의 종료시점 잔존가치는 0으로 추정되며 법인세는 존재하지 않는다.)

매출액	₩60,000
변동비	₩13,000
공헌이익	₩47,000
고정비(현금)	₩27,000
고정비(감가상각비)	₩10,000
영업이익	₩10,000

풀이

회계적 이익률에서는 회계적 수익을 그대로 쓸 수 있다. 따라서,
회계적 이익률: 연평균 순이익 ÷ 투자액 = ₩10,000 ÷ ₩100,000 = 10%
이는 기준 수익률 12%보다 낮은 수익률이다.

정답 10%, 채택하지 않는다.

❸ 순현재가치법(Net Present Value: NPV)

순현재가치에 의하여 투자안을 평가하는 방법이다. 순현재가치는 기업가치의 증가분을 의미하며, 현금흐름을 적절한 할인율로 할인하여 현재가치로 평가하는 방법이다. 순현재가치의 기준 시점은 투자시점이 되며, 자본비용을 할인율로 사용한다. 이를 식으로 표현하면 다음과 같다.

$$NPV = 현금유입액의\ 현재가치 - 투자금액(t = 0\ 시점)$$
$$= \sum_{t=0}^{n} \frac{CI_t}{(1+r)^t} - C_0$$

CI_t : t시점의 순현금유입액
CI_0 : t = 0 시점의 투자액
r : 자본비용(할인율)
n : 투자안의 내용연수

순현재가치를 0과 비교하여 0보다 크면 기준안을 충족하는 것으로 보고, 투자안의 수에 따라 다음과 같이 의사결정을 한다.

단일투자안	상호배타적인 복수투자안
NPV > 0 ▷ 채택 NPV < 0 ▷ 기각	NPV > 0인 투자안 중, NPV가 가장 큰 투자안을 채택

순현재가치법은 두 개 이상의 투자안에 대하여 가치가산이 성립한다. 즉 투자안 A와 투자안 B의 순현재가치가 각각 NPV(A), NPV(B)라고 한다면, 두 개의 투자안을 동시에 실행하였을 때의 순현재가치, 즉 NPV(A+B)는 NPV(A) + NPV(B)로 쉽게 구할 수 있다.
하지만 순현재가치법은 투자의 규모가 고려되지 않아 투자규모가 현저히 다른 복수의 투자안을 비교하는 데에는 한계가 있다.

예제 4 순현재가치(NPV) 법

㈜한국은 새로운 투자안의 채택여부를 결정하기 위하여 분석 중이다. 각 연도의 손익이 다음과 같이 예측될 때 순현재가치를 구하고, 채택여부를 결정하시오. (투자의 종료시점 잔존가치는 0으로 추정되며 법인세는 존재하지 않는다.)

*자본비용은 1년에 대하여 10%, 2년에 대하여 20%, 3년에 대하여 30%를 적용하는 것으로 가정한다.

구분	t = 0	1	2	3
기계취득	△₩100,000			
순운전자본	△₩3,000			₩3,000
영업현금흐름		₩33,000	₩36,000	₩36,000

풀이

각 연도별 순현금흐름의 현재가치를 구하면 다음과 같다.
① t = 0: (₩ − 100,000 + ₩ − 3,000) ÷ 1 = ₩ − 103,000
② t = 1: ₩33,000 ÷ (1 + 10%) = ₩30,000
③ t = 2: ₩36,000 ÷ (1 + 20%) = ₩30,000
④ t = 3: (₩36,000 + ₩3,000) ÷ (1 + 30%) = ₩30,000
따라서, NPV = ① + ② + ③ + ④ = ₩ − 13,000 < 0 (NPV가 0보다 작으므로 채택하지 않는다.)

정답 ₩(-)13,000, 채택하지 않는다.

❹ 내부수익률법(IRR: Internal Rate of Return method)

투자안의 내부수익률을 구하여 이를 요구수익률과 비교함으로써 투자의사결정을 하는 방법이다. 내부수익률(IRR)이란 투자로부터 얻게 될 현금유입액의 현재가치와 현금유출액의 현재가치를 같게 하는 할인율이다. 즉, 투자안의 NPV가 0이 되게 하는 할인율이다.

현금유입액의 현재가치 = 현금유출액의 현재가치 → NPV = 0
  └─▶ 할인율(내부수익률) ◀─┘

내부수익률(IRR)은 자본비용과 비교하여 다음과 같이 의사결정한다.

단일투자안	상호배타적인 복수투자안
IRR > 자본비용 ▷ 채택 IRR < 자본비용 ▷ 기각	IRR > 자본비용인 투자안 중, IRR이 가장 큰 투자안을 채택

내부수익률은 투자에 대한 규모를 고려하지 않은 투자평가 방법이며, 현금흐름을 평가하는 기간 동안 내부수익률로 재투자한다고 가정하기 때문에 다소 낙관적인 평가방법이다. 또한 순현재가치법과 달리 가치가산은 성립하지 않는다.

OX 퀴즈

다음 문장의 경우 올바른 설명에는 O, 틀린 설명에는 ×를 하고 틀린 설명은 수정하시오.

1. 자본예산을 위하여 미래현금흐름을 추정할 때 이자비용은 반드시 현금유출로 고려하여야 하는 요소이다.   (   )

2. 자본예산을 위하여 미래 현금흐름을 추정할 때 감가상각비는 전혀 고려할 필요가 없는 요소이다.   (   )

3. 회수기간법과 회계적이익률법은 모두 시간가치를 고려하지 않은 투자안 평가방법이다.   (   )

4. 내부수익률법은 가치가산이 성립하므로 두 가지 투자안이 있을 때 내부수익률을 모두 실행할 때의 내부수익률을 쉽게 구할 수 있다.   (   )

5. 단일 투자안에 대하여, 순현재가치법이 0보다 크면 채택하여야 한다.   (   )

6. 내부수익률법은 투자안의 투자규모를 고려한 방법이다.   (   )

OX 풀이

❶ ✕ 이자비용은 할인율에 반영하므로 현금흐름에는 제외하여야 한다.

❷ ✕ 감가상각비는 법인세를 감소시키는 효과를 가지므로 그 효과만큼 현금유입으로 고려하여야 한다.

❸ ○ 두 가지 평가법 모두 시간가치를 고려하지 않은 평가방법이다.

❹ ✕ 내부수익률법은 가치가산이 성립하지 않는다. 순현재가치법이 가치가산이 성립한다.

❺ ○ 순현재가치법(NPV)은 단일 투자안에 대하여 0보다 크다면 채택하는 것이다.

❻ ✕ 순현재가치법과 내부수익률법 모두 투자규모는 고려하지 못하는 평가방법이다.

실전훈련

01 ㈜한국은 당기 말 순장부가액이 ₩300,000인 기존의 기계장치를 ₩500,000에 처분하고, 새로운 기계장치를 ₩1,000,000에 매입하였다. 법인세율이 20%라고 가정하면, 위 거래로 인한 순현금지출액은 얼마인가? (단, 감가상각비는 고려하지 않는다.)

① ₩460,000
② ₩500,000
③ ₩520,000
④ ₩540,000

02 ㈜한국은 ₩30,000을 투자하여 신규설비를 도입하였다. 이 신규설비 투자로 인하여 발생할 것으로 예상되는 연간 세후 순이익은 ₩3,000이다. 신규설비의 내용연수는 10년이고, 잔존가치는 0으로 예상되며, 정액법으로 상각한다. ㈜한국의 최저요구수익률은 10%이며, 10년 후 ₩1의 현재가치는 0.386이며, 10년간 기말연금의 현가계수는 6.145일 때, 회수기간법에 의한 회수기간은 얼마인가?

① 3년
② 4년
③ 5년
④ 6년

 풀이

01 순현금흐름액은 현금 유입액과 현금 유출액의 차액이다. (1) - (2) = ₩ - 540,000
  (1) 현금유입액: ₩500,000(기계장치처분)
  (2) 현금유출액: ₩1,040,000
    - 신규 기계장치 매입액: ₩1,000,000
    - 기존 기계장치 처분이익에 대한 법인세: (₩500,000 - ₩300,000) × 20% = ₩40,000

02 회수기간법은 시간가치를 고려하지 않고 수익률을 고려하지 않으므로 뒤의 필요 없는 정보에 혼동되지 않도록 한다.
  (1) 연간 순현금흐름: 세후순이익 + 감가상각비 = ₩6,000
    - 세후순이익: ₩3,000
    - 감가상각비: ₩3,000
  (2) 회수기간 = 투자금액 ÷ 연간순현금흐름 = ₩30,000 ÷ ₩6,000 = 5년

답 01 ④ 02 ③

03 장기의사결정 시에는 미래 현금흐름을 추정하는 것이 중요하다. 다음 중 장기의사결정을 위한 현금흐름 추정의 기본원칙이 아닌 것은?

① 법인세는 회사가 통제할 수 없기 때문에 현금흐름을 추정할 때 고려해서는 안 된다.
② 이자비용은 할인율을 통해 반영되므로 현금흐름 산정 시 이자비용은 반영하지 않는다.
③ 매몰 현금흐름은 고려 대상에서 제외한다.
④ 감가상각비 감세효과는 현금흐름을 추정할 때 고려해야 한다.

04 ㈜한국은 ₩40,000에 기계를 구입할 예정이며, 이 기계를 정액법에 의하여 5년간 상각하기로 하고 잔존가치는 없을 것으로 추정하고 있다. 이 기계로 인하여 ㈜한국은 매년 ₩8,000의 법인세비용차감전순이익을 추가로 발생시킬 수 있다. 이 투자안의 회수기간은 얼마인가? (단, 감가상각비를 제외한 모든 수익·비용은 현금거래이며, 법인세율은 30%이다.)

① 약 2.9년 ② 약 3.5년
③ 약 4.1년 ④ 약 5.0년

03 ① 법인세는 명백한 현금흐름으로 현금흐름 추정 시 반드시 고려하여야 하는 요소이다.
04 각 연도에 발생할 현금흐름을 계산한다.
　(1) 현금흐름: 세후이익 + 감가상각비 = ₩8,000 × (1 - 30%) + ₩40,000 ÷ 5년 = ₩13,600
　(2) 회수기간: 투자금액 ÷ 연간순현금흐름 = ₩40,000 ÷ ₩13,600 = 2.9년

답 03 ① 04 ①

05 ㈜한국의 경영진은 최근 경기 침체로 인한 이익감소를 극복하기 위하여 투자기간 3년의 신규사업을 검토 중이다. 현재 회사는 기존 사업에서 평균투자액을 기준으로 25%의 회계적 이익률을 보이고 있으며 신규사업에서 예상되는 당기순이익은 다음과 같다.

연도	신규사업으로 인한 당기순이익
1년	₩200,000
2년	₩300,000
3년	₩400,000

회사는 신규사업을 위해 ₩2,240,000을 투자해야 하며, 동 투자액의 3년 후의 잔존가치는 ₩260,000으로 예상된다. 회사는 평균투자액을 기준으로 하는 회계적 이익률로 투자안을 평가한다고 할 때, 상기 투자안의 회계적이익률 및 의사결정 여부로 맞는 것은? (단, 회사의 목표 회계적 이익률은 25%이다.)

	회계적 이익률	의사결정 여부
①	30%	채택
②	30%	기각
③	24%	채택
④	24%	기각

05 회계적 이익률을 위해서는 연평균 수익률과 평균투자액을 필요로 한다. 각각 정보를 통하여 구하면 다음과 같다.
 (1) 연평균 수익: (₩200,000 + ₩300,000 + ₩400,000) ÷ 3 = ₩300,000
 (2) 평균투자액: (₩2,240,000 + ₩260,000) ÷ 2 = ₩1,250,000
 (3) 회계적 이익률 : (1) ÷ (2) = 24%
 투자안의 회계적 이익률이 기준이익률(25%)보다 낮으므로 해당 투자안은 기각한다.

답 05 ④

06 ㈜한국은 내용연수가 3년인 기계장치에 ₩5,000,000을 투자할 예정이다. 기계장치를 구입하면, 아래의 표와 같이 현금운영비를 줄일 것으로 판단하고 있다. 회사의 자본비용은 12%라고 할 때 기계장치를 구입하면 ㈜한국의 신규 기계장치 투자에 대한 순현재가치(NPV)는 얼마인가? (단, 현금운영비의 감소효과는 매년 말에 발생하며 법인세 및 잔존가치는 없다고 가정한다.)

구분	1년	2년	3년
현재가치요소(12%)	0.90	0.80	0.70
현금운영비 감소액	₩3,000,000	₩2,500,000	₩2,000,000

① ₩650,000　　　　　　　　　　② ₩1,100,000
③ ₩1,490,000　　　　　　　　　　④ ₩2,090,000

07 다음 중 순현재가치(NPV)법과 내부수익률(IRR)법에 대한 설명으로 가장 옳지 않은 것은?
① 내부수익률(IRR)법은 투자안의 내부수익률이 자본비용을 상회하면 그 투자안을 채택하게 된다.
② 내부수익률(IRR)법은 가치가산의 원칙이 적용되나 순현재가치(NPV)법은 그렇지 않다.
③ 두 방법 모두 화폐의 시간적 가치를 고려하는 방법이다.
④ 순현재가치(NPV)법은 투자안의 순현재가치가 0보다 크면 그 투자안을 채택한다.

풀이

06 각 연도의 순현금흐름의 현재가치를 다음과 같이 구한다.
　(1) t=0: ₩ - 5,000,000
　(2) t=1: ₩3,000,000 × 90% = ₩2,700,000
　(3) t=2: ₩2,500,000 × 80% = ₩2,000,000
　(4) t=3: ₩2,000,000 × 70% = ₩1,400,000
　따라서 투자안의 순현재가치(NPV) = (1) + (2) + (3) + (4) = ₩1,100,000
07 ② 순현재가치법(NPV)이 투자안의 가치가산이 성립하는 방법이다. 내부수익률법(IRR)은 가치가산이 성립하지 않는다.

답　06 ②　07 ②

06 성과평가

Teacher's Map

❶ 투자중심점 성과평가 방법의 종류 및 특징

구분	의의	특징	공식
투자수익률법 (ROI)	영업이익을 투자 금액으로 나누어 계산	• 준최적화 현상이 발생 (투자중심점과 기업전체의 목표가 불일치)	투자수익률(ROI) $= \dfrac{\text{이자}}{\text{투자액}}$ = 매출액 이익률 × 자산회전율
잔여이익법 (RI)	영업이익에서 투자금액에 대한 최저요구수익을 차감하여 계산	• 준최적화 현상의 극복 • 투자규모에 대한 미고려	잔여이익 = 이익 − 투자액 × 최저필수수익률 = 투자액 × (투자수익률 − 최저필수수익률)
경제적부가가치법 (EVA)	세후영업이익에서 투하자본에 대한 가중평균자본비용을 차감하여 계산	• 현금흐름을 중시 • 투자자의 자본비용까지 고려	경제적 부가가치 = 영업이익 − 세금 − 타인자본비용 − 자기자본비용 = 영업이익 × (1 − 세율) − 투하자본 × 가중평균자본비용 = (투하자본수익률 − 가중평균자본비용) × 투하자본

❷ 균형성과표

전통적으로 중요시되어 오던 재무적 관점 외에 고객, 내부프로세스, 학습과 성장이라는 비재무적 관점도 함께 고려하여 조직의 전략과 성과를 종합적, 균형적으로 관리, 평가할 수 있는 효과적인 가치중심 성과관리 기법

1 성과평가

❶ 성과평가의 개요

1-1 의의
성과평가란 기업이 사전에 각 책임중심점별로 설정한 기대를 어느 정도 달성하였는지에 대해 측정하는 것이다. 이를 통하여 기업의 소유주는 경영자의 능력을 파악할 수 있고, 경영자는 자신의 보상을 결정지을 수 있다.

1-2 성과평가 시 고려사항

① 목표의 일치	각 책임중심점의 이익극대화가 기업의 이익극대화가 일치할 수 있도록 설계한다.
② 성과평가의 오차	성과평가의 오차가 최소화되도록 설계하여야 한다.
③ 적시성과 경제성	성과평가는 각 책임중심점의 성과를 정확하게 나타내야 한다. 다만 적시에 결과를 나타낼 수 있고, 효익에 비해 많은 시간과 비용을 소모하지 않도록 한다.
④ 책임중심점의 동기유발	각 책임중심점별로 적정한 성과평가 지표를 설계하여 각 부문별로 적절한 행동을 위하여 노력하도록 하여야 한다.

2 투자중심점 성과평가

❶ 투자중심점
투자중심점은 원가와 수익뿐만 아닌 투자의사결정에 대한 권한을 부여받은 책임중심점이다. 이는 원가와 수익의 결과인 이익뿐만 아니라 투자 활동에 대해서도 책임을 지게 되는 가장 포괄적인 책임중심점이며, 이를 평가하는 방법으로는 투자수익률과 잔여이익, 그리고 경제적 부가가치가 있다.

❷ 투자수익률(Return of Investment: ROI)

2-1 의의
투자수익률은 투자액에 대한 이익의 비율을 나타내는 수익성지표를 말한다. 이익을 투자금액으로 나누어 구하며, 이는 매출액 이익률과 자산 회전율로 나눠질 수 있다. 식으로 표현하면 다음과 같다.

$$\text{투자수익률(ROI)} = \frac{\text{이익}}{\text{투자액}}$$

$$= \frac{\text{이익}}{\text{매출액}} \times \frac{\text{매출액}}{\text{투자액}}$$

$$= \text{매출액 이익률} \times \text{자산회전율}$$

2-2 의사결정 방법

① 신규 투자안의 투자수익률 ≥ 투자 전 투자수익률
→ 투자 후 투자수익률 ≥ 투자 전 투자수익률 ⟶ 투자안 채택

② 신규 투자안의 투자수익률 < 투자 전 투자수익률
→ 투자 후 투자수익률 < 투자 전 투자수익률 ⟶ 투자안 기각

각 부문별로 투자수익률을 극대화 하다보면, 특정 투자안이 회사 전체 입장의 최저필수 수익률을 상회하더라도 개별 투자중심점 입장에서 보면 각자의 투자수익률보다 낮은 경우에는 채택되지 않는 현상이 발생할 수 있음에 주의하여야 한다. 이를 **준최적화 현상**이라고 한다.

[준최적화 현상의 발생 예]

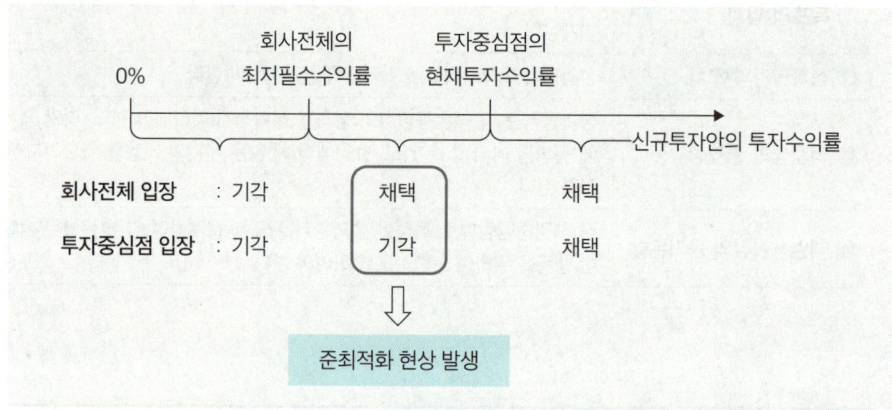

예제 1 투자수익률

다음은 ㈜한국의 A사업부, B사업부와 관련된 자료이다. 각 사업부가 투자중심점으로 운영되고 있을 때 각 사업부의 투자수익률을 구하고, 투자수익률 기준으로 평가하였을 때 어느 사업부의 성과가 우수한지 답하시오.

구분	사업부 A	사업부 B
영업이익	₩30,000	₩60,000
평균투자액	₩100,000	₩300,000
매출액이익률	10%	40%
자산회전율	3회	0.5회

풀이
주어진 자료를 이용하면 두 가지 방법으로 풀 수 있으며 각각 다음과 같다.
(1) 방법1: 투자수익률 = 영업이익 ÷ 투자액
   사업부 A = ₩30,000 ÷ ₩100,000 = 30%
   사업부 B = ₩60,000 ÷ ₩300,000 = 20%
(2) 방법2: 투자수익률 = 매출액이익률 × 자산회전율
   사업부 A = 10% × 3회 = 30%
   사업부 B = 40% × 0.5회 = 20%
두 가지 중 어느 방법을 사용하나 결과는 동일하며, 사업부 A의 투자수익률이 더 높다.

정답 (1) 사업부 A: 30%
      (2) 사업부 B: 20%
      따라서 사업부 A의 성과가 더 우수하다.

❸ 잔여이익법(Residual Income: RI)

3-1 의의

투자중심점의 준최적화 현상에 대한 극복을 위하여 고안된 방법으로, 투자중심점의 이익에서 투자액으로부터 벌어들여야 하는 최소한의 이익을 차감한 후의 이익 잔액을 말한다. 이를 식으로 표현하면 다음과 같다.

$$\text{잔여이익} = \text{이익} - \text{투자액으로부터 벌어들여야 하는 최소한의 이익}$$
$$= \text{이익} - \text{투자액} \times \text{최저필수수익률}$$
$$= \text{투자액} \times (\text{투자수익률} - \text{최저필수수익률})$$

최저 필수수익률은 부가이자율, 내재이자율이라고 하며, 투자중심점의 위험을 반영하여 설정하여야 한다.

잔여이익으로 성과평가를 하게 되면, 투자중심점의 관리자는 신규 투자안이 최저필수수익률보다 크면 투자를 하게 되므로 준최적화현상을 극복할 수 있다.

3-2 의사결정 방법

① 신규 투자안의 잔여이익 ≥ 0
   → 투자 후 잔여이익 ≥ 투자 전 잔여이익 → 투자안 채택
② 신규 투자안의 잔여이익 < 0
   → 투자 후 잔여이익 < 투자 전 잔여이익 → 투자안 기각

예제 2 **잔여이익**

다음은 ㈜한국의 A사업부, B사업부, C사업부와 관련된 자료이다. 각 사업부가 투자중심점으로 운영되고 있을 때 각 사업부의 잔여이익은 얼마인가?

구분	사업부 A	사업부 B	사업부 C
영업이익	₩30,000	₩60,000	₩40,000
평균투자액	₩100,000	₩150,000	₩200,000
최저요구수익률	10%	5%	15%

풀이
각 사업부별 잔여이익은 [영업이익 − 평균투자액 × 최저요구수익률] 로 구한다.
(1) 사업부 A = ₩30,000 − ₩100,000 × 10% = ₩20,000
(2) 사업부 B = ₩60,000 − ₩150,000 × 5% = ₩52,500
(3) 사업부 C = ₩40,000 − ₩200,000 × 15% = ₩10,000

정답 (1) 사업부 A: ₩20,000
(2) 사업부 B: ₩52,500
(3) 사업부 C: ₩10,000

❹ 경제적부가가치법(Economic Value Added: EVA)

4-1 의의

경제적부가가치법은 기업의 가치는 미래 현금흐름에 의하여 결정된다는 점에서 현금흐름 기반의 성과평가를 강조하고 있다. **영업활동에 필요한 자금의 제공자(투자자)에게 그들이 제공한 자금이 기회비용 이상의 수익을 창출하였는가를 현금흐름에 기초하여 분석하는 방법**으로 방법은 다음과 같다.

$$\text{경제적 부가가치} = \text{영업이익} - \text{세금} - \text{타인자본비용} - \text{자기자본비용}$$
$$= \text{영업이익} \times (1 - \text{세율}) - \text{투하자본} \times \text{가중평균자본비용}$$
$$= (\text{투하자본수익률}^* - \text{가중평균자본비용}) \times \text{투하자본}$$

$$※ \text{투하자본수익률} = \frac{\text{세후영업이익}}{\text{투하자본}} \rightarrow \text{세후영업이익} = \text{투하자본} \times \text{투하자본수익률}$$

4-2 경제적 부가가치의 계산과 관련된 사항

(1) 세후영업이익

세후영업이익은 영업활동에서 법인세 등의 세금을 차감한 후의 이익을 말한다. 경제적 부가가치(EVA)에서는 투자나 재무활동이 반영된 당기순이익이 아닌 영업활동만으로 창출된 영업이익을 활용한다는 점에 주의한다.

(2) 투하자본

기업이 영업활동을 위하여 조달한 자본 중 이자비용이 발생하는 부채와 자기자본의 합이다. 유동부채 중 단기차입금이 없다면 투하자본은 다음과 같이 비유동부채와 자기자본의 합으로 표시할 수 있다.

$$\text{투하자본} = \text{이자비용이 발생하는 부채} + \text{자기자본}$$
$$= \text{비유동부채} + \text{자기자본}$$
$$= \underbrace{\text{유동자산} + \text{비유동자산}}_{\text{총자산}} - \text{유동부채}$$
$$= \underbrace{(\text{유동자산} - \text{유동부채})}_{\text{운전자본}} + \text{비유동자산}$$

(3) 가중평균자본비용(WACC)

가중평균자본비용(Weighted Average Costs of Capital: WACC)이란 투하자본에 지급되는 비용으로, 부채에 대한 타인자본비용과 자기자본비용을 가중평균하여 계산한 총자본비용을 말하며, 다음과 같이 구한다.

$$\text{가중평균 자본비용} = \text{타인자본비용}^{(*1)} \times \frac{\text{타인자본}}{\text{타인자본}^{(*2)} + \text{자기자본}^{(*2)}} + \text{자기자본비용} \times \frac{\text{자기자본}}{\text{타인자본} + \text{자기자본}}$$

(*1) 이자비용은 법인세 감소효과를 가지므로 (1 - 세율)을 곱해 준다.
(*2) 타인자본, 자기자본의 가치는 장부가치가 아닌 시장가치를 적용한다.

예제 3 경제적부가가치

다음은 ㈜한국의 A사업부, B사업부, C사업부와 관련된 자료이다. 각 사업부는 투자중심점으로 운영되고 있으며 가중평균 자본비용(WACC)은 10%이다. 각 사업부의 경제적부가가치(EVA)를 계산하시오. (사업부별 동일한 가중평균 자본비용이 적용되며, 법인세율은 50%이다.)

구분	사업부 A	사업부 B	사업부 C
자산총액	₩1,000,000	₩1,200,000	₩3,000,000
유동부채	₩200,000	₩800,000	₩1,500,000
영업이익	₩300,000	₩400,000	₩800,000

풀이

세후영업이익에서 투하자본에 대한 최저요구 수익을 차감하여 구한다.
(1) 사업부 A = ₩300,000 × (1 − 50%) − (₩1,000,000 − ₩200,000) × 10% = ₩70,000
(2) 사업부 B = ₩400,000 × (1 − 50%) − (₩1,200,000 − ₩800,000) × 10% = ₩160,000
(3) 사업부 C = ₩800,000 × (1 − 50%) − (₩3,000,000 − ₩1,500,000) × 10% = ₩250,000

정답 (1) 사업부 A: ₩70,000
(2) 사업부 B: ₩160,000
(3) 사업부 C: ₩250,000

3 균형성과표

❶ 균형성과표의 의의
균형성과표(Balanced Score Card, BSC)는 전통적으로 중요시되어 오던 재무적 관점 외에 고객, 내부프로세스, 학습과 성장이라는 비재무적 관점도 함께 고려하여 조직의 전략과 성과를 종합적, 균형적으로 관리, 평가할 수 있는 효과적인 가치중심 성과관리 기법이다.

❷ 기존 성과측정지표와의 차이
균형성과표는 기존의 성과지표들과 다음의 차이를 보인다.

첫째, 기존의 측정 지표들이 기업전략과 관계없이 하의상달(bottom-up)식 지표들인데 반해서, 균형성과표의 측정지표들은 기업이 추구하는 전략적 목표와 경쟁상황 등의 다양한 변수를 고려하여 개발된다.

둘째, 기존의 성과지표가 주로 과거의 기업경영활동의 결과를 보고하기 위함이라면 균형성과표는 기업의 현재와 미래의 성공적 초석의 역할을 담당한다.

셋째, 균형성과표의 정보는 기존의 측정지표와 달리 영업이익과 같은 외부 성과지표와 신제품 개발과 같은 내부 성과지표 사이의 균형을 제공한다.

넷째, 종전의 기업경영활동이 주로 예산 편성에 의해 제약을 받았으나, 균형성과표는 프로그램의 우선순위의 결정과 조직 내 확산을 위한 노력을 한곳에 집중시키는 역할을 수행한다.

❸ 균형성과표의 네 가지 관점

3-1 재무적 관점
재무적 관점에서 목표는 사업단위에 투자된 자본에 대해 한층 더 높은 이익률을 얻으려는 조직의 장기적 목표를 나타낸다. 균형성과표는 이러한 목표와 그 맥락을 같이하며, 실제로 재무적 목표를 명확히 밝히고, 성장·유지·수확단계의 사업 단위들이 자산의 위치에 맞는 재무적 목표를 달성할 수 있도록 해준다.

3-2 고객 관점
경영자들은 고객의 관점에서 기업이 경쟁할 목표시장과 고객을 확인하고 이 목표시장에서의 성과척도를 인식해야 한다. 고객의 관점은 전형적으로 고객만족, 고객유지, 새로운 고객확보, 고객수익성, 시장점유율 등과 같이 잘 형성되고 실행된 성공적 성과를 나타내는 몇 가지 핵심적인 척도를 포함한다. 또한 고객의 관점은 이러한 핵심적 고객척도를 개선해주는 짧은 조달기간, 적시인도, 신제품과 서비스의 수를 포함한다.
이와 관련된 지표들은 다음과 같다.

시장점유율	주어진 시장 내에서 고객의 수와 판매량에서 사업단위의 비율
고객확보율	절대적 또는 상대적 측면에서 사업단위가 새로운 고객이나 사업을 유인하거나 획득하는 비율
고객유지율	절대적 또는 상대적 측면에서 사업단위가 기존 고객과의 관계를 존속시키거나 유지하는 비율
고객만족도	구체적인 성과기준에 따라 고객의 만족수준을 평가
고객수익성	고객을 지원하기 위해 필요한 기본적인 지출을 차감한 고객별 또는 세분시장의 순이익을 측정

3-3 내부프로세스 관점

내부프로세스 관점에서 경영자는 고객관계를 제고하고, 조직의 재무성과를 성취하는 데 가장 큰 영향을 미칠 내부프로세스에 대한 성과척도를 강조한다. 기업의 내부 프로세스는 혁신·운영·판매 후 서비스라는 3단계의 연쇄적 관계로 이루어진다.

주요 3단계의 프로세스는 다음과 같다.

혁신(innovation) 프로세스	현재와 미래고객의 욕구를 충족시키기 위한 완전히 새로운 제품과 서비스의 창출
운영(operation)프로세스	현재 고객에게 현재의 제품과 서비스를 효율적으로 신뢰성 있고 책임감 있게 인도
판매후서비스(postsale service)	판매 후에 그들의 문제점에 대해 신속히 주의를 기울이고, 필요하면 현장서비스와 기술지원으로 고객들을 만족시킴

3-4 학습과 성장 관점

학습과 성장의 관점에서는 고객과 소유주에게 가치를 부여하는 가운데 내부프로세스 능력을 개선하기 위한 조직기반에 대한 활동을 강조한다. 조직의 학습과 성장은 사람, 시스템과 같은 원천으로부터 생성된다. 학습과 성장 관점의 전형적 성과척도는 종업원만족, 종업원유지, 훈련, 숙련, 정보시스템 가용성 등이 있다.

[균형성과표의 예시]

목표	전략	평가수단	목표성과	실제성과
〈재무적관점〉 주주가치의 증가	원가 및 미사용 능력 관리	생산성 측면의 영업이익	1,000,000,000	1,020,500,000
〈고객관점〉 시장점유율의 증가	고객의 요구 예측	시장점유율	10%	10.8%
고객만족도의 증가	판매조직의 고객에 대한 관심 증가	고객만족도	90%의 고객이 상위 3개의 만족도 선택	88%의 고객이 상위 3개의 만족도 선택

〈내부프로세스관점〉 판매후 서비스 개선 고객배달시간 감소	고객서비스프로세스개선 주문 - 배달프로세스 재설계	서비스대응시간 주문 - 배달기간	5시간 이내 3일	4시간 이내 3일
〈학습과 성장관점〉 종업원 만족	직원참여 및 제안 프로그램 확충	종업원 직무 만족도	80%의 직원이 상위 2개의 만족도 선택	82%의 직원이 상위 2개의 만족도 선택
정보시스템 가용성 제고	온라인과 오프라인 정보수집 개선	제조과정 중 실시간 피드백비율	70%	72%

❹ 균형성과표의 장·단점

균형성과표는 다음과 같은 장점을 가지고 있다.

[장점]
① 기존의 재무적 측정치와 고객, 기업내부프로세스, 학습과 성장 등의 관점에 의한 비재무적 측정치 간의 균형있는 성과표를 달성할 수 있다.
② 재무적 관점에 의한 단기적 성과와 나머지 세 가지 관점의 장기적 성과 간의 균형을 이룰 수 있다.
③ 투자수익률, 시장점유율과 같은 재무적 관점, 고객 관점에 의한 외부적 측정치와 수율, 종업원만족도 등과 같은 기업 내부프로세스 관점, 학습과 성장 관점에 의한 내부 측정치 간의 균형을 이룰 수 있다.
④ 투자수익률 등의 과거 노력에 의한 결과측정치와 종업원 교육시간 등과 같이 미래 성과를 유발하는 성과동인 간의 균형을 이룰 수 있다.
⑤ 시장점유율 등의 계량화된 객관적인 측정치와 종업원 능력 등과 같은 주관적 측정치 간의 균형을 이룰 수 있다.

균형성과표는 위와 같은 장점을 지니는 동시에 다음과 같은 단점도 있다.

[단점]
① 비재무적 측정치에 대해서는 여전히 객관적인 측정이 어렵다.
② 정형화된 측정 수단을 제공해주지 못한다.

OX 퀴즈

다음 문장의 경우 올바른 설명에는 O, 틀린 설명에는 ×를 하고 틀린 설명은 수정하시오.

① 개별 사업부가 사업부의 투자수익률을 극대화하는 방향으로 투자를 결정하게 되면 기업의 투자수익률은 상승한다. ( )

② 잔여이익법은 준최적화라는 한계점을 지니고 있다. ( )

③ 잔여이익법은 회계적 이익을 성과평가에 사용한다. ( )

④ 잔여이익법은 투자의 규모가 다른 사업부 간의 성과를 비교하는 데 사용하기 어렵다. ( )

⑤ 경제적부가가치법은 당기순이익을 성과평가에 사용한다. ( )

⑥ 균형성과표는 기존의 재무적 측정치와 고객, 기업내부프로세스, 학습과 성장 등의 관점에 의한 비재무적 측정치 간의 균형있는 성과평가를 달성할 수 있게 해준다. ( )

OX 풀이

❶ ✗ 준최적화 현상으로 인하여 개별 사업부의 선택이 기업 전체의 수익률 상승에 반하는 방향으로 이루어질 수 있다.

❷ ✗ 잔여이익법은 준최적화 현상을 극복한 투자성과평가 방법이다.

❸ ○

❹ ○ 잔여이익법은 투자의 규모가 아닌 금액으로 지표가 표시되므로 규모가 다른 투자중심점 간의 비교가 어렵다.

❺ ✗ 경제적 부가가치법은 영업이익을 기준으로 성과를 평가하는 방법이다.

❻ ○ 균형성과표는 재무적 관점과 비재무적 관점의 성과를 종합적으로 관리하는 가치중심성과관리 기법이다.

실전훈련

01 ㈜한국은 세 개의 사업부 A, B, C를 운영하고 있다. 각 사업부에 관한 영업자료는 다음과 같다. (단, 무위험수익률은 5%이고 최저필수(요구)수익률은 10%이다.

구분	사업부 A	사업부 B	사업부 C
영업자산	₩40,000	₩60,000	₩30,000
영업이익	₩5,000	₩7,000	₩8,000

㈜한국의 각 사업부의 잔여이익은 각각 얼마인가?

	사업부 A	사업부 B	사업부 C
①	₩800	₩1,000	₩3,000
②	₩3,000	₩5,000	₩4,000
③	₩1,000	₩1,000	₩5,000
④	₩500	₩1,500	₩10,000

02 현재 투자수익률이 각각 17%와 16%인 사업부 X와 Y는 모두 신규투자안을 고려하고 있다. 사업부 X와 Y가 고려하고 있는 신규투자안은 기대투자수익률이 각각 15%와 17%이고, 최저수익률은 각각 14%와 18%이다. 이 경우 각 사업부가 잔여이익 극대화를 목표로 한다면 각 부문은 어떤 의사결정을 하여야 하는가?

	사업부 X	사업부 Y
①	채택	채택
②	채택	기각
③	기각	채택
④	기각	기각

풀이

01 잔여이익: 영업이익 - (투자중심점의 영업자산 × 최저요구수익률)
  (1) 사업부A: ₩5,000 - (₩40,000 × 10%) = ₩1,000
  (2) 사업부B: ₩7,000 - (₩60,000 × 10%) = ₩1,000
  (3) 사업부C: ₩8,000 - (₩30,000 × 10%) = ₩5,000

02 ② 잔여이익은 영업이익에서 최저수익을 차감하여 계산하며, 따라서 투자수익률이 최저수익률보다 높아야 채택할 수 있다. 사업부 X의 투자안은 15% > 최저수익률 14% 이므로 채택, 사업부 Y의 투자안은 17% < 최저수익률 18% 이므로 기각한다.

답 01 ③ 02 ②

03 ㈜한국의 영업활동 및 투자관련자료가 다음과 같을 때, 투자수익률(ROI)와 잔여이익(RI)를 구하시오.

• 영업이익	₩600,000
• 평균투자액	₩3,000,000
• 필수수익률	10%

	투자수익률(ROI)	잔여이익(RI)
①	20%	₩300,000
②	20%	₩400,000
③	15%	₩300,000
④	15%	₩400,000

04 아래에 주어진 재무자료를 이용하여 경제적부가가치(EVA)를 계산하면 얼마인가? (단, 아래의 자료에서 법인세효과는 무시한다.)

• 매출액	₩100억
• 매출원가	₩60억
• 판매비와관리비	₩10억
• 영업외수익 중 영업관련수익	₩5억
• 영업외비용 중 영업관련비용	₩8억
• 투하자본	₩200억
• 가중평균자본비용(WACC)	7%

① ₩10억　　② ₩11억
③ ₩12억　　④ ₩13억

03 투자수익률과 잔여이익률을 각각 다음과 같이 구한다.
　(1) 투자수익률: 영업이익 ÷ 평균투자액 = ₩600,000 ÷ ₩3,000,000 = 20%
　(2) 잔여이익: 영업이익 - 투자액 × 최저필수수익률 = ₩600,000 - ₩3,000,000 × 10% = ₩300,000
04 경제적부가가치(EVA)는 세후영업이익에서 투하자본에 대한 가중평균자본비용을 차감하여 계산한다.
　경제적부가가치 = (매출액 - 매출원가 - 판매비와관리비 + 영업관련영업외수익 - 영업관련영업외비용) - 투하자본 × 가중평균
　　　　　　자본비용
　　　　　　= (₩100억 - ₩60억 - ₩10억 + ₩5억 - ₩8억) - ₩200억 × 7%
　　　　　　= ₩27억 - ₩14억 = ₩13억

답　03 ①　04 ④

부록

머리에 쏙 들어오는
확인문제 해설

원가관리회계 확인문제의 이해를 돕는 문제 풀이

제1편 원가회계

01 원가관리회계의 기초
02 원가배분
03 개별원가
04 종합원가계산
05 활동기준원가계산
06 결합원가의 배분
07 변동원가계산

제2편 관리회계

01 원가추정
02 CVP 분석
03 표준원가
04 관련원가와 의사결정

제1편 원가회계
01 원가관리회계의 기초

01 ② 재고자산에 대한 정보를 제공하나, 모든 자산에 대한 정보를 제공하는 것은 아니다.
정답 ②

02 ① 조업도의 증감에 따라 비례하여 증감하는 원가는 변동원가이다.
② 고정원가는 조업도에 상관없이 총원가는 일정하며, 단위당 원가는 감소한다.
③ 조업도가 0일 때에도 고정원가가 발생하고, 조업도가 0을 넘길 경우 비례하여 변동원가가 발생하는 것은 준변동원가이다.
④ 조업도와 관계없이 제품의 단위당 원가가 항상 일정한 것은 변동원가이다.
정답 ②

03 ① 고정원가는 조업도가 증가할 경우 전체범위에서가 아니라 관련범위 내에서 고정적이고, 다른 조건이 동일하다면 제품 단위당 고정원가는 조업도의 증가에 따라 감소한다.
정답 ①

04 ① 조업도와 관계없이 단위당 원가가 항상 일정한 것은 변동원가이다.
② 일정 조업도 범위 내에서 조업도의 변동에 정비례하여 총원가가 변동하는 것은 변동원가이다.
④ 일정 조업도 범위 내에서 조업도의 변동에 관계없이 총원가가 일정한 것은 고정원가이고, 단위당 원가가 조업도의 증가에 따라 감소한다.
정답 ③

05 ④ 조업도의 변동에 따른 원가행태는 변동원가와 고정원가이다.
정답 ④

06 ①, ④ 마케팅부서 직원과 대리점 판매사원은 생산과 무관한 본사 직원으로 해당 급여는 판매관리비에 해당한다.
② 생산 공장과 관련된 제조경비는 제조간접원가이다.
③ 주재료의 매입운임과 매입수수료는 재료매입 부대비용이므로, 직접재료원가에 해당한다.
정답 ②

07 ④ 기본원가는 직접재료원가와 직접노무원가를 의미하고, 가공원가는 직접노무원가와 제조간접원가를 의미한다. 때문에 기본원가와 가공원가에 공통적으로 포함되는 원가는 직접노무원가이다.
정답 ④

08 ① 직접노무원가에 해당한다.
② 영업부의 임원 급여는 제조활동과 관계가 없어 판매비와관리비에 해당한다.
③ 목재 매입금액은 직접재료원가에 해당한다.
④ 목재 구매부서는 간접노무원가로, 제조간접원가에 해당한다.
정답 ④

09 ③ 광고비용은 기업의 제조활동과 관련이 없는 판매비와관리비에 해당한다.
정답 ③

10 1. 재고자산으로 자산화할 수 있는 제품원가

직접재료원가	₩100,000
간접재료원가	₩400,000
공장 근무자 급여	₩200,000
공장감가상각비	₩300,000
공장 건물 보험료	₩100,000
	₩1,100,000

2. 발생한 기간에 비용처리되는 기간원가

광고선전비	₩250,000
본사 사무실 전력비	₩200,000
	₩450,000

정답 제품원가 ₩1,100,000 기간원가 ₩450,000

11 ③ 성과평가에 유용한 원가는 통제가능원가이다.
정답 ③

12

원재료			
기초원재료	400	당기사용	5,000
당기매입	?	기말원재료	600
	5,600		5,600

기초원재료 + 당기매입 - 당기사용량 = 기말원재료 이므로, 당기매입량 = 5,000 + 600 - 400 = 5,200이다.
정답 5,200리터

13

제조간접원가			
간접재료원가	₩2,200	B3배부	₩2,400
간접노무원가	₩1,800	B5배부	₩3,600
제세공과금	₩500		
감가상각비	₩1,500		
	₩6,000		₩6,000

당기에 발생한 제조간접원가는 총 ₩6,000이며, 이를 2 : 3의 비율로 배분하기로 하였으므로, B5에 배분될 제조간접원가는 ₩6,000 × $\frac{3}{5}$ = ₩3,600이다.

정답 ₩3,600

14 (1) 재료의 사용액 (직접재료원가 + 간접재료원가)

기초원재료 + 당기매입 − 기말원재료 = ₩50,000 + ₩400,000 − ₩100,000 = ₩350,000

원재료			
기초	₩50,000	재료의 사용	₩350,000
원재료 매입액	₩400,000	기말	₩100,000
	₩450,000		₩450,000

(2) 제조간접원가 (간접재료원가를 제외한!)

= 간접노무원가 + 제조경비 = ₩400,000 + ₩800,000 = ₩1,200,000

(3) 재공품 T

재공품			
기초재공품	₩200,000	당기제품제조원가	₩2,000,000
직접재료원가	₩350,000	기말재공품	<<₩750,000>>
직접노무원가	₩1,000,000		
제조간접원가	₩1,200,000		
	₩2,750,000		₩2,750,000

> **오쌤 Tip**
>
> 해당 문제에서는 원재료의 사용이 직접재료원가에만 해당한다는 문구가 없으므로, 원재료는 직접재료원가와 간접재료원가 모두에 사용되는 것으로 풀어야 한다. 그러나 기말 재공품만 구하면 된다는 측면에서는 정확한 제조간접원가의 산출은 의미가 없다. 그러므로 재료의 모든 사용이 '직접재료원가라고 간주하고' 풀이하면 오히려 간단히 답을 찾을 수 있다. 일반적으로는 원재료의 사용이 직접재료원가에만 해당한다는 문구를 넣어주는 경우가 많다.

정답 ₩750,000

15

재공품 + 제품			
기초	재공품 ₩10,000 + 제품 ₩20,000 = ₩30,000	매출원가	<<₩323,000>>
당기총제조원가*	₩320,000	기말	재공품 ₩5,000 + 제품 ₩22,000 = ₩27,000
	₩350,000		₩350,000

*당기총제조원가 = 직접재료원가 + 직접노무원가 + 제조간접원가

정답 매출원가 ₩323,000

16

(1) 당기총제조원가

재공품			
기초재공품	₩25,000	당기제품제조원가	₩130,000
당기총제조원가	<<₩125,000>>	기말재공품	₩20,000
계	₩150,000	계	₩150,000

(2) 당기총제조원가 = 직접재료사용액 + 가공원가
                      = 직접재료사용액 + ₩75,000 = ₩125,000
  ∴ 직접재료사용액 = ₩50,000

(3) 기본원가 = 직접재료사용액 + 직접노무원가 = ₩85,000
  ∴ 직접노무원가 = ₩35,000

(4) 직접재료매입액 = 기말직접재료 + 직접재료사용액 - 기초직접재료
                  = ₩13,000 + ₩50,000 - ₩18,000 = ₩45,000

정답 직접재료 매입액 = ₩45,000, 직접노무원가 = ₩35,000

17

직접재료 + 재공품 + 제품			
직접재료재고	-	매출원가	<<₩1,100,000>>
재공품재고	-		
제품재고액의 감소	₩100,000		
직접재료구입액	₩350,000	직접재료재고액의 증가	₩50,000
직접노무원가	₩200,000	재공품재고	-
제조간접원가	₩500,000	제품재고	-
	₩1,150,000		₩1,150,000

정답 매출원가 ₩1,100,000

---

18 회사는 상품인 자전거를 외부에서 구입하여 판매하는 상기업이다.

상품			
기초상품	₩120,000	매출원가	<<₩5,940,000>>
당기매입액	₩6,000,000	기말상품	₩180,000
	₩6,120,000		₩6,120,000

매출원가 = 기초상품 + 당기매입액 - 기말상품 = ₩120,000 + ₩6,000,000 - ₩180,000 = ₩5,940,000

정답 ₩5,940,000

제1편 원가회계
02 원가배분

01 ① 수혜기준 ② 인과관계기준 ③ 부담능력기준
정답 ④

02 ① 보조부문의 원가는 제조부문에 배부한다.
② 배부순서가 중요한 배부 방법은 단계배분법이다.
③ 직접배분법은 보조부문끼리의 배부를 무시하고 제조부문에만 배부하므로 배부순서에 상관없이 배부액이 일정하다.
④ 용역간의 수수관계가 중요할 때 상호배분법을 사용한다.
정답 ③

03 (1) 수선부 → 제조부문 A: ₩10,000 × 50% = ₩5,000
(2) 수선부 → 전력부: ₩10,000 × 20% = ₩2,000
(3) 전력부 → 제조부문 A: (₩2,000 + ₩7,000) × 1,000/1,500 = ₩6,000
∴ 제조부문 A에 배부되는 원가 = ₩5,000 + ₩6,000 = ₩11,000
정답 ①

04 ④ 직접배분법은 상호배분법에 비해 적용과 계산이 간단한 방법이다. 상호배분법은 시간과 비용이 많이 소요된다는 단점이 있다.
정답 ④

05 (1) 용역의 상호 수수관계가 끝난 후의 보조부문의 원가를 S1, S2를 각각 a, b라고 하면,
  a = ₩1,100 + 0.5b
  b = ₩1,000 + 0.4a
  ∴ a(S1) = ₩2,000, b(S2) = ₩1,800
(2) M1에 배부되는 보조부문의 원가 = 0.4S1 + 0.2S2 = ₩2,000 × 0.4 + ₩1,800 × 0.2 = ₩1,160
정답 ①

06 (1) 변동원가배분

구분	조립부문	도장부문	계
실제사용량	300kw	700kw	1,000 kw
비율	30%	70%	100%
변동원가배분	₩30,000	₩70,000	₩100,000

(2) 고정원가배분

구분	조립부문	도장부문	계
최대사용가능량	500kw	1,000kw	1,500kw
비율	1/3	2/3	100%
고정원가배분	₩75,000	₩150,000	₩225,000

∴ 조립부문 배부된 전력부문의 원가 = ₩30,000 + ₩75,000 = ₩105,000
정답 ②

03 개별원가

제1편 원가회계

01

	총제조원가	
직접재료원가	₩50,000	
직접노무원가	₩18,000	100시간 × ₩180 = ₩18,000
제조간접원가	₩30,000	150시간 × ₩200 = ₩30,000
합계	₩98,000	

정답 ₩98,000

02
(1) 제조간접원가 = 간접재료원가 + 공장건물 임차료 + 공장설비 감가상각비 + 공장설비 보험료
  = ₩5,000 + ₩20,000 + ₩7,000 + ₩13,000 = ₩45,000
(2) 예정배부율 = 제조간접원가/예정기계시간
  = ₩45,000/10,000시간 = ₩4.5/시간

정답 ②

03
(1) 제조간접원가 예정배부율 = 제조간접원가 예산/예상 직접노무시간
  = ₩130,000/10,000시간 = ₩13/시간
(2) 제조간접원가배부 = 제조간접원가 예정배부율 × 실제조업도
  = ₩13/시간 × 9,000시간 = ₩117,000
(3) 제조간접원가 과소배부액 = 실제 발생제조간접원가 - 제조간접원가배부액
  = ₩120,000 - ₩117,000 = ₩3,000

정답 ①

04
(1) 직접노무원가의 배분 = ₩10,000/100시간 = ₩100/시간
(2) 정상적으로 배부되었어야 하는 제조간접원가 = ₩100 × 120시간 = ₩12,000
(3) 제조간접원가 과소배부액이 ₩1,000이므로 실제 발생액은 ₩13,000

정답 ③

05
(1) 배부차이 = ₩70,000 - ₩60,000 = ₩10,000
(2) 매출원가 조정법의 경우 ₩10,000은 비용으로 인식됨
(3) 총원가 비례배분법에 의한 배분

기말재공품 ₩56,000 + 기말제품 ₩70,000 + 매출원가 ₩154,000 = ₩280,000

기말재공품	₩56,000/₩280,000 × ₩10,000 = ₩2,000
기말제품	₩70,000/₩280,000 × ₩10,000 = ₩2,500
매출원가	₩154,000/₩280,000 × ₩10,000 = ₩5,500
총계	₩10,000

총원가 비례배분법에 의해 배부된 각 제조간접원가 중 매출원가에 배부된 ₩5,500만 당기비용으로 인식됨
∴ 매출원가 조정법의 경우가 총원가 비례배분법에 비해 손익이 ₩4,500 (= ₩10,000 - ₩5,500) 감소됨

정답 ①

제1편 원가회계
04 종합원가계산

01
② 종합원가계산은 표준화된 작업공정을 통해 한 가지 제품만을 대량생산하는 제조환경에 적합한 원가계산 방법이다.
① 개별원가계산은 다품종 소량 주문 생산업체에 적합한 원가계산 방법이다.
③ 결합원가는 동일한 원재료로부터 동일한 제조공정을 거쳐 동시에 생산되는 두 종류의 서로 다른 제품이 분리되기 직전까지 발생한 원가로 결합원가의 배분방법은 물량기준법, 분리점판매가치법, 순실현가치법, 균등이익률법 등으로 구분한다.
④ 활동기준원가계산은 원가의 발생을 유발하는 원가동인을 활동을 중심으로 규명하여 활동을 기준으로 제조간접원가를 배분하는 계산방법이다.

정답 ②

02
② 종합원가에서 가중평균법은 기초재공품도 당기에 착수한 것으로 가정하므로 당기투입원가와 기초재공품의 원가를 합한 원가를 당기에 투입된 원가로 보고 환산량 단위당 원가를 계산한다.

정답 ②

03
Step1: 물량흐름파악

재공품

기초재공품	0	완성품수량	2,000
당기착수량	2,500	기말재공품	500
	2,500		2,500

Step2: 당기 완성품환산량
모든 원가요소가 완성도에 비례하여 발생하므로, 재료비와 가공비를 구분할 필요가 없다.

	완성품환산량
완성품	2,000
기말재공품	500 × 75% = 375
	2,375

Step3: 발생원가 집계
당기총제조원가는 문제에 제시된 대로 ₩950,000이다.

Step4: 완성품환산량 단위당 원가 계산
완성품 환산량 단위당 원가 = ₩950,000 ÷ 2,375개 = ₩400

Step5: 완성품원가와 기말재공품원가 계산

	완성품원가	기말재공품원가
당기총제조원가	₩400 × 2,000개 = ₩800,000	₩400 × 375개 = ₩150,000

정답 ₩150,000

04 ① 종합원가 계산의 완성품환산량 산출 시 선입선출법과 평균법은 기초재고에 대한 가정의 차이 때문에 완성품 환산량의 차이가 발생한다. 그러므로 기초재고자산이 전혀 없는 경우는 선입선출법과 평균법이 일치하게 된다.

정답 ①

05 완성품환산량을 구하는 문제이므로 step2까지만 계산한다.

Step1: 물량흐름 파악

재공품			
기초재공품	10,000	완성품수량	80,000
		- 기초재공품	10,000
		- 당기착수완성품	70,000
당기착수량	100,000	기말재공품	30,000
	110,000		110,000

Step2: 당기 완성품환산량 계산

재료비 및 가공비에 대하여 기초재공품은 당기 투입한 비율인 (1 - 완성도)를 곱하고, 기말재공품에는 완성도를 곱한다.

		물량	재료비	가공비
완성품원가	기초재공품	10,000	10,000 × 30% = 3,000	10,000 × 60% = 6,000
	당기착수완성품	70,000	70,000	70,000
기말재공품원가	기말재공품	30,000	30,000 × 30% = 9,000	30,000 × 50% = 15,000
			82,000	91,000

정답 재료비 완성품환산량 82,000, 가공비 완성품환산량 91,000

06 당기의 물량흐름은 다음과 같다.

재공품			
기초재공품	400	완성품수량	1,800
당기착수량	1,600	기말재공품	200
	2,000		2,000

평균법에 의할 경우: 1,800 + 200 × 80% = 1,960
선입선출법에 의할 경우: 400 × (1 - 0.8) + 1,400 + 200 × 80% = 1,640

정답 ③

07 (1) 공손의 수량 = 기초재공품 + 당기착수량 - (당기완성량 + 기말재공품)
= 800단위 + 4,200단위 - (3,500단위 + 1,000단위) = 500단위
(2) 당기착수완성량 = 당기완성량 - 기초재공품 = 3,500단위 - 800단위 = 2,700단위
(3) 정상공손수량

구분	당해 검사통과 여부	정상공손수량 대상
① 기초재공품	X (80% 완성도이므로 전년도 검사에 통과함)	-
② 당기착수완성량	O (100% 완성도이므로 당해 검사 통과)	2,700단위
③ 기말재공품	O (60% 완성도이므로 당해 검사 통과)	1,000단위
합계		3,700단위

∴ 정상공손수량 = 3,700단위 × 10% = 370단위
(4) 비정상공손수량 = 공손수량 - 정상공손수량 = 500단위 - 370단위 = 130단위

정답 ②

제1편 원가회계

05 활동기준원가계산

01
① 뱃치수준활동: 표본검사활동, 재료처리활동, 선적활동, 구매주문활동
② 제품유지수준활동: 공정설계, 공정설계변경, 제품개량, 수선유지활동
③ 제품단위수준활동: 절삭활동, 조립활동, 전수검사에 의한 품질검사활동
④ 설비유지수준활동: 공장설비의 관리, 조경작업, 공장설비감가상각비, 안전관리

정답 ④

02
③ 활동기준원가계산(ABC)은 제품 단위당 원가를 정확히 산정하기 위한 원가계산제도이므로 재무제표 정보의 정확성은 높아지지만, 원가동인을 분석하여 동인별로 원가를 배분해야하므로 신속한 작성이 어렵다는 단점이 있다.

정답 ③

03

매출액	100단위 × 단위당 ₩200 = ₩20,000
매출원가	직접재료원가 ₩6,000 제조간접원가 4시간 × 100단위 × ₩10 + 5개부품 × 100단위 × ₩6 = ₩7,000
매출총이익	₩7,000

정답 ①

06 결합원가의 배분

제1편 원가회계

01 물량기준법에 의해 배분할 경우 개별제품의 수량, 부피, 면적 등 물리적 단위로 배분하게 된다.

제 품	부피	배분비율	결합원가배분
A	1,500	15/40	₩1,500,000
B	500	5/40	₩500,000
C	2,000	20/40	₩2,000,000
합계	4,000	40/40	₩4,000,000

정답 ①

02 (1) 분리점에서의 생산
  연산품 A: 연산품 B = 3:2 = 2,400kg: 1,600kg
(2) 분리점에서의 판매가치의 비율 = 연산품 A: 연산품 B
  = ₩40/kg × 2,400kg: ₩60/kg × 1,600kg
  = ₩96,000: ₩96,000 = 1:1
(3) A와 B에 각각 배부되는 결합원가 = ₩500,000 × 50% = ₩250,000

정답 ①

03

제품	생산량	판매단가	총판매가치	추가가공비	판매비	순실현가치	배분비율	결합원가배분
A	100	₩3,000	₩300,000	₩60,000	₩40,000	₩200,000	2/20	₩100,000
B	200	₩5,000	₩1,000,000	₩140,000	₩60,000	₩800,000	8/20	₩400,000
C	300	₩4,000	₩1,200,000	₩100,000	₩100,000	₩1,000,000	10/20	₩500,000
합계						₩2,000,000	20/20	

C에 배부될 결합원가는 ₩500,000이다.

정답 ③

04 (1) 기업전체의 매출원가율 = 매출원가/매출액
  = (결합원가 + C추가가공원가)/(A 판매액 + B 판매액 + C 판매액)
  = (₩120,000 + ₩60,000)/(₩100,000 + ₩80,000 + ₩120,000)
  = 60%
(2) C제품의 매출원가 = 매출액 × 60% = ₩120,000 × 60% = ₩72,000
(3) C제품의 매출원가 = ₩72,000 = 결합원가 + 추가가공원가
  = 결합원가 + ₩60,000
∴ 결합원가 = ₩12,000

정답 ①

07 변동원가계산

제1편 원가회계

01 ③ 변동원가계산의 영업이익은 생산량에 영향을 받지 않는다.
정답 ③

02 ③ 외부보고 및 조세목적을 위해서 일반적으로 인정되는 방법이 아니다(전부원가계산이 그러함).
정답 ③

03 ② 변동원가계산(공헌이익법)은 고정제조간접원가를 제품의 생산과 직접 관련이 없다고 보아, 직접재료원가, 직접노무원가, 변동제조간접원가 등 변동제조원가만을 제품원가에 포함시키는 방법이다. 판매관리비는 제품원가에 포함되지 않는다.
정답 ②

04

[변동원가 손익계산서]

매출액(= 단위당판매가격 × 판매수량)	₩2,000 × 4,000단위 = ₩8,000,000
변동원가 = 변동제조원가 + 변동판매비와관리비 = (단위당 직접재료원가 + 단위당 직접노무원가 + 단위당 변동제조간접원가 + 단위당 변동판매비와관리비) × 판매수량	(₩500 + ₩400 + ₩300 + ₩200) × 4,000단위 = ₩5,600,000
공헌이익	₩2,400,000
고정원가 = 총고정제조간접원가 + 총고정판매비와관리비	₩350,000 + ₩150,000 = ₩500,000
영업이익	₩1,900,000

정답 ②

05 (1) 기말 재고자산 = 제품생산량 - 제품판매량 = 1,000개 - 800개 = 200개

(2)
변동원가계산 영업이익	XXX
(+) 기말재고자산에 배부된 고정제조간접원가	200개 × ₩1,000/개 = ₩200,000
(-) 기초재고자산에 배부된 고정제조간접원가	-
전부원가계산 영업이익	XXX + ₩200,000

제품 단위당 고정제조간접원가 = ₩1,000,000/1,000개 = ₩1,000/개
정답 ①

06 ④ 변동원가계산에 의해 가격을 결정하면 변동원가만을 회수하는데 중점을 두게 되어 장기적으로 고정원가를 회수하지 못할 가능성이 있다.
정답 ④

제2편 관리회계
01 원가추정

01
(1) 고정원가가 일정한 상황에서 생산량이 200개 늘었을 때 총제품원가가 ₩30,000 늘었으므로
  단위당 변동원가 = ₩30,000/200개 = 단위당 ₩150
(2) 고정원가 = ₩30,000 - ₩150 × 100개 = ₩15,000
(3) 고정원가 10% 증가 & 단위당 변동원가 20% 감소
  500개의 총제품제조원가 = 500개 × (₩150 × 80%) + ₩15,000 × 1.1 = ₩76,500

정답 ①

02
(1) 고점과 저점(기계가동시간, 제조간접원가)
  고점(6,500시간, ₩285,000), 저점(4,000시간, ₩225,000)
(2) 기계시간당 제조간접원가 = (₩285,000 - ₩225,000)/(6,500시간 - 4,000시간) = ₩24/시간
(3) Y(총제조간접원가) = ₩24/시간 × 기계가동시간 + 고정제조간접원가
  저점(4,000시간, ₩225,000)을 대입하면,
  ₩225,000 = ₩24 × 4,000시간 + 고정제조간접원가
  ∴ 고정제조간접원가 = ₩129,000
(4) 원가함수
  Y(총제조간접원가) = ₩24/시간 × 기계가동시간 + ₩129,000
  5,500시간을 대입할 경우, ₩24 × 5,500시간 + ₩129,000 = ₩261,000

정답 ③

CVP 분석

01 (1) 고정원가의 증가는 공헌이익에 영향을 미치지 않는다.
(2) 변동원가의 감소는 공헌이익을 증가시킨다.
(3) 판매량의 증가는 공헌이익을 증가시킨다.
(4) 판매가격의 감소는 공헌이익을 감소시킨다.
정답 ①

02 고정원가 = 손익분기점매출액 × 공헌이익률 = ₩360 × 30% = ₩108
매출액을 a라고 하면
공헌이익(a × 30%) - 고정원가(₩108) = 목표이익(₩84), 그러므로 매출액 = ₩640
정답 ④

03 (1) 고정비 = 손익분기점 매출액 × 공헌이익률 = ₩9,000,000 × 80% = ₩7,200,000
(2) 변동비 : 고정비 = 1 : 1.5 = 변동비 : ₩7,200,000
∴ 변동비 = ₩4,800,000
(3) 총비용이 매출액의 50%이므로, 총비용과 순이익의 금액은 같다.
∴ 순이익 = 총비용 = ₩7,200,000 + ₩4,800,000 = ₩12,000,000
정답 ④

04 1회 이용요금을 a라고 하면

매출액	1,000회 × a
(-)변동원가	(-)1,000회 × ₩100
공헌이익	(a - ₩100) × 1,000회
(-)고정원가	(-)₩100,000
목표이익	₩100,000

∴ a = 1회이용요금 = ₩300
정답 ①

05

(1) 매출액이 ₩200,000(= 200단위 × @₩1,000)일 경우 변동원가손익계산서

매출액	₩200,000
(-)변동원가	
공헌이익	1) ₩80,000
(-)고정원가	3) ₩64,000
영업이익	2) ₩16,000

1) 공헌이익 = 매출액 × 공헌이익률 = ₩200,000 × 40% = ₩80,000
2) 영업레버리지도 = 공헌이익/영업이익 = 5 = ₩80,000/영업이익
   ∴ 영업이익 = ₩16,000
3) 고정원가 = 공헌이익 - 영업이익 = ₩80,000 - ₩16,000 = ₩64,000

(2) 손익분기점의 판매량을 A라고 하면,

매출액	A × ₩1,000
(-)변동원가	
공헌이익	A × ₩1,000 × 40%
(-)고정원가	₩64,000
영업이익	₩0

∴ A = 160단위

 ④

03 표준원가

제2편 관리회계

01

AQ × AP	AQ × SP	SQ × SP
₩20,600	1,050kg × ₩20/kg = ₩21,000	₩200/단위 × 100단위 = ₩20,000

유리한 가격차이 ₩400   불리한 능률차이 ₩1,000

불리한 변동예산차이 ₩600

정답 ④

02

AQ × AP	AQ × SP	SQ × SP
₩24,500	₩21,000 = 7,000시간 × SP	8,000시간 × SP

임률차이 ₩3,500(불리)   능률차이 ≪₩3,000 (유리)≫

SP = ₩3/시간
∴ 능률차이 = 1,000시간 × ₩3/시간 = ₩3,000 유리

정답 ①

03

실제발생	투입량 기준 변동예산	산출량 기준 변동예산
₩8,000	₩200 × 50시간	₩200 × 45시간

소비차이
₩8,000 − ₩10,000
= ₩2,000(유리)

능률차이
₩200 × (50시간 − 45시간)
= ₩1,000(불리)

정답 ④

04

실제	예산	SQ × SP
₩660,000	기준조업도 × SP = 10,000 기계시간 × ₩50/시간 = ₩500,000	실제 산출량에 허용된 표준조업도 × SP = 12,000 기계시간 × ₩50/시간 = ₩600,000

예산차이 ₩160,000 U (불리한 차이)   조업도차이 ₩100,000 F (유리한 차이)

정답 ③

제2편 관리회계
04 관련원가와 의사결정

01   ③ 관련원가란 선택 가능한 두 가지 이상의 대안 간에 차이가 있었던 미래원가를 말하며 의사결정과 직접 관련이 있는 원가이다.
정답 ③

02   If. 특별주문을 수락한다면,

(+)	200단위 × ₩180 = ₩36,000	
(−)	(1) 기존 판매를 포기한 100단위의 기회비용 　　100단위 × ₩40,000/500단위 = ₩8,000 (2) 200단위에 대한 변동원가 　　200단위 × ₩60,000/500단위 = ₩24,000 ∴ (1) + (2) = ₩32,000	연간 최대 생산능력이 600단위이므로 기존 생산능력을 100단위(= 500단위 + 200단위 − 600단위) 포기해야 한다.
결과	₩4,000	

정답 ②

오정화 회계학